나쁜 기억 세탁소

아들러 심리학

아들러 심리학
나쁜 기억 세탁소

초판 1쇄 발행 _ 2018년 8월 20일
초판 2쇄 발행 _ 2019년 8월 30일
개정판 1쇄 발행 _ 2022년 9월 20일

지은이 _ 고현진

펴낸곳 _ 바이북스
펴낸이 _ 윤옥초
책임편집 _ 김태윤
책임디자인 _ 이민영

ISBN _ 979-11-5877-308-3 03180

등록 _ 2005. 7. 12 | 제 313-2005-000148호

서울시 영등포구 선유로49길 23 아이에스비즈타워2차 1005호
편집 02)333-0812 | 마케팅 02)333-9918 | 팩스 02)333-9960
이메일 bybooks85@gmail.com
블로그 https://blog.naver.com/bybooks85

책값은 뒤표지에 있습니다.

책으로 아름다운 세상을 만듭니다. — 바이북스

미래를 함께 꿈꿀 작가님의 참신한 아이디어나 원고를 기다립니다.
이메일로 접수한 원고는 검토 후 연락드리겠습니다.

나쁜 기억 세탁소

고현진 지음

아들러 심리학

나쁜 기억 세탁소

바이북스
ByBooks

다시 나와 가족·세상을 사랑할 수 있도록 격려해주신
故 허일강 원장님께
무한한 감사와 사랑을 보냅니다.

《아들러 심리학 나쁜 기억 세탁소》 초판이 출간된 지도 어느덧 4년을 지나가고 있다. 다시 서문을 써 내려가며 그 시간을 되돌아보니 그 세월 동안 이 세상에 자라난 것은 불안과 외로움이며, 사라지고 있는 것은 웃음인 듯하다. 거기에 코로나19가 할퀴고 간 곳에서 우리는 죽음과 공포가 얼마나 내 삶과 밀착되어 있는지를 선명하게 경험해내야만 했다. 잠시 심호흡하고 지난날을 뒤적여보자. 해지는 저녁놀을 바라보며 온통 평온함에 온몸을 맡긴 적이 언제이던가? 볼을 스치고 지나가는 바람 한 점에 잠시 모든 시름을 잊은 적이 언제이던가? 우리는 지금 행복에서 멀어져 무엇을 향해 그렇게 열심히 가고 있는 것일까?

이 책에서는 우리가 이 세상을 살아가기 위해 반드시 충족되어야 한다고 믿는 것이 무엇인지를 먼저 다룬다. 우리는 보통 그것에 강력하게 사로잡혀 있다. 그것 때문에 우리는 보통 나 자신을 그 어떤 누구보다 한심해하기도 하고, 또 이해할 수 없는 타인을 자주 미워한다. 그것이 반드시 충족되어야 하기에 기꺼이 자신의 인생을 자기 뜻대로 통제하려고 한다. 어떻게 그 사람이 나에게 이럴 수 있지 하는 마음이나, 어떻게 나에게 이런 일이 일어났는지를 곱씹으며 분통해하던 날들을 떠올려보라. 내 뜻대로 흘러가지 않는 것들에 대해서 내가 어떻게 대했는지. 그렇게 머릿속 지옥을 왔다 갔다 하다 보면, 하루 끝엔 자괴감에 절여져 녹초가 된 몸뚱이을 힘겹게 침대에 뉘인다.

모든 집착은 두려움을 낳는다. 결국 얻지 못할 것이라는 두려움은 불안함을 낳는다. 우리가 집착과 두려움, 불안의 삼박자 속에서 캉캉춤을 추고 있을 때면 어김없이 떠오르는 '나쁜 기억'이 있다. '나쁜 기억'은 과거에 자신이 간절하게 원하던 것을 얻지 못했던 강렬한 순간을 기록해둔 것이기 때문에, 그 기억이 자주 떠오르면 떠오를수록 집착은 강화된다. 그렇게 '나쁜 기억'은 과도하게 성공에 집착하게 만든다. 우리는 성공이나 사회적 지위, 부, 쾌락, 친구, 연인 등에 집착한다. 경험해보고 싶은 상황과 절대 경험하고 싶지 않은 상황이 선명하게 갈린다. 그렇게 두려움은 삶의 무언가에 집착하게 하거나 회피하게 만든다. 자신이 꿈꾸는 목표에 도움이 되는 모습만을 인정하며, 자신의 꿈에 방해되는 모습은 혐오하게 만든다.

모두에게 묻고 싶다. 스스로 행복해지기 위해 어떤 목표를 추구하며 어떻게 애쓰며 살아가고 있는지. 원하는 목표를 이루고 났을 때도 행복보다는 더 높은 목표를 위한 욕망에 다시 사로잡히고 있지는 않은지. 생각해보라. 자신이 한 대부분의 결정이 어떤 두려움에 기반하고 있는지. 물론 두려움이 언제나 나쁜 것은 아니다. 고통, 외로움, 두려움은 우리가 사는 내내 함께 가는 동반자니까. 중요한 것은 이 두려움을 다루는 법을 알고 있는지다. 두려움을 부정하거나 방어기제를 쓰거나 공황에 빠지는 것 대신에 두려움과 친해질 수 있다면 우리의 삶은 많은 부분에서 달라질 것이다.

우리는 지금까지 매 순간 최선을 다하는 삶에 익숙했다. 두려움을 피하고 능력을 증명하기 위해서 잠을 줄이고 커피를 입에 달고 살았다. 그러나 그것이 그저 두려움을 부정하기 위해서라면 그저 불행하기 위해 최선을 다하는 꼴이 될지도 모른다. '나쁜 기억'을 자주 떠올리는 사람은 매일매일 우울할 수밖에 없다. 그러나 아무리 힘든 상황에서도 행복했던 기억과 성취해낸 기억을 자주 떠올릴 수 있다면 누구도 계속 우울하지만은 않게 된다. 이 책은 당신의 '나쁜 기억'이 가진 의미를 발견하고, 다른 관점으로 그것을 새롭게 바라보게 할 것이다.

아들러 심리학 나쁜 기억 세탁소

바람이 이곳에서 저곳으로 무언가를 움직여놓듯, 이 책이 당신을 두려움에서 자기 이해를 거쳐 온전한 사랑으로 데려다주기를 기대해본다.

추천의 글

아들러의 개인심리학과 아들러 상담에 대한 관심이 대단하다. 아들러 개인심리학 상담의 내용을 다루는 책들이 출판되고 있고 독자들의 깊은 관심으로 베스트셀러도 많다. 아들러와 그의 개인심리학에 사람들은 열광한다. 이렇듯 많은 사람들이 아들러에 열광하는 이유는 뭘까?

아들러(Alfred Adler)는 1870년에 오스트리아 비엔나에서 태어나 1937년 스코틀랜드에서 강연 여행 중 사망했다. 어린 시절에는 건강 문제와 형제들 간의 경쟁으로 열등감에 시달렸으며, 구두 제조공으로 한평생을 살아갈 뻔한 사람이었다.

아버지의 격려로 열등감을 극복한 아들러는 나중에 저명한 아동, 청소년 그리고 가족상담이론가가 되었다.

그는 프로이트와 함께 공부하기도 했으나, 결국 개인심리학이라는 독자적인 인간 행동 및 성격 이론인 개인심리학을 창안했다. 그리고 그의 생애는 모든 이가 열등감을 극복하고 공동체 정신을 실현하며 함께 살아가도록 자극하는 좋은 모델이 되었다. 아들러의 삶 자체는 제4차 산업혁명 시대인 오늘날에도 우리가 어떻게 사는 것이 행복한 삶인지 알려준다.

개인심리학이 거의 1세기 전에 탄생했지만, 아들러의 통찰과 방법이 현재의 문제들을 설명하고 해결하는 데 여전히 중요하다. 그의 철학은 요즈음 사회적 갑질 문제, 사회적 불공정, 소외, 불안, 우울의 심리적 문제, 비행과 범죄의 문제들을 다루는 데 적절하며 방법론적으로 효과적인 해결책임이 분명하다.

인간은 사랑과 관심을 추구하고 어떻게든 위로받고 싶어 한다. 아들러는 그의 개인심리학을 통해서 이 시대에 외로움으로 위로가 필요한 우리에게 깊은 위안을 준다. 그를 일컬어 서양의 공자라 한다. 그것은 인간행동의 바람직성을 평가하는 주요한 기준인 '사회적 관심'이 공자가 강조한 인(仁)의 개념과 일치하기 때문이다.

아들러의 개인심리학은 사회적 관심 외에도 열등감, 우월감, 생활양식, 격려, 불완전할 용기, 초기기억 등 우리 생활에서 훌륭하게 적용되고 사용되는 개념들을 담고 있다.

이 책《아들러 심리학 나쁜 기억 세탁소》저자인 고현진은 세탁소에서 자신의 말하기 힘든 기억을 드러내는 용기를 가진 아름다운 여인이다. 누구나 세탁하고픈 기억을 가질 것이다.

그녀는 어려운 아들러 개인심리학의 개념들을 자기 경험을 드러내 쉽게 말하면서 생생하게 이해를 돕고 있다. 저자의 이러한 노력이 우리 모두를 아들러의 개인심리학의 세계로 빠져들게 한다. 저자의 이러한 노력으로 아들러의 진심이 우리 가정, 학교, 사회에 확산되어 우리가 평안과 행복을 누릴 것으로 의심치 않는다.

김광운(교육학 박사, 한국격려코칭상담연구소 소장)

들어가는 글

언젠가 나이가 들어 자신의 인생을 되돌아본다면, 그것은 기억을 더듬는 작업이 될 것이다. 한평생 살아온 자신의 발자취이자 머릿속에 기록된 자서전을 뒤적이는 시간. 그런 면에서 기억이란 인생의 만족도를 점검하는 척도라 할 수도 있겠다. 당신의 머릿속에는 어떤 기억들이 있는가? 혹 나쁜 기억이 많다고 해서 좌절할 필요는 없다. 사실 인간이라면 누구나 좋은 기억보다는 나쁜 기억이 많게 마련이니까. 나쁜 기억일수록 생존의 본능 덕에 더욱 강렬하게 남는다.

우리는 잘 살아가기 위해서, 같은 경험을 하지 않기 위해서 필사적으로 그런 기억을 곱씹는다. 무의식 속에서 그런 기억을 곱씹는 동안 그 기억은 잊고 싶어도 잊을 수 없는 기억이 된다. 우리는 왜 그렇게 나쁜 기억을 곱씹고 잊지 않으려 노력하는 걸까? 잊히지 않아야 할 나름의 이유가 있기 때문이다. 그 이유가 궁금하지 않은가? 그 이유에 대해서는 뒤에서 자세히 다루게 된다.

우리의 삶은 대부분 지극히 평범하다. 대단한 성공도 자기 삶에서는 먼 이야기이고, 지극한 행복에 대해서도 경험해본 적이 없어 그것이 과연 존재하는 것인지에 대해 의문을 품어보곤 하는. 절망감이나 슬픔도 희미하고, 열정이나 즐거움도 찾아볼 수 없는. 누군가는 이런 삶을 조용한 절망감 속에서 살아간다고 표현했다. 적절하다. 평범한 하루를 지냈다는 것이 내면의 평화를 의미하지는 않으니까. 사실 우리의 내면은 전쟁터와 흡사하다. 쉼 없이 폭탄이 터지고 비명이 끊이지 않는. 찰나의 평화에도 늘 불안이 함께하는. 우리는 살기 위해 자기 내면을 헤집어야만 한다.

내가 첫 번째로 깨달은 것은 내 불안의 시작이 늘 '기억의 조각'과 함께라는 것이다. 오래도록 잊히지 않는 해묵은 기억 속에는 늘 '부끄러운 내'가 있었다. 나는 그런 기억을 참 많이도 가지고 있었다. 어린 시절의 짧은 기억 조각들. 그것들은 죽어도 잊히지 않은 채 삶의 순간순간에 번쩍번쩍 잘도 생각이 났다. 길을 걷다가도, 맛있는 것을 먹다가도, 침대 위에서 눈을 감을 때에도. 그때마다 나는 전봇대라도 뽑아 던져 버리고 싶어졌다. 내가 잠시 평화를 찾았을 때마다 치밀하게 그 사이를 비집고 들어오는 이 몹쓸 감정을 내게서 멀리멀리 힘껏 던져버리고 싶었다.

우리에게는 오랜 시간 잊히지 않는 기억들이 있다. 추억이라고 말하기에는 전혀 아름답지 못한, 다시는 돌아가고 싶지 않은, 떨쳐내려 머리를 수십 수백 번 흔들어 봐도 절대 떨쳐지지 않는 지겹도록 나쁜 기억.

그렇다. 지금 당신의 머릿속을 스치고 지나가는 바로 그 기억 말이다. 그것들은 오래도록 각자의 인생에 달라붙어 행복한 일상을 망치곤 한다. 그것들은 행복해질 만하면 귓가에 대고 잔인하게 속삭였다. '과연 네가 행복해질 자격이 있을까? 이렇게 부족한 네가? 네가 행복해지려면 뭐가 더 필요한지 알고 있을 텐데?', '오늘 별일 없이 잘 보냈다고? 이렇게 무능력한 네가? 설마. 잘 생각해보라고. 분명히 네가 잘못한 일이 있을걸. 그걸 생각해내지 못하면 넌 평생 행복하지 못할 거야.' 그렇게 나의 짧은 평화는 끝이 나고 역시 나는 다시 자괴감의 바다에 빠져 허우적댄다. 오늘도 어제처럼.

그러니까 늘 쫓기듯 살아가는 기분이었다. 무언가 끔찍한 것이 내 뒤를 바짝 뒤쫓고 있다는 것을 본능적으로 아는 사람처럼 나는 나를 받아줄 안전한 곳을 향해 미친 듯이 뛰어다녔다. 내가 그랬고, 우리가 그랬다. 결국 나는 그 끔찍한 기억으로부터, 더 정확히는 부끄러운 나 자신에게서 벗어나기 위해 미친 듯이 달려서 여기까지 왔다.

우리는 부족하고 무능력한 자신을 참 많이 싫어한다. 그게 그렇게 싫어서 쫓기듯 산다. 그러니 이건 끝날 수 없는 싸움이 되었다. 우리는 사는 내내 부족하고 무능력한 순간들을 숙명처럼 만나고, 그때마다 우리는 자기 자신으로부터 끊임없이 벗어나려 발버둥을 친다. 그렇게 해서 남는 게 무엇일까? 그저 불안과 고통, 슬픔과 자괴감이 점점 더 나 자신에게 익숙해진다는 사실뿐이다. 내 발끝에 붙은 그림자가 무서워 도망치는 사람이 배우는 것은 도망치는 법뿐이다. 나는 더는 그렇게 살고 싶지 않았다. 나는 나를 사랑하고 싶었다. 도망치는 사람은 절대 도달할 수 없는 곳, 자기 사랑의 길에 닿고 싶었던 것이다.

문제는 생의 어느 지점에선가 사랑하는 방법을 잊어버렸다는 것이다. 무엇부터 시작해야 할까. 무릎 곱게 꿇고 '나는 나를 사랑한다'라고 계속 중얼거려보면 되는 것일까? 사실 나는 그것도 시도해보았다.

그러나 내 안에 나를 부끄럽게 생각하는 마음이 남아 있는 한, 그것은 쉬운 일이 아니었다. 그렇다. 우리가 함께 살펴보아야 할 것은 '신념'이다. 나에 대한 신념. 나는 나를 어떻게 생각하고 있는가에 대한 나에 관한 생각. 내 안에서 나를 비난하고 부끄럽게 생각하고 무언가 잘못되었다고 생각하는 그 신념이 깨부숴지지 않는 이상 사실 진정한 변화는 있을 수 없다.

아무리 나를 사랑한다고 되뇌어봤자 내가 그 말을 믿지 않으면 결코 진실이 될 수 없기 때문이다. 그러므로 우리는 내 마음 깊숙한 곳에서 내가 나를 어떻게 생각하는지, 내가 나를 어떻게 보고 있는지, 그 견고한 믿음을 확인해야 한다. 그런 과정이 없다면 진정한 나 자신을 이해하지 못할 것이고, 나를 이해하지 못하면 나를 사랑할 수 없기 때문이다.

그렇다면 그것을 어떻게 확인하는가. 우리는 이것을 '기억'을 통해 확인해볼 것이다. 왜냐하면 누구에게나 기억은 있기 때문이다. 기억은 자신이 내면 깊숙이 담아둔 신념을 꺼내어보기에 참 손쉬운 도구다. 기억은 꺼내기도 쉽지만, 그 안에는 생을 관통하는 중요한 정보들이 담겨 있기 때문이다.

오래도록 잊히지 않은 기억을 심리학에서는 삶의 미해결 과제로 보는데, 이미 오래전에 잊었어야 자연스러웠을 그 기억이 왜 유달리 오래도록 잊히지 않는 것일까. 심리학에서는 그 이유로 그 기억 안에는 절대로 잊어서는 안 된다고 스스로 판단한 어떤 중요한 무언가가 담겨 있다고 보는 것이다. 그런 이유로 잊고 싶어도 잊히지 않는 '나쁜 기억'은 우리에게 중요한 자산이 된다. 나쁜 기억이란 삶의 근원적 문제를 발견할 수 있는 강력한 단서이기 때문이다.

인생의 문제 대부분은 결국 비슷한 문제의 반복이다. 전혀 다른 문제 같지만, 자세히 들여다보면 결국 같은 문제다. 우리의 인생에서 아직 해결되지 않는 문제들은 매번 조금 다른 얼굴을 한 채 우리에게 다가온다. 그러나 우리는 그 문제들을 모두 다른 문제로 구별한다. 그리고 그것들을 하나하나 해결하느라 완벽히 소진된다.

문제를 해결하는 쉬운 방법이 있다. 왜 오래도록 그 기억이 잊히지 않는지, 그 근원을 따라가보는 것이다. 누가 자꾸 내 삶에 무지갯빛 다양한 쓰레기를 던진다고 하여 그때그때의 쓰레기만 줍는다고 일이 해결되지는 않는다. 쓰레기를 던져대는 그 사람을 찾아야 한다. 그리고 그의 이야기를 들어주어야 한다.

'나쁜 기억'은 끝이 없다. 아무리 고개를 세차게 흔들고 두 주먹 불끈 쥔 채 잊겠다고 결심한다 한들 그 기억은 쉽게 잊히지 않는다. 이제는 나쁜 기억을 그대로 두지 말자. 살다 보면 잊힐 거라는 착각도 하지 말자. 이제 우리는 기억을 정면으로 마주 보고, 기억의 심연으로 뛰어들어야 한다.

나의 경우, 아들러의 이론을 따라가면서 내 삶을 기존과는 다른 시선으로 성찰할 수 있었고 그로 인해 삶의 진정한 변화를 얻어낼 수 있었다. 나는 나의 이 경험이 나와 비슷한 고민을 하는 이들에게 도움이 될 것으로 생각한다. 그런 이유로 나는 이곳에서 오래도록 잊히지 않은 채 내면에 얼룩처럼 달라붙어 있었던 내 어두운 기억을 낱낱이 털어놓을 작정이다.

오래된 기억 속 어린 나에게 다가가 대놓고 물을 작정이다. 너의 그 슬픔은 어디서 오는 것이냐고. 너의 그 분노는 무엇 때문이냐고. 그 질문에 대한 답이 나의 인생을 바꿀 진짜 변화의 키였음을 나는 고백하고, 나의 이 경험이 독자들에게 삶의 문제를 해결할 수 있는 하나의 단서가 될 수 있기를 기대한다.

이해하면 사랑하게 된다. 우리가 자신을 사랑하지 못하는 것은 나를 전적으로 이해할 수 없기 때문이다. 이러면 안 된다는 것을 누구보다 잘 알면서 자꾸만 또 같은 실수나 잘못을 반복하고 있는 내가 한심할 수 있다. 그러나 그럴 수밖에 없는 이유가 있다. 모든 것에는 이유가 있으니까. 기억을 단서로 나를 진심으로 이해하게 된다면 그다음부터는 자연스럽게 자신을 사랑할 수 있게 될 것이다. 아니, 적어도 자신을 증오할 일은 없을 것이라 나는 확신한다.

우리는 과거의 어린 나로부터 또박또박 한 걸음씩 정직하게 걸어
나왔다. 원하든 원하지 않았든 시간은 쌓였고 우리는 어른이 되었다.
지금의 나는 적어도 예닐곱 살의 나보다는 이 세상을 더 잘 이해하고
있다. 더 이상 만 원짜리와 오백 원짜리 중에서 오백 원을 선택하며
부자가 되었다고 생각하지도, 하교 후 엄마가 존재하지 않는 텅 빈 집
안을 바라보며 불안에 떨며 울지도 않는다. 용돈이 적다며 입이 댓발
나온 아이의 손에 지갑 속 단 한 장 남은 만 원을 쥐어준 채 뒤돌아서
출근하는 아버지에게 주어진 삶의 무게를 알고, 워킹맘인 엄마가 출
근길마다 울면서 가지 말라고 외치는 아이를 어떤 마음으로 떼어놓고
뒤돌아서 걷는지를 안다.

우리는 이 책에서 타인의 기억을 단서로 각자의 어린 기억으로 들
어가게 될 것이다. 그리고 어느새 어른이 된 내가 아직은 제대로 이해
할 수 없었던 어릴 적 나의 세상을 다시금 바라보면서 오래된 기억 속
잘못 기억된 단서들을 바로잡게 될 것이다. 그리고 그 이야기의 끝에

서는 그 아이를 꼭 안아주게 될 것이다. 그동안 홀로 긴 시간 외로웠을 그 아이를 위해.

내가 한없이 초라한 날이 있지요.
한심하고 바보 같아서
그냥 한숨처럼 땅으로 꺼져버리고 싶을 때 말이에요.

내가 왜 이러는지,
왜 결심은 3일은 커녕 3시간을 넘기지 못하는지
정말 나도 나를 모르겠단 말이죠.

그런 날엔 나를 괴롭히는 '나쁜 기억'을 빨래통에 담아 들고
세상에 하나뿐인 세탁소를 찾아오세요.

나쁜 기억이 원래부터 나쁜 녀석은 아니거든요.
무슨 말이냐고요?
음, 그곳에 도착하면 저절로 알게 될 거예요.

자, 자, 그 전에 오래된 서랍에서
오래도록 잊히지 않은 기억 몇 개 꺼내어볼까요?

1

얼룩진 기억

나쁜 기억 세탁소

어떤 사소한 기억도 중요하지 않은 것은 없다. 좋든 싫든 내가 어떤 기억을 오래도록 갖고 있다는 것은 내면의 깊은 곳에서 그것을 기억하기로 결정했기 때문이다. 우리의 기억 중 우연한 기억은 없다. 기억은 단순히 사건의 기록이 아니며, 기억하고 있는 모든 기억은 잊어버려서는 안 되는 이유가 존재한다. 우리는 매일 경험하는 수많은 상황 중에서 특별히 중요하다고 판단한 것만을 기억한다. 그래서 기억은 자신이 삶에서 무엇을 중요하게 여기고, 무엇을 두려워하는지를 알 수 있는 중요한 정보다.

자기 자신을 이해한다는 것은 정말 쉬운 일이 아니다. 자신의 '기억'에 순수한 관심을 가질 때만 얻어낼 수 있는 보상이기 때문이다. 특히 '나쁜 기억'을 되새기는 일은 세상에서 가장 괴로운 일일지도 모른다. 끈질기게 잊히지 않는 기억은 대부분 나쁜 기억들이고, 또 생(生)의 중요한 정보를 담고 있지만 일단 그다지 유쾌하지 못하다. 생각하는 것만으로도 등 뒤로 먹구름이 끼고 나직이 욕설이 튀어나오는 기억들 말이다. 나쁜 기억은 무언가를 반복해서 말한다. 보통은 지

금 너에게 아주 심각한 문제가 있다는 경고나 너는 태생부터 부족하게 태어났으니 본모습은 감추고 있는 척 살아가라는 그릇된 가르침들이다. 우리는 어쩔 수 없이 그 기억이 가르치는 대로 끊임없이 더 많은 것을 가지려고 하고, 더 높은 곳에 올라서려고 한다. 그렇게 '나쁜 기억'은 우리를 열등감에 빠트리고 조바심을 선물한다. 그렇지만 그렇다고 나쁜 기억을 가볍게 여기고 신경 쓰지 않는다면 영원히 자기 자신을 이해할 기회를 놓치게 되는 것일 수도 있다. 만약 용기를 갖고 '기억'과 마주할 수 있게 된다면, 아무리 깊은 곳에 숨겨진 마음도 명확하게 드러날 것이다.

이번 장에서는 개인의 기억이 자기 자신에게 어떤 이야기를 반복해서 들려주는지를 이야기할 것이다. 자신이 세상을 어떻게 이해하고 있는지, 무엇이 옳고 무엇이 그르다고 이야기하는지, 스스로 생각하는 자신의 한계나 문제점은 무엇인지, 지금 고통이 되는 삶의 문제들은 무엇인지 모두 기억을 통해서 발견할 수 있을 것이다.

당신은 자신을 어떻게 생각하고 있는가? 늘 자신의 어떤 점이 문제라고 생각하면서 살아왔는가? 어쩌면 우리의 고민은 크게 다르지 않을 수도 있다. 자신을 알고 싶다면 다른 사람을 관찰하고 남을 알고 싶으면 자신의 마음을 들여다보라고 했다. 이곳에 쓰일 나의 이야기들은 단순히 나의 이야기로 끝나지 않을 것이라 믿는다. 그 안에서 우리는 서로를 발견하게 될 것이다. 그리고 우리는 결코 혼자가 아님을 알게 될 것이다.

| 기억 하나 |

'거짓 나'로 살아가고 있다는
죄책감에 잠길 때

"자신에게 거짓말하는 아이"

한 아이가 호두과자 한 알을 손에 쥔 채 살금살금 걸어가고 있다. 들킬까 봐 걱정되는지 어깨를 귀 옆에 딱 붙이고선 줄곧 눈알을 도르륵 굴려 가며 주변을 살핀다. 다행히 아이의 엄마는 소파에 누워 낮잠을 자고 있다. 한가로운 오후의 풍경이지만 아이는 여전히 긴장을 풀지 못한 채 미닫이문을 살짝 들어 아주 조심스럽게 연다.

드르륵.

문이 열리자 새로운 풍경이 펼쳐진다. 분명한 오후임에도 불구하고 방 안은 새카만 밤이다. 창문이 하나도 없어 빛이 새어 들어올 곳이라고는 반투명 미닫이문의 유리창뿐이다. 그곳은 온갖 잡동사니들과 안 쓰는 소파가 막무가내로 쌓여 있던 버려진 방이었다. 그리고 그곳은 나의 아지트였다. 나는 혼자 있고 싶을 때마다 그곳을 찾았다. 그곳 소파에 안겨, 오빠 몰래 아껴뒀던 호두과자를 한입 베어 물었을 때의 달콤함이란. 나의 아지트는 숨기에는 제격이었다. 밝은 한낮에도 마치 딴 세상처럼 늘 어두운 밤이었던 탓에 나 외에는 아무도 찾지 않았기 때문이다. 밤이 되면 무서워 화장실도 찾지 않던 나지만 그 방의 어둠은 달랐다. 그곳은 어둠과 친해질 수 있던 유일한 공간이자, 완벽히 나를 위한 공간이었다.

그곳 소파에 얼마나 누워 있었을까. 희미하게 나의 이름이 들려왔다. 엄마가 나를 찾는 소리였다. 나는 발칵 문을 열어젖히고 밖으로 뛰어나갔다. 왠지 이곳에 있는 나를 들키고 싶지 않았기 때문이다. 그러나 엄마는 창고로 쓰는 방에서 나오는 나를 바로 발견하셨다. 엄마의 얼굴은 궁금증으로 가득했다.

"거기서 무얼 하다 나오는 거니?"

나쁜 일을 하다 들킨 사람처럼 나의 얼굴이 확 달아올랐다. 나는 쭈뼛대며 얼버무리다 숙제 핑계를 대며 사라지듯 내 방으로 향했다. 그리곤 책상에 앉아 생각에 잠겼다. 이 알 수 없는 감정에 대해서. 당시의 나는 허락 받지 않은 호두과자를 몰래 먹은 것이 들킬까 두려웠기 때문이라고 정의 내렸지만, 지금은 생각이 조금 다르다. 그때의 나는 조용히 사색에 잠기는 내 모습을 설명한다는 것이 부끄러웠던 것이다.

고 씨네 딸은 어른들이 시키면 언제든 앞으로 나가 노래를 불렀다. 그런 나를 부모님은 자랑스러운 눈으로 바라보았다. 나는 언제나 '쾌

활하고 귀여운 딸'로 세상과 인사했고 그 기대에 부응하며 살았다. 또 실제로도 나는 얌전과는 거리가 멀었다. 나는 골목을 누비는 말괄량이였고 단정한 아이와는 태생부터 다른 것 같다고 생각했으니까. 나는 숙제는 안 해도 고무줄놀이는 노을이 질 때까지 하고 마는 아이였고 생일 때 반 친구도 모자라 친구의 친구인 옆 반 아이들까지 죄다 끌고 가서 엄마를 당황케 하는 아이였다. 나를 놀리는 남자아이의 멱살을 쥐고 흔들어 반 아이들의 놀라움을 사기도 하고, 궁금하단 이유로 날카로운 경사의 뒷산을 친구들과 기어올라가다 어른들께 혼쭐이 나기도 했다.

늘 혼란스러웠다. 누군가는 나를 얌전한 아이라고 이야기했고, 누군가는 나를 왈가닥이라고 표현했다. 그래서 나는 얌전한 아이라고 표현한 이 앞에서는 얌전한 아이가 되었고, 왈가닥이라고 표현한 이의 앞에서는 더욱더 왈가닥이 되었다. 일생을 헷갈려하며 사는 기분이었다. 왈가닥이라기에는 얌전하고 얌전하다 하기에는 반항끼가 다분했기에.

어린 내가 생각하기에 들장미 소녀 '캔디'와 작은 아씨들 속 '베스'가 한 몸 안에 있는 것은 배신이었다. 무엇에 대한 배신인지는 모르겠지만 아무튼 무지무지 이상한 일임엔 틀림없었다. 나는 캔디를 죽이고 베스만 남기든지, 베스를 죽이고 캔디만 남기든지 하나만 하라며 계속해서 나를 다그쳤다.

그런 '나'와 '나'의 싸움은 어른이 되어서도 끝나지 않았다. 나는 친구들과의 만남에서 분위기에 취해 노는 것을 좋아했고 왁자지껄한 술자리의 주범이었다. 그러나 그런 활달한 나는 집 앞 골목길에 도착하면 홀연히 사라지고 말았으며 지친 표정의 내가 나타나 그 골목길을 천천히 이어 걸어갔다. 다운된 기분은 늘 다음날까지 이어졌으며 반드시 혼자만의 시간을 꽉꽉 채워야만 다시 충전되곤 했다. 어떤 천재 물리학자가 와도 나란 존재를 하나로 융합시킬 수 없었을 것이다. '주목받고 싶어 하는 나'와 '혼자 있고 싶어 하는 나'는 달라도 너무 다르지 않은가. 둘 중 하나는 거짓일 수밖에.

"이해할 수 없는 자신을 사랑할 수 있는 이는 없다."

자신을 정의하기 위해 스스로를 뒤적여 본 사람들은 수많은 형태 앞에서 더더욱 혼란스러워지는 것을 경험해 보았을 것이다. 당연하게도 자신에 대한 불명확함 속에서는 언제나 수많은 변명과 갈등이 있게 마련이다. 진짜를 가려내려는 시도는 언제나 '의심'을 포함하니까. 그리고 무엇보다 자신에게 의심을 품은 이는 자신을 사랑하지 못한다. 거짓말로 점철되어 있는 스스로를 흔쾌히 사랑할 수 있는 이가 얼마나 되겠는가. 그저 매일 부끄러울 뿐이다. 당연히 자신을 감추며 살아간다. 누군가 자신의 본모습을 눈치채지는 않을까 전전긍긍한 마음으로 위태롭게 산다. 눈치가 늘어간다. 다른 사람들의 표정을 살피는 것이 습관이 된다. 당연하게도 빈번히 탈진한다.

안타깝게도 세상은 내가 회복되기까지 기다려주지 않는다. 출근도 해야 하고 미리 약속한 모임은 또 지켜야 하지 않겠는가. 그래서 우리는 때때로 영혼이 없다. 기계적으로 움직이는 몸뚱이뿐 영혼은 이미 탈진으로 녹다운이다. 이 사정을 모르는 이에게 나는 천하에 이해 못할 인간이었을 것이다.

어느 날은 세상 친근하더니 어느 날은 대꾸도 잘 하지 않는 이상한 사람. 혼자 세상 사는 사람처럼 불같이 살다가 갑자기 세상 다 산 노인네가 되고. 그것이 미안하여 나는 매번 변명을 입에 달고 살았다. '오늘 컨디션이 안 좋네'라든지, '오늘 술을 마셨더니 기분 완전 업 된다!' 같은. 나조차도 이해할 수 없는 나를 타인에게 설명해내야 하는 경험은 절대 유쾌하지 않았다. 덕분에 나는 자꾸 내가 부끄러웠다.

우리는 이렇게 '나'라는 사람에 대해서 생각보다 많이 모르고, 다른 사람에 대해서도 정말 모른다. 그래서 함께 있어도 어쩐지 외롭다. 나의 마음과도 따로 노는데 오죽 하겠나. 내가 스스로에 대해 헷갈릴 때마다 나는 필사적으로 나라는 인간을 규정짓기 위해 애썼다. 우리는 규정짓는 것을 좋아한다. 뭐든지 명확한 것이 좋지, 애매모호한 것은 머리가 아프다. 애매모호한 것으로 치자면 인간만 한 것이 있을까. 천 길 물속은 알아도 한 길 사람 속은 모른다고 내 앞에 앉아 있는 저 인간의 속을 알 수 없어 답답한 적이 한두 번이 아니었을 것이다. 그래서 우리는 혈액형별 성격 유형이나 별자리별 성격 유형에 관심이 많나 보다. 혹은 불확실한 미래를 예측하고자 타로를 배우거나 미래가 궁금해 돈을 주고서라도 점을 본다. 나는 잘 모르겠는 나의 성격에 대해서 이렇다 저렇다 이야기해주니 얼마나 편한가. 그런데 그것이 맞는 듯 틀리고, 다시 가만히 생각해보면 세상의 수많은 인간이 단 몇 개 유형으로 구별 지어진다는 것은 좀 이상하다는 생각도 드니 기껏 봐놓고도 문자 그대로 믿기란 또 참 쉽지 않다.

"모두 나였다."

우리는 모두 저마다 하나의 우주다. 우주란 모든 것이 존재하는 곳이다. 우리가 아는 모든 것들이 그곳에 있다. 또 우리의 상식으로는 이해할 수 없는 일들이 무수하게 일어난다. 그러니 내 안에 수십에서 수백 개의 성격적 특징이 있다고 한들 그것이 무슨 대수겠는가. 심지어 내 안에는 내가 미처 몰랐던 모습도 이미 존재하고 있는데. 누군가 내 방에 있는 수백 개의 물건 중 하나를 콕 골라 집어 "이것이 너의 전부지"라고 말한다 한들 내게는 어떤 의미도 될 수 없다. 사실이 아니기에.

아들러는 성격이란 타고난 것이 아니라고 말한다. 한 사람의 성격을 몇 개의 단어로 규정지을 수 없다고. 예를 들자면 이런 것이다. 수줍은 성격을 가지고 있다고 해서 하루 24시간, 봄·여름·가을·겨울 내내 수줍어하지는 않는다. 우리는 낯설고 예측 불가능한 상황에서는 소극적이지만 자신이 속속들이 잘 알고 있는 익숙한 공간에서는 적극적이다. 수줍음이라는 성격은 타고나는 것이 아니라 상황 속에서 드러나는 나의 태도일 뿐이다. 만약 어떤 사람이 열에 구 할은 수줍어한다고 치자. 여기서 중요한 것은 그가 수줍은 사람이냐, 활달한 사람이냐에 대한 정의가 아니라, '그는 왜 그렇게 자주 수줍어할 수밖에 없었는가'이다.

아들러는 인간을 부분이 아닌 전체로 이해해야 한다고 했다. 밀가루 반죽을 한 움큼 떼어낸다고 해서 그것의 성질이 변하지는 않는다. 여전히 그것은 밀가루 반죽이다. 다시, 내 뱃살 한 움큼을 떼어내 접시 위에 올려놓고 '이것은 고현진입니다'라고 해보자. 다들 어떤 반응을 보일까. 적어도 접시를 향해 공손히 인사하는 사람은 없을 것이다. 인간은 살아있는 유기체다. 일부분을 떼어내 전체를 대표할 수 없다. 또 인간은 주변 환경에 적응하고 변화하면서 생존한다. 전쟁터라는 환경 속에서 군인으로서 존재할 때와 제3국에 봉사활동을 하러 갔을 때 그 사람은 과연 같은 성격적 특성을 보일까? 아니다. 그 사람은 그저 자신이 처한 환경에 따라 가장 적절한 행동을 선택했을 것이다. 전혀 다른 행동적 특성을 보여도 그 사람은 같은 사람이다. 그런 이유로 아들러는 인간을 제대로 이해하기 위해서는 그가 처해 있는 환경과 함께 맥락을 바라보아야 한다고 이야기했다.

우리네 드라마에서 자주 등장하는 대사가 있다. 멀끔한 남자주인공이 다소 흥분해 있거나 울먹이는 목소리로 "너답지 않게 왜 이래!"라고 하며 여자 주인공의 어깨를 잡고 흔들면 여자는 다소 헝클어진 머리에 자조 섞인 표정을 지으며 말한다. "나다운 게 뭔데?" 그러게. 나다운 건 정말 뭘까? 매일 나의 조용한 모습만 보던 누군가가 술자리에서 신이 나 있는 나를 보고서는 이런 말을 건넨 적이 있다. 아니 많이 들었다. "너 이런 모습 처음 봐." 그 말에 나는 얼굴이 빨개졌다. 거짓말을 들킨 아이처럼 말이다. 그 이후엔 되도록 그 아이 앞에선 크게 웃지 않았다. 나의 이런 모습은 처음 본다며 신기한 듯 바라보던 그 아이의 속마음이 '얌전한 척하더니 아니었잖아?'였든, '얌전한 애가 누구 앞이라고 애쓰네'였든 상관없이 거짓말을 들킨 것 같은 기분은 두 번 다시 느끼고 싶지 않았기 때문이다.

왜 우리는 어떻게든 자신을 규정지으려 할까? 규정지어지는 순간 우리는 틀에 갇힌다. 스스로 가면을 쓰는 거다. '나는 이런 사람이야'라는 가면을 쓰고 나면 우리는 그 안에서 자주 울 수밖에 없다. 자신을 속이며 사는 건 죄책감과 함께 사는 것이니까. 행복해지려고 가면을 썼는데 오히려 그것이 불행의 씨앗이었던 셈이다.

그래서 아들러의 말이 참 고마웠다. 인간이란 몇몇 단어로 규정지어지는 것이 아니라는 말. 그제야 나는 나를 온전히 받아들일 준비를 할 수 있었다. 왈가닥 소녀와 혼자만의 시간을 즐기던 소녀, 둘

중 하나로 나를 규정지으려 했던 것이 불필요한 고민이었음을 깨닫고 나서야 긴 안도의 한숨을 내쉰 것이다. 같은 사람이라고 볼 수조차 없는 나의 정반대 행동들은 내가 너무나도 가식적인 인간이라 상대를 일부러 속여 가며 살아왔던 것이 아니라는 것을. 그저 내가 경험하는 상황(환경)에 따라 적절하다 생각되는 행동을 선택한 것임을 깨닫고 말이다.

낮과 밤 모두가 지구이듯, 밝을 때의 나도 어두울 때의 나도 모두 나이건만 나는 왜 그렇게 부끄러워했을까. 왜 나를 하나로 정의 내리려 하고 다른 모습들은 전부 거짓으로 치부해버리려고 했을까. 나는 마치 지구의 날씨를 하나로 정의 내리려는 것처럼, 불가능한 정답을 찾아 헤매고 있었던 것과 같았다. 회사에서 냉정하고 칼 같은 사람도 집에서는 다정한 아버지일 수 있다. 그 사람은 각각의 상황 속에서 자신이 옳다고 생각하는 자신의 역할을 하고 있을 뿐이다. 어떤 상황 속에 처해 있느냐에 따라서 전혀 다른 모습을 보이고 있을 뿐, 그 다양한 모습 모두 다 자신이다. 우리 각자에게는 그런 모습들이 있을 것이다. 다정한 엄마이다가도 한없이 엄해지기도 하고, 게으르다가도 어떤 일에 대해서는 밤을 새워가며 몰입하기도 한다.

나는 이렇게 우리 각자가 자신에게는 상황에 따라 다양한 모습을 가지고 있음을 빨리 인정해야 한다고 생각한다. 그래야 나에게 그런 모습이 있듯 다른 사람에게도 그런 모습이 있을 것이라 이해할 수 있고, 그래야만 우리는 한 사람을 훨씬 더 깊이 이해할 수 있는 사람으

로 성장할 수 있기 때문이다. 그렇다. 내가 어떤 행동으로 규정지어질
수 없듯이 다른 어떤 누구도 어떤 특정한 행동이나 모습으로 규정지
을 수 없다는 것을 이해할 수 있을 때 우리는 같은 사람을 더 풍부하
게 볼 수 있게 된다.

| 기억 둘 |

별 볼일 없는
내가 미울 때

"어머나 세상에, 저보고 넙때기라니요···."

우리는 세상을 경험하며 내가 완벽하지 않다는 것을 알게 된다. 가령 소파에 누워 TV를 보다가 집에서도 완벽한 옷차림을 한 채 살아가는 주인공을 봤을 때 같은. 처음 선악과를 베어 물고 부끄러움을 알게 된 아담과 이브처럼 늘어난 티에 무릎 나온 추리닝 바지가 한없이 부끄러워지는 순간이다. 우리는 이와 같은 일들을 수십에서 수백 번 경험한다. 세상은 쉼 없이 우리에게 이렇게 살아야 한다고 '정답지'를 제공하고 우리는 그것을 소중한 가보라도 되는 듯이 마음속 깊은 곳에 보관한다. 그리고 그때마다 부끄러워지는 것이다. 그에 비해 나는 너무나도 오답투성이라는 것에.

"오메, 넙때기 왔냐아."

어릴 적 외할머니댁 동네 어귀를 돌아갈 즘이면 어김없이 들리던 소리다. 가족같이 지내던 동네 할머니가 한달음에 달려오셔서는 내 손과 얼굴을 어루만지시며 매번 이렇게 이야기하셨다.

"우리 넙때기가 언제 이렇게 커붓다냐. 인자 길에서 만나믄 몰라봐블 거씨야. 아이고, 넙떡한 거시 꼭 달댕이다 달댕이."

나는 할머니의 품으로부터 겨우겨우 빠져나와 혼자서 저만치 앞서 걸었다. 어느새 나에게 다가온 엄마는 내가 예뻐서 그러시는 거라고 했지만 나는 전혀 이해되지 않았다. 바비인형도 미스코리아도 넙때기는 없다. 넙때기는 예쁘지 않다.

나는 나의 둥글 넙적한 얼굴이 싫었다. 틈이 날 때마다 연신 양옆 얼굴을 손으로 꾹꾹 눌러가며 얼굴뼈의 간격을 줄여보려 했다. 갸름한 얼굴을 가질 수 있다면, 조금 더 예뻐질 수 있다면 나는 내 인생이 반드시 행복해질 것이라고 믿어 의심치 않았다. 그런 나에게 '넙때기'라는 단어는 '너는 행복할 수 없어'라고 이야기하는 것과 똑같았다.

드디어 중학생 때의 나는 갸름해질 수 있는 방법을 찾아낸다. 헤어스타일을 활용하여 단발머리의 옆머리를 눈 바로 옆까지 덮는 것이다. 일종의 변장술로써 얼굴의 옆 여백을 머리카락으로 숨겨 착시 현상을 일으키는 방법이다. 그리고 그때부터 나는 바람 앞에 대역 죄인이 되곤 했다. 바람만 불었다 하면 애써 가려놓은 나의 옆머리가 사정없이 뒤로 밀려났기 때문에 나는 바람만 불었다 하면 고개를 들 수가 없었다.

그렇다. 나는 숨기고 싶은, 아니 숨겨야 하는 것들이 많은 아이였다. 넓적한 얼굴과 통통한 몸매, 어중간한 성적과 수줍음 많은 성격까지 모두 다 나의 불완전함을 드러내는 증거이기에.

"삶의 강렬한 기억은 나의 불완전함을 발견하던 순간들이다."

살아가는 동안 우리는 무수히 많은 부족감을 경험하고 또 그런 이유로 완벽을 추구하게 된다. 우리가 더 나은 내가 되기 위해 노력하는 모든 행위는 자신의 부족감을 해소하기 위해서라는 것. 그러니까 우리네 인생이란 '부족감에서 벗어나기 위해 이상향을 향해 달려가는 것'이라 할 수 있겠다.

당신의 '완벽한 이상향'은 무엇인가? 외적인 모습이든 내적인 어떤 것이든 '부족함'이 없는 완벽한 모습 말이다. '누구도 나를 무시할 수 없는 강력한 힘'이거나 '모두에게 사랑받는 자신'이거나 또는 '불안이 완벽히 제거된 평온한 하루하루'라거나. 그러나 아이러니하게도 그것을 꿈꿀 때마다 우리는 결국 지금의 나는 그렇지 못하다는 것을 확인받는다. 그러니까 이상향을 향해 달려갈수록 나는 강력한 힘을 가지기에는 아직 무능력하며, 아직 모두에게 충분한 사랑을 못 받고 있으며, 지금 하루하루 불안한 세계를 살아가고 있다는 것을 다시 한 번 되새기게 된다는 것이다. 그리고 그럴 때마다 우리는 완벽하지 못한 지금의 자신을 다그치고 비난한다. 대부분의 정신적 불행은 여기서부터 출발한다.

자기 뼈를 깎아내기 위해 수술대에 오른 사람들. 왜 그들이 수술대에 올라야만 했을까. 수천만 원을 내고도 수술 도중 죽는 경우에도 병원에 책임을 묻지 않겠다는 수술동의서에 서명해가면서 말이다. 다른 세상에 사는 외계인이야 그들의 마음을 죽어도 이해할 수 없겠지만, 같은 세상에 사는 우리는 적어도 그 마음만은 이해해볼 수 있을 것이다. 평생 자신의 기대에 미치지 못하는 부족한 외모로 고통 받느니 잠깐 수술대에 올라 그토록 염원하던 이상향의 얼굴을 갖는 것이 훨씬 행복한 선택이라고 믿을 수 있으니까. 외모를 예로 들었지만, 외모에 국한된 이야기는 아니다. 당신에게 그것은 돈이거나, 성적이었을 수도 있다. 많은 사람이 그 수술대에 오른 그들의 선택이 그들 자신의 선택이라고 이야기한다. 성형중독자들 역시 그들의 정신적 문제라고 이야기한다. 물론 그들은 강제로 끌려가 수술대에 누운 것은 아니다. 그러나 그들이 그런 선택을 하기까지 사회의 암묵적 압박이 있었음을 우리는 인지해야 한다.

우리 사회는 불완전한 것을 극도로 꺼린다. 이런 사회에서 우리는 자신이 완벽해져야 한다고 믿고 있으며, 자신의 노력으로 완벽해질 수 있다고 믿는다. 그렇게 우리는 완벽해지기 위한 노력을 멈추지 않는다. 아니, 멈추지 못한다. 그런 이유로 자신에게 부족한 면을 발견하는 순간, 실망하고 고통스러워하는 것이다. 상대방의 약점을 문제점으로 규정짓고서는 그의 노력 탓을 한다. 신중함이 있으면 소심함이 함께할 수밖에 없듯, 그 사람의 장점 옆에는 딱 그만큼의 크기를 가진 약점이 존재한다. 당연히 존재할 수밖에 없는 점을 인정해주지 않는 세상에서 우리가 무엇을 배웠을지는 명백하다.

왜 우리는 사회 속에서 이런 경험을 해야만 했을까. 비교 대상이 없으면 내가 뭐가 부족한지도 모른다. 태어나 눈 떠보니 밀림이고 그곳에 살아 움직이는 것이라곤 나밖에 없다고 치자. 그렇다면 그곳에서 내 눈이 단춧구멍이든, 이빨이 세 개밖에 없든 그것이 무슨 의미가 있겠는가. 어떤 의미도 없다. 그러나 밀림에서 구조되어 도시로 나오게 되었다면 이야기가 달라진다. 사회 속에 들어와, 나 외의 모든 인간이 28개의 이빨을 가지고 있음을 알게 되었을 때는 자신의 생김새가 보통과는 한없이 다르고, 또 부족함을 깨닫게 되고 만다.

부족함을 문제로 삼는 이 사회의 분위기는 많은 곳에서 부끄러움을 만들어내고 있다. 육아법이 관심을 받고 성공적 양육방식을 다룬 이론들이 범람하면서 많은 이들이 더 나은 육아를 할 수 있게 되었지만, 또한 동시에 많은 엄마 아빠들이 죄책감에 시달리고 있다. 이상향의 부모 모습이 무엇인지는 알겠고 어떻게 해야 하는지도 잘 알겠는데, 막상 육아의 현장에서는 여전히 부족한 자신을 발견하기 때문이다. 자식을 위해서라면 목숨도 바칠 준비가 되어있는 사람들이니 그 자책감이 오죽하겠는가. 자신의 부족감을 확인하는 순간은 참 고통스럽다. 그래서 우리는 그렇게들 노력하며 사나 보다. 그 고통에서 벗어나기 위해서.

일찌감치 우리 사회는 이상향을 정해두었다. 이렇게 하면 행복해진다고, 이것이 성공이라고. 교과서에 실려 있진 않지만 살다 보면 누구나 알게 된다. 시대에 따라 이상향의 기준은 달라지지만 어쨌든 정해놓은 이상향이 있다는 것은 변하지 않는 사실이다. 우리는 어린 시절부터 알게 모르게 사람들에게 평가받게 되고 그 평가를 통해서 '자신의 부족한 점'을 구체적으로 깨닫게 된다.

한술 더 떠서 이 사회 안에 성공적으로 소속되기 위해 자기 스스로 나서서 자신을 스스로 점검한다. 직접 남들을 하나하나 비교해가며 '자신의 부족한 점'을 세밀하게 따져본다. 마치 필사적으로 보고서의 오타를 찾는 것처럼 자신의 오류를 검토하는 것이다. 그렇게 찾아낸 '자신의 부족한 점'은 반드시 고쳐야 하고 고치지 못했다면 숨겨야한다. 그것이 이 세계의 법칙이다. 그렇게 우리는 완벽함을 위해 많은 시간과 돈, 에너지를 소비하게 된다.

그러나 생각해보자. 세상은 이렇게 이야기한다. 남자는 태어나서 딱 세 번만 울어야 하고 암탉이 울면 집안이 망한단다. 돈 많은 사람이 인생의 승리자이며 예쁘고 잘생긴 것이 우월한 것이라고. 과연 그럴까? 암탉이 지금까지 적어도 수천 번은 울었을 텐데도 세상은 멀쩡하게 잘 돌아갔고 내가 아는 주변의 남자들은 벌써 세 번 이상 울었다. 그래도 별일 없이 세상은 잘도 돌아간다. 돈이 많아도 스스로 목숨을 끊고 내 눈엔 저렇게만 생겼어도 원이 없겠다 싶게 예쁜 사람도 자기 얼굴을 한탄하며 산다. 사회가 정해놓은 이상향들에 도달해봤자 행복은 보장되지 않는다는 것이 이제는 명확해졌을 것이다.

나는 사회구성원 모두가 동의하고 공유하는 상식 같은 건 그저 신호등을 잘 지키는 거나, 약한 사람을 돕는 것 같은 것들 정도면 좋겠다. 돈이 성공의 가장 정확한 척도라고 이야기하는 사회에 동의하지 않아야 한다. 살이 찌는 것은 자기관리를 하지 못한 사람의 잘못이라고 이야기하는 사회에게 동의하지 않아야 한다. 공부 못하면 인생 망치는 거라고 이야기하는 사회에 나는 너와 생각이 다르다고 이야기해야 한다. 소수에게만 적용되고 다수가 고통 받는 그런 이기적인 기준에는 이제 더 이상 동의하지 말자.

세상을 알아가던 미성숙한 시기의 그때 우리는 그것을 비판 없이 받아들였다. 정답만 달달 외우는 주입식 교육처럼. 그러나 이제 우리는 더 성숙해졌다. 무엇이 옳고 그른지 충분히 스스로 판단할 수 있다.

아들러는 사회가 건강한지 그렇지 않은지는 그 사회가 가지고 있는 '공동체 의식'의 크기를 가지고 가늠할 수 있다고 이야기했다. 즉 사회구성원이 자신 외에 타인에게도 관심을 기울이고 존중하고 있을 때 건강한 사회를 구축할 수 있다는 것이다. 건강한 사회 속에서 건강한 개인이 길러진다. 불건강한 사회는 건강한 개인마저 병들게 만든다. 다수의 힘이란 게 그렇다. 우리에게는 선택이 필요하다. 어떤 인생을 살 것인가. 어떤 사회 속에서 살고자 하는가. 비합리적인 사회의 기준에 동의하고 맞추며 살다가 가랑이가 찢어지는 줄도 모르고 계속

달리면서 살겠는가, 아니면 건강한 사회를 만드는 데 미약한 힘이나마 보태며 살겠는가.

자신의 어떤 모습이 사회의 이상향에 부합하지 않는다고 해서 괴로워하지 말자. 그들의 기준에 동의했을 때만 우리는 괴롭다. 태어나 지금까지 우리, 충분히 고통 받지 않았나. 이제 더 이상 그런 기준에 맞추어 살지 않아도 된다는 것을 알게 되었다. 그러니 이제 그 기준선에서 벗어나 보자. 그러면 알게 될지도 모른다. 내가 떨어질까 무서워 조심조심 걸었던 그 기준선이 넓디넓은 운동장 위에 누군가가 그어놓은 한낱 의미 없는 한 줄이었음을.

나는 우리가 이것 하나만을 기준으로 삼으면 되지 않을까 생각한다. 나의 그 모습이 '공동체 의식'에 위반되는가의 여부다. 나의 콧구멍에 오백 원짜리가 들어가고도 남는다 한들 그게 무슨 문제가 되겠는가. 콧구멍이 아무리 커다란들 타인을 해치진 않는다. 그렇다면 그대로도 충분히 훌륭한 사람이다.

"불완전할 용기"

어떤 이는 불안할 것이다. 완벽을 추구하는 자신의 에너지가 지금의 자신을 만들었기에 자칫 불완전한 자신을 있는 그대로 받아들인다는 것이 자신의 성장을 방해하게 되는 것은 아닌지. 물론 윗집 형과 싸운 여섯 살짜리 꼬마가 힘이 세지기 위해서 기꺼이 시금치를 먹고, 중간고사에서 2등을 한 중학생이 1등을 하기 위해 밤을 꼬박 새우는 데에는 지금의 불완전한 자신을 보상받기 위한, 완벽을 추구하는 에너지가 있기 때문이다. 그렇다. 분명히 현재 우리가 느끼는 부족감을 에너지 자원으로 삼아 우리는 성장했다. 꼭 도달하고 싶은 목표가 있었기에 우리는 기꺼이 달릴 수 있었다.

그러나 솔직히 이야기해보자. 그런 부족감이 늘 긍정적으로 작용하였는가? 당신의 삶에서 당신을 좀먹었던 것은 '자신의 부족감을 인정하지 않는 태도' 때문이었다. 열심히 달리고 있는 자신에게 우리는 어떻게 대했는가? 이것밖에 못 하느냐고 혀를 차지 않았는가? 왜 남들만큼 하지 못하느냐고 다그치지 않았는가? 가진 것이 없는 자신을 한심한 눈으로 바라보지 않았는가? 그것들이 당신의 성장에 얼마만큼 도움이 되었다고 생각하는가.

자신의 부족감을 인정하지 않는다는 것은 나를 나로 인정하지 않는 것이다. 지금의 나는 내가 아니라는 말과 같은 뜻이다. "지금 부족한 나는 내가 아니다." 이 말은 우리를 현재에 살지 못하게 만든다. 환상을 꿈꾸며 현재를 증오하게 만든다. 나는 그것을 '완벽'이라는 단어가 만들어낸 저주라고 생각한다.

형보다 힘이 세지기 위해서 시금치를 먹던 아이는 목표를 이루고 나서도 끊임없이 목표를 재수정한다. 윗집 형아를 이기고 나면 거기서 승부가 끝날 줄 알았는데 막상 이기고 나도 승리감은 오래가지 않는다. 뒷집 형아는 여전히 나보다 더 세니까. 여전히 나는 부족하다. 부족감은 여간해선 사라지지 않으니 다시 뒷집 형아를 이기기 위해 안간힘을 쓰며 산다. 1등을 하기 위해서 밤을 새우던 중학생의 미래도 별반 다르지 않다. 반 1등을 이루고 나면 전교 1등을 해야 만족이 될 것 같고 전교 1등을 하면 전국 1등을 해야 속이 후련해질 것 같다. 그리고 동시에 공포에 시달린다. 패배할까 봐. 끝이 보이지 않는 싸움에서 현재의 승리는 온전한 승리가 될 수 없고 그저 내일은 내가 저 패배자가 되는 것은 아닐지 불안한 하루 중 하나일 뿐이다. 나보다 더 대단한 인간이 어디선가 툭 하고 나타날까 봐 두렵다. 그래서 더 악착같아진다. 끝이 안 보이는 싸움에서 이기기 위해서는 하루하루가 전쟁일 수밖에 없다.

우리는 왜 이다지도 '완벽'에 집착하는 것일까. 그것은 우리의 내면에 '불안'이 존재하기 때문이다. 인간은 태어나서 스스로 할 수 있는 것들이 거의 없다. 누가 밥을 먹여줘야지만 살 수 있고 누가 옮겨줘야지만 이동할 수 있다. 누군가의 도움을 통해서만 생명을 유지할 수 있는 존재이다. 태어났을 때부터 불완전했기 때문에 누군가의 도움 없이는 스스로 생명을 유지할 수조차 없는 연약한 존재다. 그러니 얼마나 '완벽'해지고 싶었겠는가.

상상해보자. 지금 당신은 태어난 지 6개월쯤 되었다. 걸을 수도, 말을 할 수도 없다. 배가 고파온다. 내가 할 수 있는 최선의 표현을 한다. 운다. 매일 나를 안아주고 밥을 주던 사람이 얼굴을 보일 때가 되었는데 아무 소리도 들리지 않는다. 더 크게 울어본다. 하지만 반응이 없다. 주변이 조용하다. 점점 더 두려워진다. 마음속 깊은 곳에 있던 '불안'이 떠오른다. '나를 돌봐주는 그 사람이 나를 버린 걸까? 이대로 사라진 채 영영 돌아오지 않으면 어떡하지…?' 마지막 희망을 걸고 온 힘을 다해 울어본다. 그래도 조용하다. 긴급 상황이다. 나는 배가 고프고 나에게 음식을 줄 사람이 사라졌다. 이대로 누군가가 나에게 도움을 주지 않으면 나는 이대로 굶어 죽게 된다. 나 스스로는 어떤 것도 할 수 없기 때문이다. 여기까지 생각이 미치면 우리는 이런 생각에 도달한다. '나는 이 세상을 살아가기에는 부족한 존재야. 그러므로 내가 생존하기 위해서는 저들처럼 완벽한 존재가 되어야만 해!' 이것이 우리가 지금의 불완전함에 몸서리치며 자꾸 더! 더! 더!를 외치며 살아가게 된 기원이다.

우리가 완벽한 이상을 꿈꾸게 된 근원은 '생존'이라는 절박한 이유 때문이다. 불완전함으로 인한 '불안'을 온몸으로 체감한 것이다. 즉, 우리가 '완벽', '이상'에 집착하는 데에는 '불안'이라는 감정이 숨겨져 있는 것이다.

우리가 완벽해지려고 노력하는 것에 긍정적인 효과도 분명히 있다. 그것이 지금의 자신을 만든 힘이기 때문이다. 그 에너지가 있었기 때문에 어제보다 좀 더 나은 내가 되기 위해 노력해왔다. 그러나 '불안'을 원동력으로 삼은 에너지는 오래가지 못한다. '불안'의 에너지는 자기 자신을 갈아서 에너지로 사용한다. 왜냐하면 그 에너지에는 '자기 비하'가 깔려 있기 때문이다. 그래서인지 우리는 완벽을 향해서 열심히 달려가다가도 이유 없이 무너지곤 한다.

그렇다. 불안을 기반으로 한 발전은 쉽게 무너진다. 불안을 스스로 잠재울 수 없는 한 끊임없는 갈증을 느낄 것이다. 그것은 우리의 삶을 허덕이게 만든다. 많은 것을 가졌음에도 불구하고 아무것도 가지지 못한 것처럼 행동하는 사람들이 있다. 그것이 바로 '불안 위에 세워진 성공'이다.

이곳에서 저곳까지 가는 것을 목표로 삼은 두 명이 있다고 치자. 한 명은 뒤에서 미친개라도 따라오는 듯 공포에 질려 허겁지겁 뛰어간다. 또 어떤 이는 뛰고 싶으면 뛰고, 걷고 싶으면 걸으면서 목표 지점까지 이동한다. 이것은 누가 먼저 도착했는가에 관한 이야기는 아니다. 전자의 경우 어쩌면 공포에 질려 이탈했을지도 모르고 자신의 현 상황에 참을 수 없는 분노를 느껴 하늘에 대고 욕이나 해대고 있을지도 모르니까. 지금 여기서 하고 싶은 이야기는 이것이다. 당신은 어떻게 자신의 인생길을 걸어가고 싶으냐는 것이다. 불완전한 현재의 자신을 인정하든 부정하든 목표를 향해 성장해 가는 것은 똑같다. 이곳에서 저곳까지 가는 것이 우리의 인생길이다. 그렇다면 당신은 쫓기는 듯 두려운 표정으로 마지못해 달려가고 싶은가, 아니면 자신만의 박자로 기꺼이 그 길을 걸어가겠는가.

아들러는 '불완전할 용기'가 필요하다고 역설한다. 완벽이라는 것은 죽는 순간까지 오지 않는다. 자신의 불완전한 존재에 불만을 품고 있으면 아무리 더 나아지고 있어도 영원히 만족할 수 없다. 그렇다. 불안과 만족은 공존할 수 없다. 그래서 우리는 칭찬은 고래도 춤추게 한다는 걸 알면서도 자기 자신에게 가장 인색하다. 성과에 따른 인정 하나 없이 자신을 부리기만 하는 상사 아래서 기꺼이 일하는 부하직원은 없다. 당신은 당신 자신에게 어떤 상사인가. 스스로 열등감 때문에 자기 삶을 얽매고 있다면 지금이야말로 용기가 필요하다. 자신을 있는 그대로 받아들일 수 있는 용기.

어떻게 하면 '불완전할 용기'를 갖게 될까. 가장 확실하다고 생각하는 방법은 뒷장에서 다룰 예정이다. 우리는 자신의 기억 속에 존재하는 부족감을 새롭게 바라보는 작업을 통해서 지금의 자신을 있는 그대로 아름답게 바라보게 될 것이다. 그러나 그 이전에 간단히 할 수 있는 방법을 찾고 있다면 하나 추천해볼까 한다. 이것은 TV 속 한 셀럽을 보며 내가 '저 모습 참 멋지다'라고 생각했고 그래서 그녀의 대사 하나를 내 삶에 접목한 것임을 미리 밝힌다.

그 셀럽은 운동하기 위해 밖으로 나왔고 차 운전대에 앉고서야 깨달았다. 자신이 운동복을 가져오지 않았다는 것을. 그때 그녀는 이렇게 이야기했다.

"어머, 나 너무 귀여워."

그녀는 자신의 허술함을 웃어넘기며 정확히 그렇게 이야기했다. 참 멋있는 삶의 태도 아닌가. 나는 그 모습에서 여름밤 아파트 단지 앞에 서 있던 내 모습이 겹쳐 보였다. 나는 그날 아이스크림을 사러 털레털레 집 앞 슈퍼마켓으로 향하고 있었다. 그리곤 주머니에 손을 넣고 나서야 현금도 카드도 들고 나오지 않았음을 깨닫고 말았다.

그리고 내뱉은 첫 마디.

'(아, 삐— 삐—)'

생략된 그 외침은 당신이 상상하는 그대로다.

우리는 자신의 실수에는 참아주는 법이 없다. 다른 사람이 그랬다고 하면 '으이그' 하며 귀엽게 봐줄 거면서 그것이 내 일이 되면 단전으로부터 깊은 자괴감이 끓어오른다. '불완전할 용기'란 '지금의 자신을 있는 그대로 사랑해 줄 수 있는 용기'다. 타인에게 피해를 준 실수가 아니라면 그냥 귀여워도 되지 않을까. 그냥 그렇게 웃고 넘어가도 되지 않을까. 진정 행복하기 위해서는 자신을 스스로 위로할 수 있어야 한다. 실수 앞에서 의기소침해져 있을 내게 말을 걸어보자. '괜찮아, 그럴 수 있어'라고.

좋든 싫든 우리는 불완전한 자신과 맞닥뜨리게 된다. 온몸으로 가려본다 한들 부족함은 겨드랑이 사이로 삐져나오고 켜켜이 보호막을 세워둔다 한들 한 줌 바람에도 마음은 산산조각이 난다. 그것은 막을 수 없다. 피하겠다 하여 피할 수 있는 것이 아니다. 다만, 선택할 수 있는 것은 그 순간을 맞이하는 우리의 태도뿐이다.

° 3

| 기억 셋 |

나를 패배자로 만드는 세상이
원망스러울 때

"모두가 패배자였던 그곳"

한번은 D와 하교 후에 시내에 나가서 놀기로 한 적이 있다. D는 선생님들의 말을 빌리자면 '골 때리는 문제아'였다. 인생을 포기한 듯, 하지 말라는 것만 골라 하는 아이였다. 스포츠로 짧게 자른 커트 머리에 치마는 길게 늘어뜨려 발목에서 한두 뼘 정도밖에 차이가 나지 않았다. 빼빼 마른 D는 팔자걸음으로 유난히 느리게 걸으며 세상에는 관심 따윈 없다는 눈빛으로 주변을 보곤 했다. D는 집에 놓고 갈 게 있다며 시내로 나가기 전 잠깐 자기 집에 들르자고 했다.

D의 집은 모텔가에 있었다. 어둑어둑해진 골목길이 모텔 간판 빛 때문인지 노을 때문인지 빨갛게 물들어가고 있었다. 골목길을 따라 걷다가 허름한 건물 앞에 발걸음을 멈춘 D가 내게 물었다. "같이 올라갈래?" 고개를 끄덕인 나는 D와 함께 건물 안으로 들어갔다. 폭이 좁

고 어두운 계단을 한참 올라가니 방이 보였다. 누군가 싸우는 소리가 들렸다. 아마도 D의 부모님 같았다. D는 아무렇지 않은 듯 그곳에 가방을 두고 챙길 것을 챙긴 후 다시 나왔다. D가 들어왔다 나오는 동안 어떤 누구도 D를 반기지 않았다. 아니 신경 쓰지 않았다. 다시 D와 계단을 내려와 그 골목길을 빠져나오며 나는 어렴풋이 D가 왜 그랬는지 알 것 같았다.

질풍노도의 시기라는 사춘기 시절은 얌전하게 지나가기 참 힘든 구간이다. 나 역시 꽤 앓았다. 어른들 앞에서 곱게 손을 모아 저어가며 신나게 노래하던 아이는 사춘기에 반항적인 눈을 선물 받았다. 인사는 까딱, 하는 듯 마는 듯. 표정은 시크하게. 유독 부모님 앞에서는 더욱더 짜증을 달고 살았다. 신발주걱으로 맞을 땐 눈물 따윈 한 방울도 흘려주지 않겠다는 다짐으로 이를 악물었다. 다 맞고 나선 입을 일자로 꼭 다문 채 방문을 쾅 닫고 세상과 단절했다.

어른의 시선에서는 이런 아이들을 이해할 수 없을지도 모른다. 엄마가 사준 얌전한 옷을 환불하고서는 말도 안 되는 옷으로 바꿔 산 나를 볼 때의 내 부모님처럼. 그런데 나는 그 시절을 생각하면 좀 슬퍼진다. 사랑받기 위해 애쓰던 그때의 불안한 얼굴들이 떠올라서. 하나의 선생님에 딸린 수십 명의 아이, 성적으로 매겨지는 나의 가치, 처음 경험하는 사회는 경쟁의 반복이고, 마주치는 것은 평가의 시선이 대부분인 그곳. 누군가를 죽여야만 내가 살아남는 세상 속에 던져진 영화 〈헝거 게임〉 속 캣니스처럼 우리도 살기 위해 싸워야 했다. 그곳에서 우리는 상처받고 상처 주면서 치열하게 성장했다.

어느 날 C는 홀연히 우리 곁을 떠났다. 고등학교 2학년, 자습 시간에 익숙해진 우리는 여느 때처럼 자율학습을 하거나 라디오를 들으며 시간을 채우고 있었다. 그런데 갑자기 학교가 술렁이기 시작하다 어수선한 공기를 타고 C의 자살 소식이 들려왔다. C는 고등학교 1학년 때 같은 반이었다. 부반장이었고 하얀 얼굴에 빨간 안경을 쓴 야무진 아이였다. 2학년이 된 후 우리는 복도에서 만나면 반갑게 인사 정도 하는 사이가 되었지만 같은 반인 시절에는 나란히 앞뒤로 앉은 덕에 종종 점심 도시락을 함께 먹었다. 가끔 애들이 교실 뒷문을 닫지 않고 들어올 때 똑 부러지는 목소리로 핀잔을 줄 만큼 규율이 확실해 간혹 아이들의 원성을 사기도 했지만, 또 함께 수다를 떨 때면 누구보다도 열심히 이야기를 들어주던 따뜻한 아이였다. 왈칵 울음이 쏟아져 책상에 엎드려 숨죽여 울었다. 교실은 이상하리만치 적막에 잠겼고 이곳저곳에서 훌쩍거리는 소리만이 간간이 들려왔다.

그렇게 난생처음 장례식장을 가게 되었다. 지금 일어나고 있는 모든 일들이 낯설었다. 무엇이 어떻게 흘러가고 있는지도 모르는 채 선생님이 알려주신 장례식장으로 향했다. C와 나누는 마지막 인사인데 빈손으로 가기가 뭐해 우리는 꽃집에 들렀다. 주머니를 털어봤지만, 꽃 하나 살 돈도 챙겨오지 못해 몇 백 원뿐이었다. 친구에게 돈을 빌려 겨우겨우 국화꽃 한 송이를 샀다. 우리는 쭈뼛쭈뼛 오르막길을 올라 C가 있는 곳에 도착했다. 그곳은 어둡고 무거운 공기가 흘렀다. 우리는 어른들이 시키는 대로 두 줄로 섰다. 나는 뒤쪽에 서 있었기 때문에 C의 사진이 잘 보이지 않았다. 아마 웃는 사진이었겠지. 상관없었다. C의 웃는 얼굴은 나도 잘 기억하고 있었으니까. 시키는 대로 따라 하다 정신을 차려보니 이미 밖으로 나와 있었다. 허무했다. 마지막 인사가 이렇게 짧을 줄은 몰랐기에. C는 떠났지만, 세상은 여전했다. 학교도 어제와 달라진 것이 하나도 없었다. 비어버린 C의 책상 말고는.

곧 C가 죽음을 선택한 이유에 대해 여러 가지 추측들이 난무하기 시작했다. 성적비관이다, 교우관계 문제다, 같은. 선생님들은 달가워하지 않았다. 동요된 마음을 가라앉히고 다시 공부에 전념하기를 원하신 것일까. 감수성이 예민한 그 시기의 아이들이 걱정되어서였을까. 다들 빨리 C를 잊기를 바라는 듯해 보였다. 하지만 우리의 슬픔은 쉽게 잦아들 수 없었다. 우리가 슬픔을 떨쳐버릴 수 없던 이유엔 다시는 C를 볼 수 없다는 이별의 슬픔도 있었지만, 또 C의 아픔이 곧 우리의 아픔이었기 때문이었다. 그런데 그런 우리의 아픔은 죽음을 통해서도 대단한 일이 되지 못했다. 살아있는 사람은 또 그곳을 살아가야 했다. 애도의 시간마저 사치였다.

C와 D 모두 다른 이에게는 선망의 대상이었던 순간이 있었을 것이다. 누군가는 성적표를 돌려받을 때마다 C를 보며 '쟨, 참 좋겠다'라고 생각했을 것이고 선생님이 하지 말라는 것들만 족족 해대면서도 누구보다 당당하게 고개를 치켜들던 D를 보며 '와, 되게 멋있다'라고

생각하기도 했을 것이다. 하지만 행복하지 못했다.

누구도 C와 D를 비난할 수 없을 것이다. 우리는 또 하나의 C, 그리고 또 하나의 D였기 때문에. 우리는 모두 인정받고 싶었고 사랑받고 싶었으니까. 그래서 각자가 생각하는 가장 멋진 모습의 '내'가 되기 위해 애쓰며 살고 있지 않은가. 그곳에서 누군가는 밤새 이를 갈며 공부했고 누군가는 껌을 씹고 교복 깃을 잔뜩 세운 채 자신의 힘을 과시했다. 누군가는 아버지가 하는 콜라텍의 무료입장권을 뿌려 자신의 가치를 확인받았고 누구는 최대한 많은 친구를 만들어 자신을 입증하려 했다. 그러나 그곳에서 어느 누구도 꿈꾸던 완벽한 행복은 누리지 못한 채 그곳을 등지고 교문을 빠져나왔을 것이다.

"삶의 굴곡을 맞이하는 우리의 태도"

타인의 인정을 욕망하는 것은 모두의 공통된 욕구다. 우리를 움직이게 하는 가장 강력한 욕구는 타인의 인정이다. 당신 역시 누군가에게 인정받는 중요한 사람이 되기 위해 애쓰며 살아왔을 것이다. 똑같은 옷을 입고 같은 교문을 향해 걸었지만, 누구는 비싼 머리핀으로 머리를 묶었고 누구는 대단한 과외선생님과 예습을 해왔으며 누구는 슬퍼도 웃었듯이. 그러나 승리자가 되는 것은 녹록지 않았을 것이다. 늘 그랬듯이 빛나는 자는 소수다. 패배자가 된 듯한 느낌이 강하게 자신을 휩쌀 때 당신은 어떤 독특한 행동을 해왔을 것이다. D처럼 행복 따위 한 번도 바란 적 없다는 듯이 무심하게 굴거나, C처럼 세상과의 단절을 꿈꾸거나, 아니면 나처럼 분노를 흘리고 다니거나.

아들러는 "인간은 기본적으로 소속되기를 원한다"라고 이야기한다. 그것이 가장 기본적인 욕구라는 것이다. 집단생활을 통해 연약한 신체조건을 극복하고 지구를 지배하는 종족으로 번창했으니 어쩌면 소속감이란 우리 뼛속 깊이 새겨진 강력한 메시지일지도 모르겠다. 소속된다는 의미는 단순히 가족이라는, 학교라는, 사회라는, 직장이라는 영역 안에 속해 있는 것 정도를 의미하는 것이 아니다. 소속된 그 공간 안에서 서로 긍정적이고 지속적인 상호 작용이 이루어지고 있는지, 그리고 얼마나 인정받으며 집단 안에서의 존재감을 확인하고 있는지를 의미한다. 소속감, 소속되어 있다는 느낌은 말 그대로 느낌이라 굉장히 주관적이다. 그래서 대부분 쉽게 만족하지 못한다. 앞에서 언급한 '부족감'은 자신이 제대로 소속되기 위해서는 자신이 갖추고 있어야 하는 것이 있다고 믿게 만든다. 자신이 이 집단에서 인정받고 존재감을 확인받기에는 아직 부족하다고 느끼며 채워 넣으려 하는 것이다. 그러니까 어떤 커뮤니티에 들어가기 위해 등업 조건을 채우는 거랄까. 스스로 생각하는 그 등업 조건이 대부분 그가 달성하고자 하는 삶의 목적이 된다. 돈이거나 외모이거나 능력이거나 스펙이거나. 혹은 그 모두이거나 말이다.

자신이 세운 목적이 매 순간 원만하게 달성된다면 우리 인생에 걱정 따윈 없을 것이다. 가령 일기장에 '50kg 되기'라고 목표를 적으면 반드시 이루어지고 마는 마술 같은 일들. 그러나 모두가 안다. 세상은 원하는 대로만 흘러가지 않는다는 것을. 우리가 사는 세상은 여전히 불공평하고 인간의 욕심은 끝이 없다. 때로는 인생이 만족스러운 방향으로 흘러가지만, 또 반드시 원하지 않은 방향으로 튕겨져 가는 순간도 만나게 된다. 그때 우리는 독특한 방법을 이용해서라도 자신의 목적을 이루려고 하게 되는데 D처럼 관심을 끌려고 일부러 싫어하는 일들을 하기도 하고 누군가에게 사랑받는 일 따위는 바란 적 없다는 듯이 세상과 자신을 단절시켜 버리기도 한다. 그렇다. 목적이 상실될 때 우리는 비합리적인 행동을 한다.

당신도 삶 속에서 많은 상실을 경험했을 것이다. 그래서 당신은 아마도 수백 번쯤 술을 핑계로 하늘에 쌍욕을 하고 땅에다 구역질했을 것이다. 저 사람 때문이라며 수천 번쯤 눈을 흘기고 그러고도 분이 안 풀려 말 없는 벽에 대고 주먹질을 해댔을 것이다. 그리곤 모든 순간의 마지막엔 자기 가슴을 주먹으로 쳐대며 '모두 내 탓'이라 자조했을 것이다. 무엇이 내 탓일까. 우리는 그저 인정받고 싶었고, 그러기 위해서 열심히 달렸고, 그러다 넘을 수 없는 벽을 하나 만난 것뿐인데.

당신은 지금껏 원하는 것을 재깍재깍 전부 얻어가면서 살아왔는가? 그렇다면 당신은 이 책을 볼 생각조차 하지 않았을 것이다. 우리의 인생에서 그저 살아있는 것만으로도 감사했던 순간이 얼마나 될까

하며 돌이켜보면 그저 까마득할 뿐이다. 우리는 수많은 것들을 바라고 희망하고 꿈꾼다. 물론 당연하게도 바라는 것을 전부 얻으며 살지 못한다. 흔한 표현으로 우리네 인생길에는 수많은 장애물이 도사리고 있다. 어떨 땐 걷다가 만난 장애물을 겨우겨우 넘어가고, 때론 장애물을 피해서 돌아가기도 한다.

아들러는 이를 직선형과 곡선형으로 표현했다. 우리는 모두 태어나 직선으로 걸어간단다. 자신이 목표하는 바를 향해 당당하고 포부 좋게. 그러나 삶의 여러 어려움에 부딪히면서 점차 구부러진다. 어려움에 부딪히면 더 이상 직선 방향으로는 자신의 목적을 달성할 수 없음을 깨닫고 다른 길로 돌아가게 된다는 것이다. 수도꼭지를 틀면 물이 위에서 아래로 뚝 떨어져 내린다. 그런데 그 수도꼭지에 달린 호스에 자그마한 돌이라도 끼어 있으면 어떻게 되나. 물이 사정없이 사방으로 튄다. 위에서 아래로 떨어지는 것은 똑같지만 방향은 다르다. 어떤 것은 이쪽으로, 어떤 것은 저쪽으로 튀어 포물선을 그리며 떨어지고 어떤 것들은 표면을 타고 넘어가 아래로 떨어진다. 직선이 장애물을 만나 곡선이 되는 순간이다.

장애물을 피해 구부러져 돌아가다 보면 가끔 진짜 목적을 잊기도 한다. 장애물을 넘지 못한 자신에 대한 분노가 너무 커서, 나의 어떤 부족함이 그 장애물을 넘지 못하게 했는가 하는 문제에 몰두하게 된다. 만약 당신이 흔히 실패라고 부르는, 그러니까 장애물을 결국 넘지 못하고 잔뜩 구부러져 돌아가야만 할 때 당신은 지금 상황을 자신에게 어떻게 설명하겠는가. 만약 이 문장에 빈칸을 채우도록 한다면 당신은 무엇으로 채우겠는가?

"내가 이렇게 실패한 데에는 (　　)가 부족했기 때문이야."

빈칸에 채워진 단어가 당신이 실패를 통감하며 절실하게 느낀 부족감이고, 당신이 성공을 위해서 꼭 필요하다고 여기는 그것이다. 아마도 당신은 그것이 나를 '특별하게 만들어 줄 열쇠'라고 굳게 믿고 있을 것이다.

'내가 더 완벽하게 처리했더라면 그런 일은 없었을 거야…', '내가 더 능력 있었더라면 그렇게 실패하진 않았을 텐데…', '내가 더 예뻤더라면 그렇게 무시당하진 않았겠지…' 같은 생각들을 하면서 자신의 부족함을 논해왔다면 다음은 채우는 것밖에 남지 않는다. 그러니까 무언가를 채우기 위해 애쓰는 삶이다. 그렇게 애쓰다 보니 더 많이 지쳤을 것이고, 만족은 멀게만 느껴졌을 것이다.

원인을 나에게서 찾으려고 할수록 문제의 실타래는 더 꼬여간다. 자신의 문제들을 꼬집어낼 때 우리는 자신감을 점점 잃어가고 점점 더 그 문제점 자체에 매몰되어 버린다. 문제해결은 지지부진해지고 결국 자신을 신뢰하지 못하게 된다. 악순환은 반복된다. 그 후로 뭐라도 잘못되면 다 내 탓 같고 자신을 스스로 검열한다. 그것은 긍정적인 작용보다 부정적으로 더 크게 작용한다. 단점은 십 수 개를 거침없이 세어낼 수 있으면서 장점에 대해서는 한참을 고민해 봐도 자신 있게 이야기할 것을 찾아낼 수 없었을 때에야 나는 깨달았다. 자신의 문제점을 찾는 것은 문제해결을 위한 방법으로 사용해야지, 자칫 거기에 빠져 자신을 한탄하는 용도로 사용되어서는 안 된다는 것을. 그것은 자신을 사랑하는 방법을 잃어가게 만든다는 것을.

불안감은 우리를 자꾸 이상한 나라로 데리고 간다. 나에 대한 의심의 세계. 그곳에서는 모든 것이 내 잘못으로 보인다. 인생의 장애물을 우리는 언제든 만나게 된다. 그것은 내 탓이 아니다. 누구나 각자의 인생에서 각자의 장애물을 만난다. 그것은 나만의 문제도 아니다.

나는 참 멋진 친구를 하나 알고 있다. K는 큰 키에 붉게 물들인 웨이브 머리가 참 잘 어울리던, 호탕한 매력이 있는 친구다. 지인들과 함께 술자리를 하던 중 어떤 인간이 K에게 얼굴이 크다며 놀린 적이 있었다. 그 당시의 분위기로는 얼굴 붉힐 법도 했는데 K는 달랐다. 그녀는 그 말을 건넨 이의 눈을 똑바로 바라보며 당당하게 말했다.

"이 정도 생겼으면 얼굴 커도 되잖아."

K는 덧붙여 "얼마나 좋아. 멀리서도 내 얼굴 다 볼 수 있고. 영광인 줄 알아"라며 유쾌하게 상황을 정리했다.

더 많이 가질수록 더 행복해지고, 더 대단한 사람이 되며, 특별한 존재가 된 것 같고 더 안전할 것이라는 생각은 우리에게 만족을 잊게 만든다. 가져도, 가져도 부족하다고 느끼게 한다. 하나가 있으면 열 개를 갖고 싶고, 열 개가 있으면 백 개를 갖고 싶다. 천 개쯤 있으면 행복할 것 같았지만 막상 갖게 되면 또 누구는 만 개나 있는데 나는 천 개밖에 없다고 한다. 그렇게 평생을 더 갖기를 열망하며 산다. 영원히 부족감으로부터 빠져나올 수가 없다.

　이 세상에는 내가 가진 9개에 만족하며 사는 사람보다 갖지 못한 하나에 집착하는 사람이 더 많다. 만족하지 못한다면 9개를 가지고 있든, 999개를 가지고 있든 모두 불행하다. 그러므로 오히려 가진 것에 만족하며 사는 사람이 특별하다. 자신이 가진 것에 만족하며 살기 위해서는 자기 검열을 멈추어야 한다.

　타인의 평가에 수긍하지 않는 것. 나의 부족함이 지금의 불행한 나를 만들었다고 생각하지 않는 것. 지금의 우리가 반드시 기억해야 할 것들이다.

4

| 기억 넷 |

세상에 홀로 남은 것처럼
외로울 때

"엄마는 나만 미워해."

나는 자주 혼났다. 차분하게 자기 할 일 따박따박하던 오빠에 비해
나는 덜렁이에, 청개구리 기질도 좀 있었다. 아무튼 주로 오빠와 함께
혼나거나, 나만 혼나거나 둘 중 하나였던 것 같다. 그날은 오빠와 함
께 혼나는 날이었다. 거실 어항 청소를 하는 날이었는데 무엇을 잘못
했는지 어쨌든 오빠와 나는 엄마 앞에 나란히 서서 혼이 나고 있었다.

"이거 누가 그랬어, 어!" 엄마의 불호령에 움찔했다. 그리고 동시
에 몹쓸 잔머리가 작동하기 시작했다. '내가 했다고 고백하자, 그러면
오히려 솔직하다고 칭찬해 주실 거야.' 사실은 나 혼자 꾸민 일은 아니
었다. 그러나 왠지 내가 했다고 나서면 나는 착한 아이가 되어 칭찬받
고 오빠는 거짓말쟁이가 되어 혼이 날 것이라는 약은 생각이 자꾸만
머릿속을 떠나지 않았다. 오빠와 나는 사랑의 라이벌로 엄마를 차지하

기 위해 늘상 싸워왔다. 엄마의 왼쪽과 오른쪽에 찰싹 붙어 서로의 손을 떼어내던 사이랄까. 오늘 일을 통해 내가 엄마의 사랑을 독차지할 수 있다면 한번 과감히 배팅해볼 만하다는 생각이 들었다. 할까, 말까, 정말 안 혼날까, 내 안에서 생각과 생각이 싸우고 있는 찰나, "빨리 말 안 해!" 엄마의 재촉이 들려왔고 나는 엉겁결에 "나!"라고 뱉어버리고 말았다. 엄마의 눈은 곧 세모가 되어 나를 꾸짖기 시작했다. 예측 대실패. 내가 작동오류로 어버버하고 있는 사이 내 손에는 물이 가득 찬 세숫대야가 들려졌고 어느새 나는 거실 어항 옆에서 세숫대야를 번쩍 들고 서 있었다. 어안이 벙벙했고 곧 억울함이 밀려왔다.

"엄마는 만날 나한테만 그래! 나만 그런 거헝 아니허엉… 말… 야… 컹…"

눈물이 솟구쳐 올라 말이 안 나왔다. 자꾸만 딸꾹질이 섞여 올라와 나도 내가 무슨 말을 하는 건지 제대로 들리지 않았다. 억울한 소리는 이렇게 괴상하게 들리는구나. 나는 더 이상 한국말이 아닌 괴이한 소리로 억울함을 토로하기 시작했다. 하지만 돌아오는 소리는 냉정했다.

"뚝! 손 제대로 안 들어! 딱 귀에 붙여!"

나는 딱 붙이고 싶어도 붙일 수가 없었다. 손이 덜덜덜 떨렸다. 물이 첨벙첨벙 세숫대야를 넘어 나에게 쏟아져 내려왔다. 주르륵 촤르륵. 몸과 머리는 점점 젖어갔지만 그건 사실 나쁘지 않았다. 왜냐하면 그만큼 세숫대야는 가벼워졌으니까.

문제는 속에서 끓어오르는 억울함이었다. 나의 맘을 몰라주는 엄마에게 잔뜩 화가 났다. 그리고 또 외로웠다. 이 세상에 홀로 서 있는 기분. 내가 있는 이 땅과 저들이 있는 저 땅이 완전히 다른 곳 같은 느낌이 들 때 사람은 너무나 외로워진다. 그러니까 성냥팔이 소녀가 느꼈을 법한 기분 말이다. 눈 내리는 추운 겨울날, 자신을 받아줄 곳 하나 없는 성냥팔이 소녀는 온몸이 얼어가면서 몰래 창문으로 사람들을 훔쳐보지 않았나. 따듯한 벽난로 앞에서 맛있는 음식을 나누어 먹는 다정한 가족. 그 모습을 보면서 성냥팔이는 자신은 영원히 속할 수 없는 어떤 다른 세계를 엿본 기분이었을 것이다. 나는 그런 성냥팔이 소녀의 마음으로 힐끗 가족들이 있는 곳을 바라보았다.

아빠는 열심히 물고기들을 옮기고 다친 물고기들에게 약을 발라주고 있었고, 엄마는 물을 담아 옮기고 있었다. 오빠는 그 사이를 오가며 열심히 심부름하고 있었다. 평화로워 보였다. 내가 저곳에서 사라졌다는 것을 아무도 눈치채지 못하는 것처럼. 물론 지금 내가 기록하고 있는 이 기억들은 순전히 내 시선에서 쓰였기 때문에 실제 일어났던 사실과는 다를 수 있다. 꽤 오래된 기억이기도 하고. 그러나 그 순간 느꼈던 외로움은 진짜였다.

"살아간다는 것, 사랑한다는 것"

각자가 가진 기억과 추억은 다르지만, 누구나 자기 가족과 함께 있는 순간에서조차 외로움을 느껴본 적이 있을 것이다. 외로움은 평범하디 평범한, 별것 없는 일상 사이까지 비집고 들어와 '그래봤자 결국 넌 혼자'라고 속삭이고선 유유히 떠난다. 영원히 내 편일 것 같은 사람들 사이에서도 우리는 혼자됨을 느끼는 것이다. 그것은 믿음의 뿌리를 뒤흔든다. '어쩌면 나를 사랑하지 않는 건지도 몰라.' 의심이 싹튼다. 의심이 깊어지면 확신을 데려온다. '나를 미워하는 것이 틀림없어.' 더 이상 하나가 될 수 없다. 함께 있어도 마음이 겉돈다.

마음 깊은 곳을 들여다보면 우리는 다르지만, 또 닮아 있다. 오빠도, 엄마와 아빠도 언젠가 그런 마음인 적이 있을 것이다. 나와 함께 있어도 외롭고 외로웠을 것이다. 누구에게나 외로움은 존재한다. 그것은 그 가정이 화목하냐, 그렇지 않으냐의 기준이 아니다. 어떠한 가정이라 할지라도 그 안에는 '깊은 외로움'이 존재한다. 태어날 때 심장 아래 '외로움'이라는 장기 하나 더 가지고 태어난 것처럼.

그래서인지 우리는 사랑을 찾아 헤맨다. 나의 이 깊은 외로움을 채워줄 반쪽을 찾아서 마음을 주고 만남과 이별을 반복하는 것이다. 문제는 서로 각자의 외로움을 채우려 급급한 나머지 타인의 외로움을 바라볼 여유가 없다는 데 있다. 각자의 외로움을 내세우며 이해받기만을 외칠 때 우리는 깨닫게 된다. 내가 나의 외로움을 상대의 눈앞에 대고 흔들면 상대도 자신의 외로움을 내 앞에 들이밀 뿐이라는 것을. 그들 역시 각자의 외로움을 처치하느라 바쁘니까.

많이들 인간은 외로움을 타고났다고 이야기하곤 한다. 그 말이 맞을지도 모른다. 잔혹하겠지만 우리는 죽는 그날까지 외로워할지도 모른다. 함께 있어도, 홀로 있어도 잠재되어 있는 외로움은 불쑥불쑥 자신을 찾아올 줄 모른다. 우리는 다르지만, 우리는 같다. 나만 외로운 것이 아니라 모두가 외롭다. 각자의 아픔을 지닌 채 그런데도 살아내고 있는 것이다. 그러니 오히려 그런 외로움에 질식되지 말고 살아가자.

'나만' 외롭다고 생각될 때면 외로움을 자꾸만 해결해야 할 질병처럼 대하게 된다. 치료를 희망하며 다른 이에게 기대한다. 누군가가 마법처럼 나타나 나의 외로움을 없애주기를 기도한다. 그리고 그 기대는 곧 엄청난 배신감으로 돌아온다. 우리는 각자의 어깨에 기대어 위로하고 위로받을 수는 있지만 외로움을 해결해줄 수는 없다. 그것은 전적으로 개인의 문제이다. 외로움은 타인의 부재에서 오는 것이 아니라 나 자신의 몸통에서 나온 것이기 때문이다. 원인이 아닌 곳에서 해결을 희망해봤자 답이 없는 것과 같다.

그러나 삶에서 작은 위로가 살아가는 힘이 되기도 한다. 각자의 상처와 외로움을 지닌 이들이 각자의 어깨에 기대어 위로받을 수 있는 것만으로 세상은 훨씬 살 만해진다. 찬찬히 살펴보면 각자의 외로움을 과시할 뿐인 세상은 삭막하고 짜증 난다.

어릴 적 무슨 이유 때문인지 물이 나오지 않아 온 동네가 주전자와 생수통을 들고선 지하 수도에서 물을 길어다 쓴 적이 있었다. 아마도 여름이었을 것이다. 저녁 시간이 다가올 때쯤이면 반소매를 입고

선 한 손에 주전자며 생수통을 든 아이들이 공동수도 앞쪽에 한 줄로 늘어져 서 있었으니까. 어느 날이었나, 아마 몹시 덥고 짜증 나는 날이었던 것 같다. 한 아이가 당당한 걸음으로 걸어오더니, 줄을 무시하고 물을 받기 시작했다. 아이들은 즉각 분노했다. 분노한 아이들은 그 아이를 둘러싸고는 마구 화를 내기 시작했다. 그 아이도 "뭐, 왜" 하며 당당하게 맞서다가 결국 다수에게 밀려 반쯤 받아뒀던 물도 다시 뱉어내고선 털레털레 자신의 집으로 돌아갔다.

그 아이에게는 '내 사정'만 있고 '네 사정'은 없었다. 자신이 덥고 힘든 만큼 다른 아이들도 힘든 것은 마찬가진데 그것을 이해하지 못했다. 머릿속으로는 알아도 마음 깊이 공감하지는 못했을 것이다. 우리가 도덕이나 예의라고 부르는 사회의 작은 규칙들마저도 이러한 '상대방의 사정을 상상할 수 있는 능력'과 연결되어 있다. 타인의 감정은 안중에도 없고 자신의 욕망을 채우는 데에만 급급한 태도는 범죄자의 심리와 다를 바가 없다.

그런 맥락에서 아들러는 '공동체 감각'을 사회의 건강함을 점검하는 기준으로 보기도 했다. 우리는 사회라는 공동체에 속해서 살아간다. 그곳에서는 '나'만을 생각하고 '나'를 중심으로 세상을 이해해서는 안 된다는 것이다. 우리는 더욱 살기 좋은 세상에서 살아가고 싶어 하면서도 '우리'보다는 '나' 중심적으로 살아간다. 사회가 각박해질수록 그런 경향은 더욱 강해진다. 생존의 본능 때문에 그러한 반응이 드러나는 것에 대해서는 충분히 이해한다. 하지만 살기 좋은 세상은 저절로 만들어지지 않는다. 가만히 있어도 얻어지는 것이 아니라는 것이다. 자유가 그러했듯이.

그럴 때 있지 않은가? 같이 있어도 외로울 때. 술잔을 기울이며 사람들과 나누었던 그 수많은 이야기로도 우리는 여전히 서로를 이해하지 못하고 있다. 아주 가까운 사람에게서조차 나는 영원한 이방인 같다. 부모도 자식을 이해하지 못하고 자식 또한 부모를 이해하지 못한다. 나는 너를 이해하지 못하고 너는 나를 이해하지 못한다. 그래서 별생각이 없이 산다. 그냥 눈을 뜨면 출근하고 영혼의 68%쯤은 딴 곳에 둔 채 일하다 시간이 되면 퇴근하고 스마트폰을 뒤적대다 잠이 드는 것이다. 어제도 그제도 그래왔던 것처럼. 행복한 것도 아니지만 그렇다고 불행한 것도 아니고.

우리는 종종 누가 누가 더 힘든지 내기라도 하는 것 같은 상황들을 만난다. 여전히 우리는 이해받고 사랑받고 싶은 존재이니까. 아직도 각자 이해받기 위해서 자신이 누구인지 내보이느라 바쁜 모양이다. 상처가 깊어서일 것이다. 아무리 애를 써도 채워지지 않는 외로움에 탈진해버릴 것 같기 때문일 것이다. 세상에는 나와 같이 상처받은 사람들이 한가득인 것 같다. 나에게 상처를 주었던 사람마저도 말이다. 사회가 갈수록 외로워지는 데에는 각자가 서로에게 공감받지 못한다는 느낌이 존재하기 때문이라고 생각한다.

이럴 때일수록 서로에게 기대어 서로에게 위로받고 공감받는 시간이 필요하다. 상대가 외로움을 토로할 때 '너만 힘드냐, 우씨! 나는 더 힘들거든'이라고 생각하는 대신 '그래, 너도 외롭구나. 나도 그래'라고 할 수 있다면 우리 사회도 조금 더 너그러워질 수 있지 않을까? 더운 여름날 물을 길으러 가며 길게 서 있는 줄을 보며 '저 땡볕에서 고생하는 타인'을 볼 수 있다면, 다급하게 달려와 물을 길으려고 하는 아이를 보며 '얼마나 급한 사정이 있기에 이러는 걸까, 나는 아직 괜찮으니 한 번 양보해 줘야지' 할 수 있는 여유를 가질 수 있다면 얼마나 좋을까.

우리는 각자의 인생을 살아가고 있는 '개인'이지만 동시에 이곳에서 함께 살아가고 있는 '모두'이다. 우리는 따로 떼어져 있지만 또 함께 연결되어 있다. 나는 이 세상의 중심이 아니다. 너도 이 세상의 중심이 아니다. 우리는 이 세상에서 '함께' 살아가는 사람들이다.

아들러 심리학 나쁜 기억 세탁소

°5

| 기억 다섯 |

**두려움에 자꾸만
움츠러들 때**

"트램펄린에 끼인 채 생각에 잠기다."

대문 어귀가 어수선하다. 나는 빠르게 그곳을 주시한다. 노는 일에 내가 빠질 수는 없는 일이기 때문에. 아이들이 주머니를 뒤적거리기 시작한다. 곧 그 조그마한 손에 동전들이 하나둘 쌓이기 시작한다. 나는 직감했다.

'저건 백 프로 놀러 나가는 거다!'

그날은 명절이었고, 나는 할머니 집에서 고구마튀김을 씹어 먹으며 누워 있었다. 할머니 댁은 사촌 아이들로 늘 북적거렸다. 그 말인즉슨, 자칫 타이밍을 놓치면 놀러 가는 무리에 끼지 못할 확률이 높다는 것. 나는 빠르게 대문으로 돌진했다.

"뭔데, 뭔데? 어디 갈 건데?"

우리는 그렇게 할머니네 집 대문 앞에 머리를 맞대고서는 진지한

토론을 이어나갔다. 명절이라 서로의 주머니는 풍성했고 우리는 어느 때보다도 선택권이 많았다. 그만큼 우리는 신중했고 '퐁퐁'이라 부르는 트램펄린을 타는 것으로 결정했다.

할머니네 집에서 퐁퐁이 있는 공터까지는 2차선 도로를 사이에 두고 죽 늘어져 있는 가게를 지나 조금 걸어가야 했다. 우리는 둘셋 짝을 지어 손을 잡고 신나게 걸어갔다. 거리에는 사람들로 북적였다. 신이 나서 히죽대며 걸어가는 우리에 비해 무표정한 얼굴이 대부분이었지만. 저번에 심부름을 왔던 떡방앗간을 지나고 요란하게 돌아가는 회전 간판이 있는 미용실까지 지나고 나니 드디어 공터가 나타났다. 오는 내내 사촌 K는 명절이라 아저씨가 없는 것 아니냐며 걱정했지만, 다행히도 주인아저씨는 있었다.

아저씨는 매우 심드렁한 표정으로 천막 앞에 놓인 낚시 의자에 기대어 앉아 있었고 우리는 아저씨 앞으로 가서 말했다.

"여섯 명이요."

그리곤 곧 아저씨의 커다란 손에다가 동전을 전부 쏟아 부었다. 아저씨는 동전 개수를 눈으로 빠르게 확인한 뒤에 천막 입구를 걷어주었고 우리는 뛰는 듯이 트램펄린 안으로 입장했다. 그곳엔 이미 세 명의 아이가 뛰어놀고 있었다. 검은 바닥이 출렁거리는 탓에 입구에 들어선 우리는 와장창 앞으로 넘어지고 말았다.

하지만 그런 것쯤 우리에게 어떤 문제도 되지 않았다. 넘어지려고 간 곳이니까. 나는 다시 기듯이 일어나 하늘 높이 점프했다. 트램펄린이 깊게 출렁이더니 나를 하늘 높이 날려 보내 주었다. 뻥 뚫린 천막 천장 위로 파란 하늘이 가까워졌다 멀어졌다 했다. 비행기라는 것을 타보기 전까지는 아마도 이때가 가장 높이 날아본 경험이었을 것이다. 점점 신이 난 나는 정신을 차리지 못하고 뛰어대기 시작했다. 왜, 그런 거 있지 않은가. 너무 재밌어서 정신이 아득해지는 그런. 나는 당시 그런 상태였다. 그러다 '쾅.' 일이 벌어졌다.

당시의 트램펄린은 원형이거나 네모 모양으로 지지대와 방방 뛰는 곳을 철 스프링으로 연결하였는데 그 부분은 지금처럼 천으로 씌워져 있지 않고 스프링이 그대로 노출되어 있었다. 그래서 가끔 방향 조절을 잘하지 못한 아이들이 그 스프링 사이로 떨어지곤 했는데, 그날은 바로 내가 그 아이였다.

순간 발이 삐끗하면서 어어어! 하는 사이에 나는 통, 통, 통! 바깥으로 튕겨 나가고 있었다. 트램펄린 안에서는 한번 균형을 잃으면 자신의 의지와는 상관없이 움직이게 된다. 신이 난 채 뛰고 있는 아이들 덕분에 트램펄린은 쉴 새 없이 출렁였고 결국 나는 끝으로 밀려 나가면서 철 스프링 사이에 끼어버렸다.

나는 낮은 포물선을 그리며 철 스프링 사이로 떨어졌고, 한쪽 다리는 스프링에 걸치고 다른 다리 한쪽은 스프링 사이를 빠져나와 바닥을 딛고 있었다. 그것은 꽤 기묘한 기분이었는데 한쪽 다리는 스프링을 따라 출렁거리고 있었고 다른 한쪽 다리는 움직임이라고는 없는 땅을 밟고 있었기 때문이다. 어쨌든 나는 울고 싶어졌다. 첫 번째는 창피했기 때문이고 두 번째는 이런 나에게 아무도 관심이 없었기 때문이다.

그러나 가장 중요한 것은 '트램펄린'을 탈 수 있는 시간이 정해져 있다는 것이었다. 내가 철 스프링 사이에 끼어 있는 순간에도 시간은 흘러갔다. 그때의 나에겐 울 시간도 아픔을 달랠 시간도 없었다. 나는 삐져나오는 눈물을 참기 위해 입술을 깨물어가며 다시 트램펄린을 기어 올라갔다. 다소 소심해진 높이로 뛰던 나는 어느새 다시 무아지경에 빠지며 하늘 높이 점프하기 시작했다.

그리고 나는 얼마 안 있어 다시 철 스프링 사이에 끼어버리게 된다. 이번엔 몸통이 철 스프링들 사이로 쑥 들어가버렸다. 그러니까 철 스프링 사이에 목만 내어놓고 우뚝 서 있는 모양새였다. 이미 몇몇은 웃음보가 터졌고 몇몇은 놀라서 나에게 다가왔다. 보기에는 꽤 웃긴 모습이었겠지만 당사자인 나는 무서웠다. 내 가슴과 목 사이쯤에서 출렁출렁 거칠게 움직여대는 철 스프링에 살점이 뜯겨버릴 것만 같았고 귀 근처에서 끼익 끼익 들려대는 소리도 끔찍했다.

그렇게 나는 '트램펄린'과 멀어졌다. 이때의 경험이 너무나도 강렬하여 더는 즐길 수 없었기 때문이다. 그 뒤로 나는 늘 트램펄린의 한가운데에서 살짝살짝 뛰어대다가 조금이라도 심하게 출렁거린다고 느껴지기만 하면 일부러 넘어진 채 다시 잠잠해질 때까지는 일어서려고 하지 않았다. 그러니 즐길 수 없었고 그렇게 재미있는 놀이 하나가 역사 속으로 사라졌다.

"울타리 안이 아무리 좋아도 그것은 삶이 아닌 사육이다."

때론 내가 서 있는 이곳의 사방이 낭떠러지 같은 기분이 들 때가 있다. 한 걸음도 움직일 수 없는 기분. 어, 어, 어! 하다가 내 의지와는 상관없이 통통 튕겨져 낭떠러지로 빨려 들어갈 것만 같은. 그럴수록 우리는 잔뜩 움츠러든 채 안전한 공간에 숨는다.

사람들에게는 자신만의 안전지대가 존재한다. 트램펄린의 가운데 자리처럼 위험하지 않다고 판단되는 공간 말이다. 다시는 그 고통을 경험하고 싶지 않기 때문에 우리는 기꺼이 자신의 안전지대에 머무른다. 밖으로 나오지 않은 채 그곳에서 일생을 마감하는 사람들도 있을 것이다. 제한된 생활반경과 제한된 경험들, 제한된 감정들 안에서 살아가는. 자기 삶에서 안전지대를 꼼꼼히 구축하고 있다는 것은 그들에게 '삶이란 위험'이기 때문이다.

나도 무서운 것이 참 많았다. 시골 외할머니댁에 있는 재래식 화장실이 무서워 외할머니 집에선 물도 마시지 않았고, 아이들을 잡아먹는다던 '홍콩 할매 귀신' 때문에 매일 손톱을 숨기고 다니느라 손바닥에는 늘 손톱자국이 깊게 패어 있었다. 정답을 맞히지 못할까 봐 선생님이 질문이라도 할라치면 필사적으로 눈을 내리깔았고, 다른 사람들이 나를 싫어할까 봐 1년 365일 다이어트를 했다. 나를 무능력한 인간으로 볼까 무서워 밤새 준비하고 또 준비했으며 미움받지 않기 위해 남들이 싫다는 것들은 하지 않았다.

'불안'에 민감해질수록 안 되는 것들이 늘어간다. 이러면 안 되고, 저러면 안 되고. 이것은 잘못된 것이며, 저것은 몰상식한 일이다. '불안'이 격해질수록 세상은 평균치를 벗어난 특이한 사람을 보면 안절부절못하는 것처럼 보였다. 세상이 쳐놓은 울타리를 벗어난 양을 볼 때면 끔찍한 표정을 지으며 큰일이라도 난 듯 행동하는 것처럼.

나는 모두가 끔찍한 변종이라도 보는 듯 나를 보는 것이 무섭고 두려워 튀지 않기 위해 안간힘을 쓰며 살아왔다. 울타리 밖으로 나가지 않기 위해 수시로 자신을 검열하였다. 울타리 밖에 존재하면 세상이 나에게 어떤 수치심을 안겨주는지를 빨리 경험했기 때문일까. 나는 세상이 만들어놓은 울타리를 나의 안전지대로 여기며 '이 안에서 평생 벗어나지 않겠다' 결심하며 살았다.

때로 '불안'은 배려나 걱정이라는 이름을 안고 타인에게로 전달된다. 살아가며 자신의 안전지대를 타인에게 강요하거나 권하는 사람들은 자신의 '불안'을 대개는 선의를 품고(일부는 그렇지 않겠지만) 타인에게 전달한다. 그 사람은 부모일 수도 있고, 배우자일 수도 있으며, 선생님이거나, 상사, 선배, 친구이기도 하다.

그들은 이런 말로 나의 삶을 제한한다. "그렇게 하면 안돼.", "그렇게 하면 네가 고통을 경험하게 될까 봐 내가 걱정돼서 알려주는 거야.", "네가 상처받을까 봐 내가 미리 차단해 주는 거야. 그러니까 내 말 들어." 심지어 이 말을 자기 스스로 하기도 한다. "난 안돼. 어차피 상처받아. 그러니까 하지 마."

덕분에 나는 세상이 바라는 대로 개성 없는 인간으로 잘 육성되었다. 가만히 생각해본다. 누군가 나에 대해 설명하라고 하면 머릿속이 하얘질 만큼 아주 잘. 나는 슬픔이 나를 덮칠 때도 눈을 꼭 감은 채 아무 일도 없는 척 버티면 곧 괜찮아질 거라고 스스로 이야기해왔고 기쁨이 왔을 때도 미처 다 기뻐하기도 전에 겸손이란 딱지를 붙여 기쁨의 감정을 거세해 왔다. 그러니 슬픔의 정체가 무엇인지 똑바로 보려고 하지 않았고 무엇이 나를 기쁘게 했는지 깊이 들여다보려고 하지 않았다. 더 이상 그것은 내 인생이라고 부를 수가 없었다. 인생이 멈춰버린 것이다.

나는 지금도 아쉽다. 그때 그 공포를 이겨낼 수 있었더라면 얼마나 더 많은 순간을 '퐁퐁'을 타며 즐거워했을까. 만약 그랬더라면 '퐁퐁'을 추억할 때마다 나는 스프링 사이에 끼어 잔뜩 움츠러든 나의 모습 대신에 하늘에 닿을 만큼 펄펄 날고 있는 나의 모습을 떠올릴 수 있었을까.

그러고 보면 우리가 두려움을 회피하기 위해 함께 포기해버린 것들이 실은 얼마나 아름다운지…. 그리고 괴로운 것을 경험하는 순간에도 동시에 우리는 또 얼마나 많은 삶의 이름다운 것들을 함께 경험하며 살아가고 있는지…. 이제 알 것도 같다.

아무리 대궐 같은 공간이라 할지라도 직접 문을 열고 나올 수 있으면 '집'이고, 그렇지 못하면 그것은 '감옥'이다.

6
인생을 만드는
세 개의 점

"나쁜 기억이 엄마 미간 주름에 끼어 있다."

어느 낮, 우리 집 소파에서 있었던 일이다. 나는 그날따라 자는 엄마를 가만히 바라보고 있었다. 자는 엄마를 그렇게 지긋이 바라본 적은 내 기억으론 그날이 처음이었다. 그리고 나는 발견했다. 나의 엄마는 미간을 찌푸리며 잔다는 것을. 나쁜 꿈이라도 꾸고 있는 것일까? 한참을 바라보다 나는 엄마의 미간 양 끝을 엄지와 검지로 잡고선 옆으로 슬쩍 펴보았다. 그러나 엄마는 내 도움에 편안해지기는커녕 맛있게 자던 낮잠에서 깨고 말았고 나는 그만 멋쩍어져서 이렇게 말했던 것 같다.

"뭐, 어떻게 사람이 자면서도 화를 내고 있냐. 편하게 좀 자."

다시 잠이 든 엄마를 바라보며, 정확히는 엄마 얼굴에 자리 잡은 주름 굴곡을 바라보며 나는 생각했다. 사람이 나이가 들면 얼굴에서 인생이 보인다고 했는데, 우리 엄마 얼굴에 자리한 저 주름들 속엔 얼마나 많은 슬픔과 걱정이 들어 있다는 말일까.

기억은 반복된다. 삶 속에서, 끊임없이. 주름 하나 없이 팽팽하던 피부에 굵고 깊은 선이 만들어질 때까지 수십 또는 수백 수천만 번을 찡그리게 만든다. 내가 속 썩인 일들이 수십 수백 번이고 엄마의 기억 속에 남아 괴롭히며 굵은 주름을 만들었겠지. 앞선 글들에서도 밝혔듯이 나의 기억들 역시 기억만 단독으로 존재하지 않는다. 기억은 그 경험 속에서 내가 느낀 감정과 함께 각인되었다. '죄책감, 짜증, 원망, 외로움, 공포' 같은. 그리고 그때의 기억이 떠오를 때마다 다시 그곳으로 돌아간 것처럼 여전히 괴롭고 힘들었다.

우리는 어떤 기억이 확 떠올랐을 때 당시 느꼈던 감정까지 동시에 경험한다. 그래서 이미 오랜 시간이 지난 일임에도 불구하고 순간 이불이라도 퍽퍽 치고 싶어지는 것이다. 그 기억들은 보통 나의 무능력감이나 무가치함이 드러났던 순간들일 것이다. 내가 충분히 매력적이지 못한 이유로 사람들의 주목과 사랑을 받지 못했던 기억이나, 내 몸이 너무 뚱뚱하거나 말라서 누군가가 나를 무시했던 기억이나, 학벌이 안 좋아서 또는 공부를 못해서 또는 상식이 풍부하지 못해서 부끄러웠던 기억이거나.

지나간 일이고 이미 해결된 일임에도 불구하고 여전히 그 기억 때문에 힘들고 괴롭다면 그것은 해결된 것이 아니다. 그것은 여전히 삶에서 해결되지 못한 자신 인생의 '미해결 과제'이다.

많은 사람이 우울감을 가지고 있으면서 우울하다는 것을 의식하지 못한다. 그러면서 우울할 때 하는 행동들은 꼬박꼬박한다. 상황이 더 나아져 자신이 우울하다는 것을 인지하게 되었다 하더라도 상황은 그다지 달라지지 않는다. 내가 왜 우울한지를 잘 모르겠기에. 우리는 무엇이 잘못되었는지조차 짚어 내지 못하면 어찌할 바를 모르게 된다. 이건가? 저건가? 내 삶에 우울함을 주었을 법할 요소들을 하나하나 다 찔러본다. 생각해보니 어릴 적 부모님의 양육방식이 문제가 있었던 것 같기도 하고, 외모 때문에 상처받았던 적도 한두 번이 아니다. 옆집 누구는 이러저러하다는데 내 남편, 아내는 이러저러한 것도 '아이고, 내 팔자야' 싶고, 지금껏 통장에 이만큼밖에 못 모은 것도 다 내 탓 같아 괴로워진다. 점점 더 삶의 우울한 것에 집중하게 되고 그러면서 또 삶의 많은 순간이 점점 더 우울해진다. 다람쥐 쳇바퀴 돌 듯 악순환의 수레바퀴다.

감정은 사실, 어떤 사건에 대한 '절댓값'이 아니다. 이렇게 생겼기 때문에 우울한 것이 아니고, 재산이 이것밖에 없어서 우울한 것이 아니다. 자기 얼굴에 만족하지 못했고, 그런 얼굴 때문에 다른 사람의 인정을 받지 못하는 것 같고, 그것이 자신의 이상적인 모습과는 다르므로 우울해지는 것이다. 우선 우리는 그것을 명확하게 이해하고 넘어가야 한다.

그러니까 어떤 상황에서 모든 사람이 같은 감정을 느끼지는 않는다는 것이다. 상사가 말없이 어깨에 손을 잠시 얹었다가 조용히 떠난다. 자기 능력에 대해 스스로 신뢰하는 사람이라면 기분 좋은 상상으로 이어질 수 있다. '내가 제출한 보고서가 마음에 드셨구나' 같은 상상을 해나갈 것이다. 만약 자기 능력을 신뢰하지 않는, 아니 깎아내리는 사람이라면 같은 상황에서 정반대의 상상을 할 것이다. '내가 제출한 보고서가 심각하구나. 뭐가 마음에 안 드셨을까. 얼마나 심각하기에 차마 말로 할 수 없는 정도인 거지'라고.

내가 나에 대해 가지고 있는 생각이 감정에 영향을 미치는 것이다. 기억 역시 마찬가지다. 당시 경험한 사건 속에서 내가 그 상황을 어떻게 느끼고 해석했는지에 따라 어떤 '감정'을 느꼈을 것이고 그 감정에 따라 '행동'했을 것이다. 우리의 내면은 이렇게 모두 이어져 있다.

본인이 이 책에서 '기억'에 집중한 이유는 우리는 '감정'은 잘 인지하지만, 그 이유에 대해서는 잘 인지하지 못하기 때문이다. 그러나 기억 속에서는 그 사람이 세상을 어떻게 해석하고 있고, 자신을 어떻게 해석하고 있는지를 아주 명확하게 볼 수 있다. 그리고 이렇게 스스로 해석한 자기 생각들은 쉽게 바뀌지 않기 때문에 서로 전혀 다른 기억이지만 그 안에서 해석한 세상과 자신에 관한 생각은 비슷하다. 그래서 '기억'을 단서로 하여 자신을 이해하기 시작하는 것이 심리적 문제를 해결하는 데 있어서 굉장히 효과적이다.

우주의 존재를 모르면 하늘에서 보이는 것이 구름이 전부지만, 우주를 아는 사람은 푸른 하늘에서도 별을 본다고 했다. 감정도 마찬가지다. 감정 뒤에 무엇이 있는지를 아는 자는 감정을 보고도 더 깊은 곳에 있는 마음을 볼 수 있게 되고 이해할 수 있게 된다.

"과거가 아닌 현재를 살아가는 법"

기억은 어떠한 감정이나 느낌을 동반해서 온다고 이야기하였다. 그런데 그 감정은 어쩐지 마주하고 싶지 않았을 것이다. 그래서 자꾸만 삶의 저편으로 미뤄두게 된다. 그 기억에 대한 감정이 격할 때는 상당히 괴롭다. 그런데 그런 기억들일수록 더욱 빈번히 삶의 순간에 등장한다. 길을 걷다가도, 잠을 자려고 침대에 누워 눈을 감는 그 순간에도, 운전하다가도 갑자기 섬광처럼 그 기억과 감정이 떠오르는 것이다. 그것 참, 사람의 내면을 갉아먹는 상황들이다. 그럴 때면 차라리 잊고 싶을 때가 있다. 그리고 실제로 심리적 충격이 크거나 스트레스가 심할 때는 진짜 기억을 잊어버리기도 한다. 그러나 기억을 잊은 사람도, 잊고 싶어 하는 사람도, 삶의 저편으로 매번 미뤄두었던 사람도 그 감정은 잊지 못한다. 그때 느꼈던 감정은 여전히 마음속에 남아 나를 괴롭힌다. 그리고 덮어두면 덮어둘수록 더욱 덩어리를 부풀려가며 존재감을 드러낸다.

나 역시 우울하거나 슬퍼질 때면 더러운 것을 만난 듯한 기분으로 빨리 기분 전환하기 바빴다. 행복하지 않은 나는 불행한 것이며, 불행의 원인은 우울이나 슬픔이기 때문에 어서 벗어던져야 한다고 생각했다. 그렇게 감정을 찬찬히 들여다보려고 하지 않았다. 짧게는 성공이었다. 나는 금세 행복을 찾아냈다. 아니 행복을 그럴듯하게 흉내낼 수 있었다. 그러나 우울이나 슬픔은 끈질겼다. 틈이 보일 때마다 그것들은 나를 덮쳤다. 나는 벗어나기 위해서 발버둥을 쳤지만, 그것들은 점점 더 커지며 존재감을 드러냈다. 그리고 그것들과의 싸움은 내가 인생에서 탈진하게 될 때까지 계속된다.

우리는 자기 자신에 대해서 얼마나 무지한가. 삶의 아픔에 대해서 얼마나 무관심한가. 우리는 때로 무지한 이유로 바보 같은 방법으로 문제를 해결하려고 하기도 한다. 천적을 발견하곤 머리만 땅 속에 숨긴 뒤 완벽하게 숨었다고 생각하는 어리석은 동물에 관한 이야기처럼, 자기 내면을 바라보지 않는 것으로 문제를 해결했다고 생각하는 것 말이다.

차마 마주하기가 무서워서 덮어두면 덮어둘수록 그 존재는 크고 거대해진다. 그것은 마치 자욱한 안개 속에서 어떤 거뭇한 덩치가 계속해서 나타났다 사라지는 것을 보는 기분과 비슷하다. 세월이 지나 그 기억이 빛을 발하게 되면 어떠한 '느낌'만 남는다. 왜 내가 그런 느낌이 드는지를 자신에게 설명하기도 어려워지는 것이다. 인간은 정체를 알 수 없는 것에 대해서는 공포를 느낀다. 마찬가지로 '정확한 정체'를 알 수 없는 감정에 대해서도 두려운 감정을 느끼게 된다. 과거의 기억을 회피함으로써 문제를 해결할 기회를 잃어버렸고 그래서 마음에 어떠한 문제가 있지만 그것이 어떤 것인지조차 인지하지 못한 채 우리는 그저 하루하루를 살아간다. 아니 살아낸다. 현재에도 끊임없이 과거의 악몽을 경험하면서 말이다. 그것이 과거에도 살지 못하고 현재에도 살지 못하는 자의 삶이다.

내가 사랑해 마지않는 조카와 소꿉놀이를 한다. 조카가 "어서 세요"라고 하면 나는 장난감 잼 하나를 들고선 "이거 얼마에요?"라고 물으면 된다. 그러면 조카는 매번 똑같이 "샤텨논이요" 이라고 대답한다. 열 번 물으면 열 번 모두 사천 원이다. 잼도 당근도 모두 사천 원이다. 피자도 예외 없다. 아마도 엄마와 손잡고 간 마트에서 사천 원이라는 말을 주의 깊게 들은 모양이다. 한번은 "우와 진짜요? 여기는 엄청 싸네… 진짜 사천 원 맞아요?"라고 했더니 두 눈에 물음표를 백만 개쯤 띄운 표정으로 나를 본다. 신기한 것은 얼마 뒤 다시 만났을 때 일어난다. 당근을 들고 "얼마에요?"라고 묻는 나에게 똑쟁이 조카는 당당하게 대답했다. "오배곤이요!" 4살밖에 되지 않는 아이도 상대방의 반응에 따라 자기 행동을 수정한다. 적절하지 않다고 판단된다면 다시 적절한 행동으로 바꾸는 것이다. 이것이 인간의 사회화 과정일 것이다. 지금은 당근, 배추 등 사는 물건에 따라 가격이 정해져 있다. 우리는 이렇게 과거의 경험을 토대로 현재를 살아간다.

그래서 과거와 현재는 수많은 사건으로 연결되어 있다. 그리고 자신에게 의미 있는 기억들은 내 안에 차곡차곡 쌓인다. 그리고 과거의 기억들은 현재에 많은 영향을 준다. 우리는 어떤 행동을 하려고 할 때 그 행동의 과거에 어떤 결과를 가지고 왔는지를 검토하게 된다. 어릴 적 발표하다가 선생님께 혼났던 친구들은 지금도 회사에서 프레젠테이션할 때마다 평균치보다 더 많이 긴장할 수가 있다. 그때 그 과거의 경험이 현재에 영향을 미치는 것이다. 그리고 과거의 경험은 감정도 함께 전달할 것이다. 수치심이나 두려움, 공포감이나 불안함 같은.

그러한 부정적인 경험을 통해 느끼는 '감정'을 곧이곧대로 믿다 보면 우리는 불필요한 행동을 하기도 한다. 상황보다 과장된 행동들이다. '엄마는 나를 싫어해'라고 생각하는 순간 "TV 그만 보고 들어가서 공부해"라는 말만 들어도 짜증이 나고 대들거나 문을 쾅 닫고는 침대에 엎드려버린다.

우리는 그 감정에서 멈추지 말고 더 깊이 들어가서 왜 내가 짜증이 났는지, 왜 엄마가 나를 싫어한다는 인식을 갖게 되었는지를 알아봐야 한다. 그래야 내 생각이 정당한지 그렇지 못한지를, 나의 감정이 적절한지 아니면 과장된 것인지를 알아볼 수 있기 때문이다.

나는 우리가 자신의 감정을 너무 맹신하지 않았으면 한다. 내가 느끼는 이 감정이 이 사건으로부터 발생한, 내가 어찌할 수 없는, 어쩔 수 없이 받아들여 반응해야 하는 것이 아니라는 것을 알고 있었으면 한다. 나의 어떠한 생각이 그 감정을 만들어냈을 뿐 감정이란 내가 그것을 인정하지 않으면 신기루처럼 사라져버리는 존재라는 것을.

기억이라는 것은 단면적이지 않다. 또한 객관적이지도 않다. 우리는 매 순간 기쁨과 슬픔, 고통과 환희, 수많은 감정을 복합적으로 느끼고 경험한다. 기억은 그런 경험의 함축적인 엑기스이고 그러므로 그 기억에 '고통'만 있을 리는 없다. 그러나 우리는 그 고통에 너무 집중한 나머지 다른 감정과 상황을 보지 못하는 경우가 많다. 그래서 객관적이지 못하다는 것이다.

우리는 어떤 누구도 상황을 객관적으로 바라볼 수는 없다. 코끼리를 개미들이 바라보고 묘사할 때 같은 코끼리지만 개미가 어디에 있는지에 따라 보는 모양이 다 다르듯 우리 역시 각자의 관점에서 상황을 바라보기 때문에 객관적으로 모든 것을 바라볼 수는 없다. 문제는 우리가 상황을 객관적으로 인지하고 있다고 착각하는 데 있다.

하지만 우리가 바라보는 그 사건의 진실은 진실이 아닐 수 있다. 우리는 각자 자신의 시선에서 사건을 해석할 뿐 그것이 절대적인 진실이 될 수는 없는 것이다. 어쩌면 우리는 감정을 맹신한 나머지 진짜 봐야 할 것들을 놓치고 있는지도 모른다. 어쩌면 자신의 왜곡된 기억 때문에 자신의 인생에서 소중한 사람을 오려버렸을지도 모른다. 어쩌면 어디에 표출해야 할지 모르겠는 슬픔과 분노를 그 사람에게 덮어씌운 것일지도 모른다.

모든 기억에는 나쁜 기억과 좋은 기억이 뒤엉켜 있다. 우리가 나쁜 것만을 바라보면 그 속에 함께 있는 행복을 놓치게 된다. 그러나 내 인생을 행복하게 만들어 주는 것은 그 안에 숨어 있는 '좋은 기억'이다. 그것을 바라보려면 피하지 말고 기억과 직면해야 한다. 그리고 좀 더 다양한 관점에서 그 상황을 바라봐야 한다. 그러면 나쁜 기억이 좋은 기억에 희석되어 가벼워지는 것을 느낄 수 있을 것이다. 우리가 감정 안에 더 깊은 속내가 있음을 알아차릴 수 있었으면 싶다. 밥 먹으라는 엄마의 말을 무시하고 방문을 쾅 닫기 전에 "실은 오늘 힘든 일이 너무 많아서 아무것도 하고 싶지 않아"라고 이야기할 수 있기를. 세상과 단절되기 위해 게임에 몰두하기 전에 '사실은 세상에서 아무것도 제대로 해내지 못할까 봐 두렵다'라는 것을 알아차릴 수 있기를. 좋은 차와 명품을 무리해서 마련하기 전에 '사실은 다른 사람들에게 인정받지 못할까 봐 불안해하고 있음'을 이해할 수 있기를. 아이에게 화를 내기 전에 '내가 이루지 못한 것을 아이에게 대신 요구하고 있음'을 알아차릴 수 있기를.

우리에게는 모두 차라리 잊고 싶은 기억이 있다. 숨기고 싶은 약점이다. 하지만 성장한다는 건, 결국 그런 것일지도 모른다. 잊고 싶은 기억을 다시 품에 안는 법을 배우는.

우리는 오늘, 이곳에서
새로운 발견을 하게 될 거예요.

그러니까 일종의 '관찰'이죠.

아픈 기억들을
주-욱 늘어놓고 한 번에 보는 거예요.

그럼 신기하게도 보여요.
어떤 사람은 주로 왼쪽 가슴 쪽이 얼룩이 졌고,
어떤 사람은 주로 소매 쪽이죠.
앞사람은 젓가락질이 어색해서 자주 흘리고,
뒷사람은 소매를 크게 입지만 조심성은 부족해서 그래요.

왜 우리는 매번
비슷한 상황에서 낙담했을까요?

2

인생을 꿰뚫는 하나의 패턴

나쁜 기억 세탁소

기억은 다양하다. 나쁜 기억도 그렇다. 이것저것 많기도 하다. 그런데 모아보면 공통된 맥락이 흐르고 있는 것을 발견할 수 있다. 수많은 아픈 기억들이 하나의 '패턴'으로 분류될 수 있는 것이다. 이 장은 그 '패턴'을 찾아 자신의 인생에 대한 깊이 있는 이해를 돕고자 한다.

그렇다. 우리는 수많은 문제에 둘러싸여 있는 듯 보이지만 '진짜 문제'는 하나다. 시시각각 터지는 삶의 문제들은 주로 하나의 '진짜 문제'에서 파생한다. 자꾸 바싹 메마른 내 마음 한가운데로 불씨가 날아 올 때, 그리고 그 불씨가 잠잠한 내면의 공기를 어지럽히고 바싹 마른 마음속 나무를 하나둘 불태워갈 때, 그 불씨를 전부 꺼뜨리겠다고 쫓아다니는 것은 그다지 좋은 방법은 아니다. 근원적인 해결 방법은 불씨의 출발점인 모닥불을 끄는 것이다. 그것이 근본적이고 확실한 변화다.

작고 연약한 몸으로 태어난 우리는 생존을 위한 어떤 전략이 필요하다고 생각한다. 고작 너댓 살의 나이에, 아직 자기 이름 석 자도 쓰

아들러 심리학 나쁜 기억 세탁소

지 못하는 어린아이의 마음속에도 '나는 이러이러한 존재고, 세상은 이러이러하니, 이러이러하게 살아야 해'라는 전략이 이미 굵게 기록되기 시작한다. 그러한 전략은 내면 가장 깊은 곳에 단단히 뿌리내린다. 그리고 이후의 모든 경험이 그 전략의 뿌리 위에서 자란다. 한 뿌리에서 자랐기 때문에 가지의 모양은 다를 수 있어도 같은 나무다. 인생의 모든 경험이 하나의 패턴을 그리게 되는 것이다.

아들러는 인간의 행동이 자신의 견해에서 비롯된다고 이야기한다. 발밑 땅이 흔들린다고 믿으며 밖을 나가지 않는 사람은 땅이 흔들리지 않을 때도 실제로 흔들릴 때도 똑같이 행동한다는 것이다. 이는 자신의 견해에 따라 상황을 해석하게 된다는 말이다. 만약 땅이 흔들리는 것이 사실이었다면, 그의 판단은 합리적이고 객관적일 것이다. 그러나 땅이 흔들리지 않는데도 그렇게 판단한다면 그것은 삶의 고통과 불안을 더할 뿐이다. 상황을 보고 견해와 판단을 해야 함에도, 우리는 여전히 견해를 가지고 상황을 해석하는 것을 훨씬 많이 하고 있다.

어떤 운동선수는 중요한 시합을 앞두고선 씻지 않는단다. 왜냐, 시합에서 이겨야 하니까. 누구는 중요한 날에는 꼭 그 속옷만 입는다. 그것만 입으면 백전백승이라나. 우리의 삶에도 이런 징크스들은 흔하게 발견할 수 있다. 시합에서 이기기 위해서, 면접에 붙기 위해서, 소개팅에 성공하기 위해서, 스스로 정한 전략이자 규칙이다. 작은 규칙들 뒤에는 큰 규칙이 있다. 큰 규칙들 뒤에는 더 큰 규칙이 있다. 그리고 그 뿌리에는 너댓 살 때 만들어놓은 삶의 전략이 있다. 그것이 삶의 패턴이 만들어진 시작점이다.

나를 제대로 이해하고 싶다면, 그리고 인생을 진정으로 변화시키고 싶다면, 바로 여기, 삶의 패턴이 만들어진 시작점으로부터 다시 시작해야 한다. 이곳이 마음속에 자꾸만 불씨를 날려 보내 속을 시꺼멓게 만들어버린 근원지, 모닥불이 있는 곳이다.

1

기억의 성찰

"하굣길의 사소한 기억"

그날 나는 혼자서 집을 향해 가고 있었다. 아직은 책가방이 크게 느껴질 정도로 어린 나이였다. 기껏해야 초등학교 2학년이나 3학년 이었을 것이다. 학교에서 우리 집으로 가려면 언덕을 넘어야 했고 그 언덕이 시작되는 곳에서 나는 한 아이를 만났다. 그 아이는 나보다 두세 살쯤 어렸을 것이다. 아이는 혼자서 흙장난하다 말고 나를 빤히 보고 있었다. 나는 그 아이의 시선이 부담스러워 금세 고개를 돌려버렸을 것이다. 거기다 빨리 집으로 가야 했다. 인형 옷도 만들어줘야 했고 시간 맞춰 만화도 봐야 했으니까. 얼마만큼 걸어 나갔을까. 등 뒤로 작은 생명체가 아른거리고 있었다. 흘낏 보니, 아까 그 아이였다.

'쟤, 아까 언덕 아래에서 혼자 땅 파면서 놀고 있지 않았나? 언제 따라온 거지? 뭐야, 뭐야, 쟤 뭐야?'

몇 번 흘낏대며 당황스러운 나의 마음을 표현해보았지만, 작은 발자국은 여전히 나를 쫄래쫄래 따라오고 있었다. '어쩌면 저 아이의 집이 우리 집이랑 같은 방향일지 몰라.' 이 상황이 그저 우연이라면 나를 앞질러 갈 것이라는 생각에 천천히 걸어보았다. 그런데 이게 웬걸. 그 아이의 발걸음이 딱 내가 느려진 만큼 느려지는 것이 아닌가. 참 내.

이상한 아이였다. 언덕도 거의 다 넘어왔고 우리 집도 저 어귀만 돌아서면 나오는데 그 아이는 여전히 나를 따라오고 있었다. 나는 점점 더 불안해졌다. '저러다 정말 우리 집 안방까지 따라오겠어.' 그 생각이 들자 우리 집을 저 아이에게 보여주고 싶지 않다는 마음이 툭 튀어나왔다. 이대로 두어서는 안 되겠다고 마음먹은 나는 휙 뒤돌아섰다. 나는 두 손을 허리춤에 얹고 인상을 쓴 채 그 아이에게 온몸으로 경고했다. 계속 따라오면 아주 큰일이 날 줄 알라고. 황당한 것은 그 아이가 갑자기 딴청을 피우기 시작했다는 것이다. 언제 자기가 나를 따라왔냐는 듯, 모르는 척 남의 집 담벼락을 만져대더니 급기야 바닥에 놓인 사다리를 뛰어넘으며 혼자서 신나게 놀기 시작했다. 어머나, 뻘쭘해라. 한 명은 눈으로 욕을 하고 있고, 한 명은 모르는 척 사다리를 뛰어다니는 이상한 대치 상황이 종료된 후 나는 혼자서 언덕을 내려왔다. 뒤돌아보니 그 아이는 더 이상 보이지 않았다. 그 길엔 언제 그런 아이가 있었냐는 듯이 고요했고 쓸쓸했다. 마음이 이상해졌다. 그것은 뒤늦은 미안함과 왠지 모를 쓸쓸함이었다.

"삶의 문제는 반복되고 있다."

사실 이 기억은 그저 그날 일기장에 참 이상한 아이를 다 보았다고 쓰고는 잊었어도 상관없어질 일이었다. 그런 사소한 기억 하나가 왜, 이토록 오랫동안 나의 기억창고에 남아 있어야 했던 것일까. 그리고 왜 유달리 생각이 나는 것일까. 그때 나는 인간관계에 대한 고민이 깊던 때였다. 나는 내내 자책하고 있었다. 나의 미숙함으로 떠나보낸 인연들에 대해서. 나를 따라온 아이의 자리에 '내가 살면서 만나온 인연들'을 대입시켜 보면, 문제가 훨씬 명확하게 보일 것이다.

당시 나는 인간관계에 지치고 지쳐 먼저 다가오는 인연들에 대해서도 먼저 벽을 세우고 방어하기 바빴다. 나의 가까운 곳은 절대 내어주지 않았다. 당연하게도 친구들에게 나는 그다지 좋은 친구가 되어주지 못했을 것이다. 뒤돌아보니 가까웠던 이들도 어느새 보이지 않았다. 그렇다. 그것은 뒤늦은 미안함이었다. 그때의 나는 언덕을 내려와 아이가 사라져 쓸쓸해져 버린 그 골목길을 바라보던 때와 같은 심정이었다.

왜 나는 인간관계에 지쳐 버렸을까? 왜 다가오는 인연들에 대해서도 먼저 벽을 세우고 방어하기 바빴을까? 그것 역시 기억 속에서 단서를 찾을 수 있다. 이유 없이 나를 쫓아오던 아이가 우리 집 안방까지 쫓아올까 봐 걱정했던 것에 주목해볼 수 있을 것이다. '안방'은 아주 개인적인 공간으로 내가 타인에게 보여주고 싶지 않은 모습을 의미한다. 그것을 통해 나는 다른 사람들에게 감추고 싶은 모습이 있으며, 그러므로 동시에 꾸며진 모습으로 대체해야 했을 것을 쉽게 추측할 수 있다. 본모습을 숨긴 채 맺는 인간관계는 편할 수 없다. 또한 기억 속에서 내가 사람들과 관계 맺는 방법도 관찰해볼 수 있다. 기억 속에서 나는 그 아이의 행동이 나를 불편하게 해도 불편하다고 적극적으로 표현하지 못하고, 궁금해도 직접 묻지 못한다. 대신에 참다가, 도저히 참을 수 없을 때가 되면 욕먹지 않는 범위 내에서 소극적으로 표현한다. 그것은 평상시에 내가 인간관계를 맺으면서 주로 하는 행동들이다. 이것 외에도 짧은 기억 속에서 많은 것들을 관찰해낼 수 있다.

과거의 기억 속에서 현재의 나를 발견하는 것, 이것이 기억을 통한 성찰이다. 결국 해묵은 기억을 끄집어내는 것은 현재를 제대로 바라보기 위해서다. 과거의 고통을 곱씹으며 자신을 괴롭히기 위함이 절대 아니다. 잊히지 않은 기억은 여전히 현재에서도 잊히지 않은 채 자신에게 어떠한 메시지를 던져주고 있다. 그리고 그것은 자기 삶의 문제들과 맞닿아 있다. 우울할 때는 기억나는 기억들도 모두 우울하다. 반대로 용기로 가득 차 있을 때는 또 그런 기억을 스스로 떠올린다. 우리가 어떤 문제에 봉착했다고 느낀다면, 우리의 기억은 그 문제를 해결할 수 있을 만한 비슷한 문제를 가진 기억을 떠올릴 것이다. 그러므로 우리는 기억을 힌트로 삼으면 된다. 과거의 기억은 현재에 비해 간략하고 명확하다. 시일이 지나며 불필요한 디테일은 생략되고 핵심만 남았기 때문이다. 그러므로 훨씬 빠르고 효과적으로 문제의 핵심

아들러 심리학 나쁜 기억 세탁소

을 간파할 수 있다. 지금 일어나고 있는 문제는 아직 진행형이기 때문에 객관적으로 보기도 힘들고 디테일에 시선을 뺏겨 핵심을 보는 것을 방해하기도 한다. 과거의 기억을 이용한다면 훨씬 효과적으로 현재를 성찰할 수 있다.

우리 모두에게는 어떤 과거의 기억이 있다. 그것은 잊고 싶은 괴로운 기억일 수도 있고, 별것 아닌 기억인데 살면서 종종 떠오르는 기억일 수도 있다. 엄마가 나를 버린 기억일 수도 있고, 돈이 없어 아무것도 할 수 없었던 기억일 수도 있으며, 1등을 해서 기뻤던 기억이나 웃고 떠드는 사람들 사이에서 혼자 붕 떠 있는 순간의 기억일 수도 있다. 그것이 사소한 기억이든 엄청난 기억이든 그 기억이 있는 당사자에게는 굉장히 의미 있는 기억이다. 그 기억과 현재의 나는 이어져 있으므로. 어쩌면 과거의 나로부터 한 걸음도 벗어나지 못했을지도 모르므로.

왜 매번 비슷한 상황에서
낙담하는가?

"고통의 뿌리"

"자라 보고 놀란 가슴 솥뚜껑 보고 놀란다"는 말이 있다. 뭔가에 놀라본 기억이 있다면 비슷한 것만 봐도 가슴이 두근거린다는 뜻의 속담이다. 이 말을 뒤집어 보면 이렇다. 자라 보고 놀란 적이 없는 사람은 솥뚜껑 보고 놀랄 이유가 없다. 과거와 현재는 대개 이런 방식으로 연결된다. 어떤 경험에서 강한 위협을 느꼈다면 그것은 생존에 꼭 필요한 정보가 된다. 자신의 생존을 위해서 우리의 몸은 자라와 비슷한 것만 보여도 비상 체계를 가동할 것이다. 이 세상을 살아가면서 가장 중요한 것은 나 자신이고, 우리의 몸과 마음은 나를 보호하기 위해 존재하기 때문이다.

과거의 원시시대에는 그 '자라'가 사자나 치타쯤 되었겠지만, 현대 시대는 이야기가 다르다. 사자와 치타는 동물원에서나 겨우 볼 수 있고 그마저도 우리 안에 갇혀 있어서 한 손에는 솜사탕, 한 손에는 사진기를 들고서 인사까지도 건넬 수 있다. "사자야, 안녕! 여기 보렴, 찰칵!"

그렇다면 현대인의 '자라', 생존의 위협은 무엇일까. 그것은 결핍감과 부족감이다. 그것은 우리를 가장 아프게 한다. 자신의 존재가치를 부정당하는 기분이 들기 때문이다. '열등한 것은 도태된다'라는 적자생존의 세계에서 살아온 인류에게 열등감과 부족감은 진실로 생존의 위협이 될 것이다. 그것이 실제로 생명에 지장을 주는 것이 아니라 할지라도 말이다.

나 자신이 이 세상을 살아가기에는 부족하다는 느낌, 그것은 우리를 고통스럽게 한다. 인간은 본능적으로 고통을 회피한다. 우리네 인생도 그렇다. 대단한 목표를 좇으며 사는 것 같지만, 대부분 끔찍이도 싫어하는 것을 피해 다니며 살아간다. 그러니까, 우리를 고통스럽게 하는 그 부족감, 결핍감, 열등감, 바로 그것에게서 벗어나기 위해 산다. 더 정확히 표현하면 '그렇게 되지 않기 위해' 살아간다.

선을 하나 주-욱 그어보자. 왼쪽 끝은 과거, 가운데는 현재, 오른쪽 끝은 미래다. 왼쪽 끝엔 우리의 시작인 태어날 적의 모습을 그려놓는다. 오른쪽 끝엔 자신이 꿈꾸는 완벽한 이상향의 모습을 놓는다. 우리의 삶은 왼쪽에서 오른쪽으로 달려가고 있다. 부족하고 연약한 자신에게서 벗어나, 영원한 행복과 안전을 가져다줄 완벽한 이상향의 나를 향해 달린다. 그것은 우리를 성장시켰지만, 끊임없이 현재의 자신을 부정하게 만든다. 현재의 자신으로부터 도망치는 것, 그것이 인생이 고통이 된 이유다.

'성공하려면 ___하며 살아가야 한다.'
'행복하기 위해선 ___하며 살아가야 한다.'

인간은 열등감을 보상받기 위해 끊임없이 완성을 추구한다고 아들러는 이야기했다. 우리는 부족감에서 벗어나 완벽하고 우월한 내가 되기 위해 열심히 살아가고 있다. 그러나 완벽한 이상향의 모습이나 부족감을 느끼는 부분은 다르다. 또 성공적인 삶을 위해 만들어놓은 규칙이나 삶의 패턴도 모두 다르다. 그 이유는 우리는 모두 각자의 인생에서 자신만의 독특한 경험을 하며 살아가기 때문이다. 그래서 저 위 문장 속 빈칸은 각자 다른 단어들로 채워진다.

아들러는 이런 인간의 다양성을 몇 개의 상자에 넣어 분류하는 것은 적절하지 않다고 보았다. 삶의 패턴은 손가락의 지문처럼 모두 다르다는 것이다. 나 역시 동의하는 바이다. 다만 이해를 돕기 위해 4가지 유형으로 나누어 설명할 예정이다. (※ 4가지 유형은 아들러의 후학인 kefir가 제시한 유형론을 기준으로 함) 통계상으로 드러나는 유사점이나 공통점을 통해 대표적으로 구별될 수 있는 4가지 유형을 구분하여 기록하였으나 이 책에서 제시하는 4가지 유형의 사례가 모두 나의 경험을 기준으로 쓰였기 때문에 주관적인 관점이 섞여 있을 수 있음을 사전에 양해드리고자 한다.

그러나 인간은 매우 다른 듯해도 또 비슷한 면 역시 가지고 있기에 타인의 이야기를 통해서도 충분히 자신을 성찰해볼 수 있을 것이다. 또한 보시다시피 한 사람의 기억을 통해서도 4가지 유형을 모두 설명할 수 있다. 즉, 우리는 4가지 유형의 패턴을 모두 가지고 있다. 그러나 다만 자주 사용하는 패턴이 다를 뿐이다. 그러니 자신이 어떤 유형인지, 또는 어떤 유형이 좋은 유형인지를 판단하는 것은 그다지 중요한 문제가 아니다. 아니 의미가 없다. 다만 인간에 대한 깊은 이해를 위한 목적으로 4가지 유형을 파악해 보기를 희망한다.

"삶의 패턴"

다시 '자라'를 보고 놀란 순간으로 돌아가 보자. 나이는 한 다섯 살쯤으로 하고, 가족과 함께 바닷가로 놀러 왔다고 치자. 저 혼자서 왔다 갔다 하는 파도가 신기해 모래사장을 혼자서 뒤뚱뒤뚱 걸어다니는데 내 몸통보다 큰 자라 놈이 나에게로 성큼 다가온다고 해보자. 다섯 살 난 아이가 뭘 얼마나 할 수 있겠는가.

인간은 어린 시절 스스로 처리할 수 없는 상황을 맞이하게 된다. 그것은 필연이다. 어떤 누구도 피할 수 없는. 어쩌면 이것이야말로 인간의 운명이라 할 수 있겠다. 자기 능력으로는 어찌할 수 없는 충격적인 경험은 열등감을 직면시킨다. 세상이 자신에게 꼭 이렇게 말하는 것 같다. '보아라, 너는 이렇게 무력하고 나약한 존재다.' 이때 우리는 이 두려웠던 상황을 다시는 경험하지 않겠다는 마음으로 삶의 전략을 세우게 된다. 그러니까 자신의 열등감, 부족감을 극복하고 우월성을 향한 어떤 생의 목적을 성취해나가는 전략 말이다.

전략 선택의 기준은 개인의 경험이나 가족관계, 양육방식 등의 영향을 받으며 각자 다양한 패턴으로 형성된다. 이때 우리는 자신에게 이런 질문을 던진다. '나의 무엇이 부족해서 자라의 위협에 대처하지 못했는가?' 그리고 각자의 경험 등에 따라 자신만의 정답을 선택한다. 누구는 내가 자라를 이길 힘이 부족한 탓이라며 체력을 키울 것이고, 누구는 자라라는 위험에 대해 미리 대비하지 못한 탓이라며 다음부턴 두리번거리며 위험에 미리 대처하려 할 것이다. 또 누군가는 나의 어떤 행동이 자라를 불쾌하게 했을 것으로 생각하며 다음에 자라를 만나면 더욱 활짝 웃으며 다가갈 것이며, 누군가는 아무 데서나 자라가 툭툭 튀어나오는 위험천만한 바닷가라는 곳은 다신 안 오면 그만이라고 생각한다.

이런 삶의 패턴은 개인이 생존을 위해 발달시킨 전략이다. 그러므로 자신의 인생을 하나의 굵직한 관점에서 통으로 이해하게 해준다. 그러니까 우리 인생의 목적은 지금 이 부족한 존재에게서 벗어나, 완벽한 이상향의 존재가 되는 것이다. 그것이 자신 인생의 커다란 방향이다. 그리고 그 방향을 따라 생각, 감정, 행동이 일관성 있게 배열되어 있다. 그래서 자기 내면에 어떤 결핍감을 가졌는지를 아는 것은 정말 중요하다. 그것을 이해하면 그동안 자신에게 가졌던 많은 의문점이 한 번에 해소될 수 있기 때문이다.

우리는 내가 왜 이것을 원하는지, 이것을 싫어하는지조차 제대로 설명해내지 못한다. 대다수 사람이 자신이 스스로 만들어놓은 전략, 패턴을 인지하지 못한 채 무의식적으로 움직인다. 그러면서 그것을 운명 또는 타고난 성격으로 받아들인다. 그것이 삶의 문제를 적절히 대처하지 못하게 만들고 변화한 듯 보이다가도 다시 원점으로 돌아오게 만든다. 그래서 진정한 변화를 위해서는 자신의 패턴을 먼저 이해해야 한다. 자신의 인생을 관통하는 삶의 패턴을 읽을 수 있으면 그 속에서 자기 행동, 생각, 감정을 모두 읽을 수 있으며, 그 패턴을 바꿀 수 있으면 자기 행동, 생각, 감정 역시 자연스럽게 변화되기 때문이다.

가장 중요한 것은 마음의 상처는 개조하는 것이 아니라 이해하는 것이라는 점이다. 이해할 수 있을 때 있는 그대로를 받아들일 수 있고, 그럼으로써 우리는 자신을 사로잡고 있던 족쇄로부터 비로소 자유로워질 수 있다. 만약 당신이 오래도록 잊히지 않는 어린 시절의 기억이 있다면 그 안에 자신의 인생을 지배하는 삶의 패턴이 담겨 있을 것이다. 그것을 읽어낼 수 있을 때 우리는 자신에 대한 깊은 이해를 만나게 된다. 아마 자신이 그동안 해왔던 대부분의 행동이 이해되기 시작할 것이다. 그리고 자신을 마음 깊이 이해하기 시작하면 자신을 좀 더 건강한 방식으로 사랑하게 될 것이다. 내가 나빠서가 아니라 이 세상을 살아가기 위한 처절한 노력이었음을 알게 되었는데 어찌 예전처럼 자신을 비난하고 다그칠 수 있겠는가.

많은 사람이 변화를 이야기한다. 나 역시 내 안에 문제가 있음을 느끼고 변화를 위해서 수없이 발버둥쳐왔다. 그러나 내 안에서 나를 움직이는 삶의 패턴을 재구성하지 않는 이상 진정한 변화는 없다. 모든 행동은 모두 내가 절대적으로 믿어 의심치 않는 신념, 살아가는 법칙, 바로 삶의 패턴으로부터 파생되기 때문이다.

3

| 패턴 하나 |

사랑받기 위해서는
끊임없이 노력해야 해

"자신의 왕국에서 내몰린 공주"

내가 기억하는 나의 첫 번째 집은 5층짜리 아파트였다. 큰길가에서 목욕탕을 지나고 다시 처갓집 양념통닭 집을 지나서 쭉 들어가면 다시 제법 큰 골목이 나타났고 그곳에서 왼쪽으로 꺾으면 바로 보이는 아파트의 이층집. 1층엔 슈퍼가 있고 그 위로 겹겹이 집이 쌓여 있는 구조의 옛날식 아파트였다. 아파트 입구로 들어서면 작은 화단이 길게 나 있었고 주차장이라고 해봐야 대여섯 대쯤 댈 수 있는 공간이 전부였지만 그곳도 대부분 비어 있었다.

우리 집 아래층에는 B가 살았다. 나보다 한 살 어린 동생이던 B는 까만 머리와 유난히 동그란 눈을 가진 아이였다. 어린아이들이 많이 살던 그 아파트는 아침마다 소란을 겪었다. 집마다 아이들의 잠투정과 반찬투정으로 몸살을 앓았다. 다행히도 이 소란은 길지 않았다. 책가방을 든 아이들이 우르르 아파트를 빠져나가고 나면 아파트는 놀랍도록 조용해졌으니까. 그곳 아파트에 남은 아이는 이제 나와 B, 단둘이었다. 우리는 그렇게 나란히 현관문을 등지고 앉아 손을 턱에 괴고선 언니 오빠들이 돌아오길 기다렸다. 아마 우리는 그렇게 친해졌을 것이다. 아파트 입구를 오매불망 바라보며 도란도란 이야기를 나누다가. 수다 주제는 참 사소했다. 오늘 아침에 먹은 소시지 반찬이 얼마나 맛있었는지, 지금 마당을 기어가고 있는 저 공벌레는 가족이 몇 명일지, 그리고 언니 오빠가 다니는 학교는 몇 밤을 자면 갈 수 있는지 같은.

그로부터 6년 동안 우리의 우정은 계속되었다. 그토록 바라던 학교에 입학하게 되면서 각자에게 많은 친구가 생겼지만, 여전히 우리는 서로에게 특별했다. 그렇게 평온하고 따스한 일상이 계속되면 좋았으련만 인생이란 변수의 연속이듯 우리 사이에도 작은 변화가 끼어들게 된다. 그 작은 변화는 B의 부모님이 다른 지방으로 반년 정도 가셔야 하는 일이었다. 졸지에 생이별하게 된 것이다. 서로의 반쪽처럼 굴었던 우리에게 이별은 받아들일 수 없는 엄청난 사건이었다. 우리는 좋은 아이디어를 냈다. 그것은 부모님이 다른 곳에 계시는 동안 B가 우리 집에서 함께 사는 것. 상상만으로도 짜릿했다. B와 늘 함께 있을 수 있다는 것이니까. 우리는 각자의 부모님을 조르고, 밤마다 같은 마음으로 간절히 기도했다. 기도발이 있었던 것일까. 결국 B는 우리 집에서 함께 지내게 되었다. 워낙 이웃사촌으로 가까이 지내던 집안이기도 했고 B의 부모님도 B를 전학시키는 것보다 훨씬 간단한 방법이었을 것이다.

한동안은 천국이었다. 자매가 없어서 늘 혼자 잠을 자던 우리가 밤에 불을 끄고 나서도 수다 떨 상대가 생긴 것이다. 얼마나 신이 났겠는가. 그런 날들이 계속 이어졌으면 좋았으련만 점차 나의 내면에는 여태껏 경험하지 못한 새로운 종류의 감정이 일렁거리게 된다.

잊히지 않는 강렬한 장면은 나의 방에서 시작한다. 방 안은 웬일인지 어두컴컴했고 그곳에서 나는 혼자 앉아 있었다. 나는 손으로 무릎을 감싸 안은 채 벽에 기대앉아 한 곳을 응시하고 있었다. 그곳은 굳게 닫힌 안방 문이었다. 내 어두운 방과는 같은 집이라고 할 수 없을 만큼, 안방은 행복함이 넘쳐 흘러나왔다. 그 행복을 감당할 수 없다는 듯 굳게 닫힌 문 사이사이로 밝디 밝은 불빛이며 웃음소리들을 끝없이 새어 내보내고 있었다. 그 안에는 엄마와 아빠, 오빠, 그리고 B가 있었다. 완벽한 가정의 모습이다. 너무나 완벽하게 보여서 내가 끼어들 틈조차 없는.

일곱 걸음이면 갈 수 있는 거리인데도 백 리 길은 되는 듯이 그곳이 아득하다. 그리고 비참해졌다. 즐겁게 웃고 떠드는 가족들의 웃음소리 속에 나의 목소리가 빠져 있는데도 아무도 이상하게 생각하지 않는다. 갑자기 나는 이방인이 되어 버렸다. 당연한 나의 공간에서 갑자기 내몰리며 하나뿐인 외동딸에서 한순간에 천덕꾸러기로 변해버린 것이다. 그것이 사실인지 아닌지는 중요하지 않다. 자기 세계에서

인생을 꿰뚫는 하나의 패턴

는 자신이 믿는 것만이 사실이 된다. 어떤 누구도 거기서 진위를 충실히 따져 묻지 않는다. 이제 겨우 열두 살이 된 아이는 더더욱 그렇다.

영원히 내 것이라고 믿었던 사랑에 대한 의심이 생기면 돌이키기 힘들어진다. 자신이 믿어왔던 모든 것들이 무너지기 때문이다. 나의 세계 역시 급박히 혼란스러워진다. '내 가족이 내가 없어도 행복할 수 있구나', '다른 누군가가 내 자리를 차지할 수 있구나'라고 생각하니 나는 끝없이 불안해졌다.

B는 애교 있는 아이였다. 마음을 쉽게 표현하지 못하는 나와는 다르게. 나는 그것을 패인으로 인식했다. 패인. 그렇다, 패인. 나는 어느새 나 홀로 경쟁하고 있었고 거기서 졌다. 다시는 질 수 없었다. 나는 살고 싶었고 생존을 위해서는 반드시 이겨야 했다. 이미 내 인생은 전쟁이 시작되었고 나는 전략을 짜야만 했다. 나는 자신을 스스로 검열했다. 사랑받기에 무엇이 부족했는지 끊임없이 B와 비교했다. 한번 시작한 '오답 찾기'는 끝도 없이 나왔다. 성격은 물론 눈썹 길이까지. 사실 그것은 B와 나의 차이점 찾기였을 뿐인데 그때의 나는 몰랐다. B는 내게 '다른 예시'가 아니라 '정답'이었기에.

자기 이름도 제대로 쓰지 못했던 어린 시절부터 친구였던 우리들의 관계는 내 안에서 전쟁이 발발하면서 종료되었다. 아마 공식적인 우정의 종료는 그날이었을 것이다. B와 처음이자 마지막으로 싸운 날. 이유는 사소했다. 지금은 기억도 나지 않을 만큼. 하지만 진짜 싸움의 이유는 그게 아니었으니까 사소하건 사소하지 않건 그건 그

아들러 심리학 나쁜 기억 세탁소

리 중요하지 않았다. 사실 내 편, 네 편을 갈라서더라도 가족의 사랑을 확인받고 싶었다. 유치하지만 나는 사활을 걸어야만 했다. 내겐 생존의 문제였으니까.

거실에서 나와 B의 목소리가 커지자 놀란 엄마와 오빠가 다가왔다. 드디어 심판의 순간이었다. 그들은 누구의 편을 들어줄 것인가. 빠밤. 역시나 나의 패배. 엄마와 오빠는 나를 혼내기 시작했다. 손님으로 와있는 B에게 별것 아닌 일로 화를 내는 것은 나쁜 것이라고. 이제 와 생각해보면 그것이 옳다. 부모와 떨어져 외로운 시간을 보낸 것은 내가 아닌 B였으니까. 하지만 그때의 나는 다른 사람의 마음을 볼 여유가 없었다. 그 순간은 내가 가족에게 버림받는 순간이었으니까. 그날 나는 판결문을 받은 것이다. 그곳에는 이렇게 적혀있었다.

"지금 마음속으로 울고 있는 아이, 그래, 거기 너, 이곳에 네 편은 없으니 나대지 말고 자중하며 살기 바람."

"삶을 관통하는 근본적 두려움 : 거절당함"

부족감과 열등감은 아킬레스건이고 아무에게도 들키고 싶지 않은 치부다. 자신이 사랑받을 만큼 충분하지 못하다는 열등감을 가진 사람은 거절당하는 것이 가장 두렵다. 거절당한다는 것은 자신의 열등감을 직면하게 되는 순간이기 때문이다. 평생 끔찍하게 싫어서 도망치던 자기 모습을 눈앞에서 맞닥뜨려야만 할 때 어떤 기분이 들겠는 가. 어떤 무엇보다도 수치스럽고 고통스러울 것이다.

다른 사람들에게는 정말 별것 아닌 사소한 일에 크게 분노하고 화 가 날 때가 있다. 그때가 바로 열등감을 직면하는 순간이다. 이들은 거 절당했을 때 다른 사람들보다 훨씬 고통스럽다. 누가 인사만 안 받아 줘도 존재 자체가 거부당하는 느낌이 든다. 자신이 존재가치 없는 인 간으로 느껴지는 것, 그것이 바로 현대인이 경험하는 생존의 위협이 다. 그래서 이들은 거절당하지 않기 위해 살아간다.

인간의 위대한 점은 참지 않는다는 것이다. 기어이 부족함을 딛고 일어서 완성을 향해 움직인다. 그 정신이 인류의 문명을 발전시켰다. 시력이 2.0밖에 되지 않아서 망원경을 만들고, 빨리 달리지 못해서 자 동차를 만들고, 날지 못해서 비행기를 만드는 것이 인간이니까. 그렇 다. 인간은 부족한 것을 참지 못한다. 나도 그렇고, 당신도 그렇다. 그 래서 우리는 모두 자신의 부족감에 대한 보상으로 완벽을 추구하며 살아왔고 그 에너지로 자신만의 발명품을 만들었다. 그것이 삶의 전 략, 그러니까 자신만의 고유한 삶의 패턴이다. 삶의 위대하면서도 슬 픈 진실은 자신의 가장 고통스러운 기억이 그 사람의 등을 떠밀어 앞 으로 걸어가게 만든다는 것이다.

'나는 사랑받기에는 부족해'라는 열등감을 가진 사람은 어떤 삶의 패턴을 만들어갈까? 어떻게든 사랑받을 만한 것들을 만들어내 갖추 고 살아야 한다고 생각할 것이다. 또 자신의 결함은 없애야만 한다고 생각할 것이다.

"그러므로 나는 사랑받기 위해서 노력해야만 해."

이것이 패턴의 기본 뼈대가 될 것이다. 각자의 경험에 따라 세밀한 것들은 달라지겠지만. 자신이 생각하는 가장 완벽한 이상향, 모든 사람에게 사랑받는 완벽한 모습이 되기 위해서 노력할 것이다. 그것은 외모와 성격, 능력 등 모든 것을 아우른다. 거절당하지 않기 위해, 그리고 사랑받기 위해 이들은 부모님 말씀을 잘 듣거나, 유머를 갖추기도 하고, 외모에 관심이 많을 수도 있겠다. 물론 구체적인 행동이 중요하지는 않다. 중요한 것은 행동 속에 하나의 목적이 숨겨져 있다는 것이다. 이들은 '사랑받기 위해서' 그 행동을 한다. 그리고 무엇보다 '거절당하지 않기 위해서' 그 행동을 한다.

이들은 호감을 얻는 방법에 통달해 있다. 삶의 모든 순간을 그것을 얻기 위해서 노력한 사람들이니 그 분야에서는 단연 최고일 수밖에 없다. 이들의 이런 내면의 움직임은 이들을 낯선 이들에게 먼저 웃으며 다가가도록 만들었을 것이고 먼저 배려하고 친절하게 굴도록 했을 것이다. 자신의 기분보다 상대의 기분이 더 잘 보이고, 그래서 상대가 기뻐하면 함께 기뻐했을 것이다.

맛있는 음식을 보면 함께 먹을 사람들이 떠오르고, 남의 이야기도 자신의 이야기처럼 정말 잘 들어줄 것이다. 누군가 표정이 좋지 않으면 걱정이 돼서 지나가다 어깨라도 한번 토닥여주었을 것이다. 이들은 자신의 온기로 다른 사람들을 따뜻하게 해 준다. 순수한 관심과 애정으로 사람들을 돌본다. 이토록 사려 깊고 인정 많은 당신은 주변 사람들에게 '참 좋은 사람'일 것이다. 사랑받기엔 부족하다는 자신의 부족감이 지금의 사랑스러운 당신을 만들었다.

반대로 잃은 것도 있다. 사랑받기 위해서 배려하고 친절을 베풀었는데 돌아오는 것은 기대만큼이 아닌 경우가 많았을 것이다. 그럴 때마다 아주 속상하고 섭섭했을 것이다. 끊임없는 '사랑'에 대한 의심 때문이다. 자신이 '사랑받을 만큼 충분하지 않다'라고 생각하면서 사는 사람은 끊임없이 사랑에 대해 의심할 수밖에 없다. 그래서 끊임없이 확인받고자 한다. 그것은 질투로 나타나거나, 소유욕으로 드러나기도 하며 강박적으로 사랑을 확인받고자 하는 행동으로 드러날 수도 있다. 그러나 그것이 오히려 자기 자신과 상대방 모두를 지치게 했을 것이다. 또 거절당하는 것이 두려워 자신의 주장을 펼치는 것에 소극적이거나, 거절을 어려워하며 두려움이 큰 경우에는 관계 맺기를 포기하기도 한다.

이들의 삶에 문제가 발생하는 시기는 충분한 사랑을 받고 있지 못할 때다. 정확히는 충분한 사랑을 받고 있다고 느끼지 못할 때다. 그럴 때는 '나는 누군가의 사랑받기에는 여전히 부족해', '나는 사랑받을 만한 가치가 없는 존재야'라고 느끼며 괴로워한다. 그래서 더욱더 사랑받기 위해 집착하기도 한다.

그러나 잊지 말아야 할 것은 당신이 원하는 사랑의 양은 누구도 쉽게 채우기 힘들 것이라는 점이다. 또 타인의 사랑을 삶의 원동력으로 삼을 경우, 기름이 다 떨어졌는데도 주유소가 없어서 길 한 가운데 멈춰 설 수밖에 없는 때를 반드시 만나게 된다는 것이다. 주유소를 통해서가 아니라 스스로에 대한 충만한 사랑으로 움직여야 한다는 사실을 알지 못한다면 생의 많은 지점에서 주도권을 잃은 채 타인에 의해서 움직이게 된다. 사랑은 다른 사람에 의해서 얻어지는 것이 아니라는 것을 우리는 빨리 깨달아야 한다. 우리는 모든 인간을 만족시킬 수 없다.

우리는 초인이 아니다. 모든 사람이 항상 자신을 좋아하는 것은 불가능하다. 불가능한 목표에 매달려 자기 자신을 괴롭히지 말자. 진정으로 사랑에 대한 부족감에서 벗어나고 싶다면, 다른 사람에게서 사랑을 찾을 것이 아니라 나 스스로에게서 찾아야 한다. 자신의 마음속에서 사랑이 피어나고 있을 때만 다른 이들이 내게 주는 사랑이 보이기 시작할 것이며, 또 받을 것을 기대하지 않고도 마음껏 다른 사람을 사랑할 수 있다. 이 말을 꼭 기억하자. 자신을 사랑하지 못할 때 다른 사람 역시 사랑할 수 없으며, 다른 사람을 사랑하지 못한다면 자신을 사랑하는 것도 불가능하다는 것을.

마지막으로, '나는 사랑받을 자격이 없다'라는 마음을 가지고 지금껏 살아오면서 얼마나 많은 아픔과 좌절이 있었을지 잘 안다. 상대방의 작은 표정 하나에도 밤새워 뒤척였을 세월을 안다. 그래도 꿋꿋이 여기까지 잘 왔다. 어쩌면 당신은 자신이 연약하다고 생각할지 모르겠지만, 전혀 그렇지 않다. 죽을 듯한 아픔과 좌절에도 버티고 이겨낸

사람이지 않은가. 언제나 기꺼이 타인을 도우려는 사람, 따뜻한 마음
과 강인한 정신을 가진 사람, 그것이 당신이다.

아들러 심리학 나쁜 기억 세탁소

| 패턴 둘 |

최고가 되면 모두
나를 인정할 거야

"지는 건 참을 수 없어."

우리 집을 나와 오른쪽으로 꺾으면 언덕길이 하나 있었는데 그 길 끝에는 피아노 학원이 하나 있었다. 나는 틈만 나면 검은색의 피아노 그림이 그려져 있던 그 문 앞에 쪼그리고 앉아 피아노 소리를 듣곤 했다. 일부러 그런 것은 아니고 그냥 정신을 차려보면 그 학원 앞이었다고나 할까. 뚱뚱거리는 맑은소리가 그저 좋았다. 어느 날 엄마가 나를 부르더니 물었다. 피아노 학원 앞에 매일 쪼그려 앉아 있는 동네 꼬맹이가 정말 너 맞느냐고. 매일 출근 도장 찍듯 그곳에 앉아 있으니 호사가들의 입을 거치고 거쳐 엄마 귀까지 들어간 모양이었다. 엄마는 나를 가만히 보더니 피아노를 배우고 싶냐고 했고 나는 망설임 없이 그렇다고 했다. 그렇게 나는 피아노를 배우게 되었다.

처음으로 피아노 학원의 문을 열었다. 문틀과 문이 부딪히며 끼-익

거리는 소리가 났다. 문을 다 여니, 가정집도 아니면서 딱히 또 학원 같지도 않아 보이는 애매한 어설픔이 매력인 공간이 드러났다. 가게와 가정집이 붙어 있는 모양새로 옛날 구멍가게와 비슷한 구조였다. 조악한 칸막이를 두고 두 개의 피아노가 놓여 있었고 안쪽에 방처럼 생긴 공간에 피아노가 하나 더 있었다.

나는 매일 놀이공원을 가듯 그곳에 갔다. 무엇이 그리 좋았을까 싶은데 모든 것이 다 좋았다. 완주할 때마다 악보에 그려진 포도알을 하나씩 채워가는 것도, 어설펐던 연주가 점점 나아지는 것도, 선생님이 지나가다 놀라듯 나를 보며 정말 잘한다며 칭찬해주는 것도 좋았다. 그중에서도 가장 신나는 것은 내가 이곳에서 최고로 손꼽힌다는 것이었다. 점점 늘어가는 실력에 성취감을 느끼게 되면서 늘 연습 시간을 넘기며 연습한 덕에 어느덧 이곳에서 피아노를 가장 잘 치는 아이를 꼽을 때면 선생님과 친구들 모두 나를 뽑게 된 것이다. 그곳에서 나는 최고였고 나의 존재가치를 인정받고 있었다. 만족스러움에 입꼬리와 어깨가 한껏 올라갔다.

내가 최고에 더욱 집착하게 된 계기는 어느 날 붙은 소박한 경연 덕분이다. 나와 단짝 친구 C는 각자 다른 피아노 학원을 다녔다. 또, 각자의 학원에서 피아노 깨나 치는 사람들이었다. 그런 우리가 어느 날 하나의 질문 덕분에 갑작스러운 경쟁상대가 된다. 나와 C는 함께 어울려 놀던 동네 남자친구의 집에 놀러 가게 되었는데 그 남자아이의 집엔 여동생이 있었다. 그러니까 그 소박한 경연은 네 명이 함께 피아노를 중심으로 둘러앉아 수다를 떨다가 갑작스레 일어난 일이다. 그 여동생은 나와 같은 피아노 학원을 다니던 아이로 나보다 두 살 정도 어렸으니 자신은 아직 배우지 못한 곡을 막힘없이 치는 나를 유난히 선망의 눈빛으로 바라보던 아이였다. 그날도 내게 유난히 친절하게 굴더니, 자기 집에 놀러 온 두 명의 언니를 흥미롭게 바라보다가 내게 의미심장한 질문을 던졌다.

"언니, 언니랑 C언니 중에서 누가 피아노 더 잘 쳐?"

나와 C는 이 난감한 질문에 쉽게 대답하지 못했다. 누구도 섣부르게 대답하지 못하자 참지 못하고 남매끼리 대토론이 시작됐다. 평소 C를 짝사랑하던 남자아이는 '당연히 C가 더 잘 치지'라며 언성을 높였고, 평소 나의 피아노 실력을 최고라 믿어왔던 여동생은 내가 더 잘 친다며 자신의 오빠에게 지지 않고 대들기 시작했다. 꿀 먹은 벙어리가 된 우리 둘 사이에 서서 그들은 내가 잘 치네, C가 잘 치네, 해가며 곧 주먹질이라도 할 듯이 격렬하게 부딪혔다.

싸움이 진지해질수록 의도치 않게 경쟁의 세계로 던져진 나와 C 사이에도 묘한 공기가 돌았다. 두 남매는 자기들끼리 아무리 싸워봤자 결론이 나지 않는다는 것을 깨달았는지 다시 우리에게 대답을 강요하기 시작했다. "누가 더 잘 쳐? 언니가 더 잘 치지? 그치? 맞지?" 다그치듯 대답을 강요하는 D의 동생에게 차마 '응, 물론 내가 더 잘 치지. 호호호.'라고 할 수 없어 예의상 "아니야, C가 더 잘 쳐"라고 대답했다. 그리곤 C를 인자하게 바라보았다. 이젠 네가 내 칭찬을 할 차

례라는 눈빛으로. 그런데 이게 웬걸. C는 아무런 대답이 없이 웃고만 있는 게 아닌가. 이런. 마치 미스코리아 진 후보가 되어 예의상 '옆에 있는 언니가 저보다 훨씬 예쁩니다'라고 마음에도 없는 이야기를 했는데 옆에 있는 언니가 고개를 끄덕이며 미소만 짓고 있는 것을 바라볼 때 같은 기분이랄까.

그 아이는 내 대답을 듣고 급격히 표정이 식어갔다. 그것은 실망을 넘어서는 표정이었다. 나를 바라보는 눈빛 속엔 진한 원망이 가득가득 눌러 담겨 있었다. 평상시 학원에서 나를 바라보던 선망의 눈빛은 더 이상 찾아볼 수 없었다. 나는 직감적으로 눈치챌 수 있었다. 그곳에서 나는 더 이상 환영받는 존재가 아니라는 것을. 그 눈빛이 너무 서늘해서 나는 도망치듯 그곳을 빠져나왔다.

집으로 걸어오며 나는 유난히 어깨와 목이 뻣뻣해진 것을 느끼며 심한 피로를 느꼈다. 쓰러지듯 방안 이불에 드러누워 나는 생각했다. 평생 그 아이의 눈빛을 잊을 수 없을 것 같다고. 그리고 또 고민했다. 어떻게 성공적으로 명예를 회복하고 다시 환영받을 수 있을지에 대해. 그리고 깨닫는다. 최고의 자리에 머물러 있지 않으면 금세 버려질 수 있음을. 환영받는 곳에 머무르기 위해서는 양보하는 것이 아니라, 끝없이 경쟁자들과 싸워나가며 승리를 쟁취해야 한다는 것을. 나는 그날 밤, 내가 최고라는 것을 증명할 수 있다면 무엇이든 하겠다고 결심했다.

자기 능력이 의심받을 때 존재가치를 잃어버리는 사람들이 있다. 무능력한 자신은 무가치하다고 느끼는 것이다. 무가치한 느낌은 어떤 누구에게라도 두렵다. 이들은 이런 무가치한 느낌의 원인을 무능력한 자신에게서 찾는다. 그래서 자신을 더 가치 있게 만들어 줄 수 있는 것들을 성취하는 데에 평생을 바친다.

'나는 인정받기에는 능력이 부족해'라는 열등감을 가진 사람은 어떤 삶의 패턴을 만들어갈까? 어떻게든 인정받을 만한 것들을 갖추기 위해 많은 것들을 성취하려고 할 것이다. 또 자신의 부족함이 들키는 순간 버려질 것으로 생각하면서 완벽하게 꾸며진 모습 속에 진짜 자신을 숨겨놓을 것이다.

"그러므로 나는 인정받기 위해서 늘 완벽하고 성공적인 모습을 보여야 해."

이런 삶의 패턴을 가진 이들은 누가 경쟁하라고 하지 않아도 스스로 목표를 정하여 최고가 되기 위해 노력한다. 그리고 혼자만의 싸움을 시작한다. 그 누구도 시킨 적은 없지만 절대 져서는 안 되는 중요한 게임이 시작되어버린 것이다. 이러한 노력은 인간을 성장시킨다. 삶의 에너지나 원동력이 된다. 멈추지 않고 움직이게 한다. 남들보다 더 빨리 더 높이 성장하고 싶다는 욕구가 밤샘을 가능하게 하고 쉬고 싶은 유혹을 이겨내게 한다. 그러니까 자기 삶을 발전시키기 위해 끊임없이 노력하는 사람들이다. 이들은 '인정받기 위해서' 그 행동을 한다. 그리고 '무시당하지 않기 위해서' 그 행동을 한다.

이들은 사회적으로 인정받고 존경받기 위해서는 어떤 것들을 갖추어야 하는지 아주 잘 이해하고 있다. 다른 사람들에게 가치 있는 존재가 되기 위해 평생을 자기 능력을 개발해온 사람들이기 때문이다. 이들의 이런 내면의 움직임은 다른 사람들에 도움이 되는 존재가 되기 위해 자기 능력을 개발하도록 만들었을 것이고, 모두에게 모범적인 모습을 보이려고 매 순간 최선을 다하게 했을 것이다. 자신의 성장뿐만 아니라 다른 사람들의 성장에도 관심이 많았을 것이며, 그들의 성장에 기여하는 것이 자신의 기쁨이기에 필요하다면 언제든지 도왔을 것이다. 사람들이 스스로에 대한 믿음을 가질 수 있도록 늘 옆에서 동기부여하고 독려해주었을 것이다. 이들의 이런 노력은 우리 모두를 더 나은 삶으로 이끈다. 당신은 많은 이들의 존경을 받고 있을 것이며 또 모두에게 '중요한 사람'일 것이다. 인정받기엔 능력 부족이라 생각했던 자신의 부족감이 지금의 훌륭한 당신을 만들었다.

반대로 실패는 잘 참아내지 못했을 것이다. 그것은 자신의 생존전략이 무너진 상황으로 인생 자체가 무너져 내린 것 같은 느낌을 받았을 것이기 때문이다. '최고', '완벽' 안에서 자신의 불안감을 보상받으려 하므로 실패를 용납할 수 없는 것이다. 스스로 최고가 되지 못했다고 느낄 때마다 좌절하게 되고, 이 좌절감은 자신을 격려하고 칭찬하기보다는 비난하게 만들고 더 잘 해내기 위해 끊임없이 걱정하고 긴장하게 만든다. 인생의 많은 시간이 걱정과 자기 비난으로 쓰이는 것이다. 또, 늘 승패에 집중된 탓에 많이 외로웠을 것이다. 사람들이 자신의 무능력한, 별 볼일 없는 본모습을 알게 된다면 쉽게 버려질 것으로 생각하기 때문이다. 다른 사람들에게 약한 모습을 보이거나 도움을 청하는 것보다 차라리 스스로 외로이 있는 것이 더 나은 선택이라고 판단했을 것이다. 불안하고 괴로울 때면 더욱 혼자가 되려고 했을 것이다. 그리고 그런 모습이 본인뿐만 아니라 가까운 이들까지 외롭게 만들기도 했을 것이다.

삶에 문제가 발생하는 시기는 충분한 인정을 받고 있지 못할 때다. 정확히는 충분한 능력을 확인받고 있다고 느끼지 못할 때다. 그러나 잊지 말아야 할 것은 당신이 아무리 성취하고 또 성취해도 자신을 무능력하다고 생각하는 열등감으로부터 자유로워지지 않는 이상 삶의 마지막 순간까지 만족하지 못할 것이라는 점이다. 결국, 지금의 내 모습에 만족하지 못하는 이유는 자기 능력이 부족해서가 아니라 마음 깊은 곳에서 나 자신을 무능력하다고 믿고 있기 때문이다.

나는 '더욱 잘하고 싶다', '완벽하게 해내고 싶다'라는 우리의 욕구가 수평선에 닿고 싶어 하는 어부의 마음과 같다고 생각한다. 바다의 수평선은 끝이 있어 보이지만 평생 닿을 수 없는 것이다. 수평선에 도착하기 위해 배를 아무리 앞으로 몰고 몰아도 그곳은 일정한 거리에서 더 이상 가까워지지 않는다. 완벽이라는 것은 닿을 수 없는 신기루와 같다. 우리는 때로 더 잘하고 싶다는 욕구에 빠져 초심을 잃은 채 경쟁의 세계로 빠질 때가 있다. 그것은 우리의 삶을 제대로 즐길 수 없게 한다. 타인과의 경쟁에 빠져 승리하는 데 온통 정신이 팔리게 되면 그 욕구는 끝내 채워질 수 없다. 하나의 경기가 끝나면 또 다른 경기가 기다리고 있기 때문이다.

이쯤에서 최고로 인정받기 위해서는 뭐든 하겠다고 결심했던 과거의 나로 돌아가 보자. 그 일이 있었던 후로 나는 피아노 연주를 취미가 아니라 경쟁으로 여기고, 이길 때만 만족감을 느끼게 되었다. 남들보다 잘하고 싶다는 욕망은 나의 실력을 크게 성장시켰지만, 또 그만큼 작은 실패에도 끊임없이 자신을 자책하게 했고 그것은 결국 재미를 잃도록 만들었다. 그저 피아노의 땡땡거리는 소리가 좋아서 시작한 취미가 어느새 경쟁이 되면서 본질을 잃어버린 것이다. 이처럼 성공, 성취에만 집중하게 되면 과정에서 오는 즐거움을 잊어버린다. 언제 달성할지 모르는 완벽한 성공을 위해 끊임없이 현재의 행복을 미뤄놓는 것이다. 그러나 마라톤에서 결승점까지 누구보다 빨리 가겠다며 물 한 잔 마시는 것도 아까워하는 것은 스스로에게도 너무나 가혹하다. 자신의 인생 목표 달성을 위한 과정에서 스스로 만족감을 느끼지 못한다면 그것은 목적을 향해 자발적으로 걸어 나가는 것이 아니라 실패로부터 도망치듯 쫓기는 것과 다를 바가 없다.

당신은 이미 충분히 많은 것들을 이루어내었다. 그동안 당신이 한 수많은 노력을 알고 있다. 많은 것들을 감내했을 당신의 무거운 어깨를 알고 있다. 때론 마음처럼 되지 않을 때도 있었을 것이다. 어쩌면 주저앉고 싶을 때도 있었을 것이다. 그러나 어쨌든 여기까지 정말 잘 왔다. 당신이 스스로와 싸우는 동안 정말 많은 것들을 이뤘다. 이미 많은 것들을 당신은 가지고 있다. 성취하지 못했다고 생각했던 것들도 당신의 내면에 경험의 재산으로 남아 있다. 그동안의 노력은 절대 헛되지 않았다.

어쩌면 당신은 자신의 이름 앞에 붙은 타이틀을 자기 자신이라고 생각하며 살아왔을지 모른다. 그것은 명문대 출신이라는 타이틀이나, 전문직, 아니면 아무나 탈 수 없는 비싼 차나 명품이 될 수도 있겠다. 그러나 그런 타이틀 없이도 당신은 이미 충분히 소중하다. 이미 당신은 수많은 역경을 딛고 여기까지 온, 누구보다 자신감 있고 능력 있는 사람이지 않은가. 못 믿겠다면 잠시 발걸음을 멈추고 뒤돌아보자. 그러면 보일 것이다. 내가 얼마나 많은 것들을 이루었는지. 그러니 더 이상 무엇을 성취함으로써 다른 사람들에게 증명할 필요도 없으며, 다른 사람의 인정에 따라 나의 가치나 필요성을 따질 필요도 없다. 우리는 이미 충분히 가치 있는 존재이기 때문이다. 그리고 스스로가 나 자신을 있는 그대로 인정할 수 있을 때, 비로소 우리는 진정한 자존감, 그러니까 자신의 존재를 확인받는 경험을 하게 된다.

| 패턴 셋 |

위험에 제대로 대처하지 못하면
나는 끝이야

"나는 언제든 물에 빠질 수 있다."

한 번은 물에 빠진 적이 있었다. 지금은 덤덤하게 이야기할 수 있지만 그때는 정말 이렇게 죽는구나 싶었다. 어릴 적 여름휴가 때면 우리 가족은 완도를 자주 찾았다. 우리가 자주 가던 바닷가는 그다지 유명하지 않은 곳이었다. 그곳에서 우리 가족과 지인 가족들은 자주 피서를 즐겼다. 큰 파도 없이 완만하고 아늑한 공간이었던 그곳은 다소 아담한 크기의 해변으로 모래사장을 걷는다면 끝에서 끝까지 5분이면 걸을 만한 거리였다. 나는 원체 위험한 일을 사서 하는 인간이 아니었기에 적당한 위치에서 또래들과 재미있게 놀고 있었다. 그러다 파도에 밀린 것인지 몸이 조금 뒤로 밀리면서 원래 있던 곳에서 조금 멀리 떨어지게 되었다. 아마도 썰물이 시작될 때쯤이었는지도 모르겠다. 어쨌든 다시 앞쪽으로 가기 위해 발을 땅에 디뎌 도움닫기를 시도했다.

그때 나는 문제가 생겼음을 직감하게 되었다. 내가 있던 곳의 수면 높이는 내 키보다 아슬아슬하게 깊었다. 그러니까 발이 애매하게 바닥에 닿지 못하고 있었다. 결론은 모호한 높이의 물에 빠진 것이다. 발이 땅에 닿으려면 코 바로 아래까지 물 안으로 담가야 했다. 설상가상으로 파도에 밀려 나는 조금씩 더 뒤로 밀려나고 있었다. 나는 땅을 박차고 뛰어오르며 앞으로 가려고 했지만 밀려오는 파도에 부딪혀 겨우 제자리에서 위아래로 뛰고 있을 뿐이었다. 도저히 혼자서는 이곳을 빠져나갈 수 없었다. 나는 주변에 있는 사람들에게 도움을 청해야만 했다.

"어-푸, 어-푸, 살려줘! 어-푸, 살려주세요!"

그러나 그다음에 벌어진 상황은 내게 너무나 충격적이었다. 그들은 내가 장난을 친다고 생각했다. 그들은 제자리에서 통통거리며 뛰고 있는 나를 대수롭지 않게 여기고는 다시 자기들끼리 놀기 시작했다. 다시 한번 말하지만 나는 애매하게 물에 빠졌다. 기껏해야 그들 허리께에서 가슴께 정도 오는 깊이였을 테니까 겨우 그 정도의 높이에서 허우적대고 있는 것은 장난치는 것으로밖에 이해되지 못한 것이다. 아이러니한 상황이었다. 주변에 사람이 가득한 곳에서 나는 물에 빠진 것이다. 모두가 나를 봤지만 아무도 나를 구조하러 오지 않는 아주 이상한 상황. 그곳에서 나는 무력감에 빠졌다. 주변에 아무리 사람이 많아도 나의 공포에 공감해주는 이가 없다면 나는 혼자인 것과 다를 바가 없었다.

나는 살기 위해 혼자만의 싸움을 시작했다. 발가락을 꼿꼿이 세워

물 아래 모래를 튕겨내고 그 반동으로 앞으로 나가기로 했다. 그러나 상황은 좋지 않게 흘러가고 있었다. 내가 파도에 밀려 더 깊은 곳으로 간 것인지, 물이 더 많이 찬 것인지는 모르겠지만 확실한 것은 물은 점점 더 깊어지고 있고 시간은 나의 편이 아니라는 것이었다.

사람이 이렇게 우습게 죽을 수도 있다고 생각한 순간, 누군가 튜브를 타고 나에게 다가왔다. 같이 놀러 온 두 살 많은 동네 언니였다. 언니는 평상시와는 다른 내 표정을 보고 뭔가 심각한 상황임을 눈치챈 모양이었다. 언니는 내게 자신의 튜브를 꼭 붙잡게 하고는 나를 끌고 뭍으로 나갔다.

나는 뭍으로 이끌려 나오면서 주변 사람들을 바라보았다. 그중에서 나보다 서너 살쯤 많아 보이는 학생 무리의 얼굴이 깊게 뇌리에 박혔다. 그들은 나를 아주 이상한 인간 보듯이 바라보았다. 경멸과 불쾌감을 담은. 무슨 장난을 저렇게 심하게 치나 싶은 마음이었을까? 그들의 기억 속에 내가 남아있다면 아마도 위험한 줄 모르고 물에 빠지는 장난이나 치는 철없는 아이로 남아 있겠지 싶다. 그들은 한 번도 그 깊이에서는 물에 빠져 본 적이 없을 것이다. 그리고 그 깊이에서 사람이 물에 빠진다는 것은 말도 안 되는 일이라고 생각하고 있었을 것이다. 자신이 경험하지 못한 일에 대해 공감하기란 쉽지 않으니까.

뭍으로 나온 나는 후들거리는 다리를 가지고 비틀비틀 걸어갔다. 엄마, 아빠가 있는 텐트 앞까지 가야지만 안심이 될 것 같았다. 겨우

겨우 텐트 앞까지 도착한 나는 그제야 털썩- 그 앞에 주저앉았다. 그리고 지옥 같았던 바다를 바라보았다. 그러나 밖에서 바라본 그 바다는 아까 나를 집어삼키려고 했던 괴물이 맞나 싶도록 너무나 평온했고, 사람들은 그 안에서 깔깔거리며 즐거워하고 있었다. 그것은 내게 굉장한 아이러니로 다가왔다. 세상은 연약한 나를 삼켜놓고서는 금세 또 깔깔거리며 웃고 있었다. 그 바다를 보며, 아니 작은 세상을 보며 나는 결심했다. 나 스스로 나를 보호해야만 한다고. 이 위험한 세상에서 살아남기 위해서는 반드시 그래야만 한다고.

"삶을 관통하는 근본적 두려움 : 불안정함"

위험한 상황 속에서 자신은 아무것도 할 수 없다는 것을 알게 되었을 때, 자기 능력으로는 위험한 상황을 빠져나올 수 없음을 경험했을 때 우리는 엄청난 좌절감에 빠진다. 그래서 삶의 모든 순간에 변수가 일어나지 않도록 최선을 다해 상황을 통제한다. 다시는 아무것도 하지 못하는 힘없고 나약한 자신을 만나고 싶지 않기에.

'나는 삶을 헤쳐 나갈 만큼 강하지 못해'라는 부족감을 가진 삶은 어떤 모습일까? 무엇보다 강해지는 것에 집중할 것이다. 그러나 이 강함은 우월감을 느끼기 위한 목적보다는 자신의 안전과 행복을 위해서에 가깝다. 그런 이유로 자신을 안전하게 만들어 줄 많은 것들을 갖추어놓고자 한다. 또한 삶에서 변수가 일어나는 것을 극도로 싫어할 것이다. 그래서 모든 일들이 자신의 통제하에 이루어지는 것을 선호할 것이다.

"그러므로 나는 삶을 안정적으로 살아가기 위해서 더 많은 것들을 갖추어야 해."

이런 삶의 패턴을 가진 이들은 언젠가 스스로 어찌할 수 없는 위험에 빠질 것 같은 묘한 불안감을 가지고 산다. 불안이라는 감정은 자신을 보호하도록 재촉하는데 이런 내면의 에너지가 이들을 강하게 만든다. 이들은 '안전해지기 위해서', 그리고 '불안해지지 않기 위해서' 위험을 사전에 발견하여 미연에 방지하고 가장 안정적인 방법으로 목표를 성취한다.

그러니까 한마디로 돌다리도 두드려보고서야 건너는 사람들이 바로 이들이다. 돌다리가 위험하다고 느껴지면 이들은 다른 사람이 지나가는 것을 확인하고 나서야 건너려고 하거나, 한 발 내딛기 전에 작은 돌멩이 하나까지 살펴 가면서 위험 요소를 미리 발견하려고 할 것이다. 지탱하는 힘이 불안하다고 느낄 때는 다리 아래에 단단한 받침대를 놓아서라도 안전하게 만들고 나서야 건너려고 할 것이다. 혼자서 받침대를 놓지 못할 때는 주변 사람들을 설득하여 자신의 목적을 함께 달성하도록 만들고야 말 것이다. 이처럼 이들은 안전을 확보하고 불안을 해소하기 위해 환경을 미리 검토하고 통제하려 한다.

이들은 자신이 지금처럼 명확한 규칙과 기준안에서 체계적으로 계획적으로 일을 수행하면 예기치 못한 위험을 피하고 상황을 통제할 수 있다고 믿는다. 예를 들면 이런 것이다. 돌다리를 두들겨 보며 가장 안전한 돌만 밟고 안전하게 다리를 건넜다고 해보자.

그러면 이들은 그것을 자신의 규칙으로 만든다. 첫 번째는 저 돌을 밟았었고, 두 번째는 이 돌을 밟았었지. 이런 식으로 자신의 규칙을 체계적으로 구축한 후 다음에 돌다리를 건널 일이 있으면 스스로 규정한 규칙안에서 움직인다. 더불어 이 돌다리를 건너는 사람들에게 자신의 방법대로 건널 것을 권유한다. 그것은 자신의 안전만큼 타인의 안전도 중요시하는 탓에 자신이 발견한 가장 좋은 방법을 알려주는 것 또한 자신의 의무이자 책임이라고 생각하기 때문이다.

이러한 이들의 믿음은 모두의 안전을 위해 더 나은 규칙을 만들어 내야 한다고 느끼게 하며 덕분에 이들이 속해있는 곳에서는 아주 잘 조직화한 방법으로 원하는 것을 얻을 수 있게 된다. 물론 자신의 규칙을 모두가 반드시 지키도록 강요될 때는 다른 사람들은 많은 압박을 받고 힘들어할 수 있다는 점을 늘 유의해야 하겠다.

미래에 대한 걱정과 불안은 이들을 자신의 목적을 향해 성실히 달리게 했을 것이다. 이들은 자신을 믿지 못하는 만큼 자기관리에 철저하다. 스스로 정해놓은 규칙을 충실히 이행함으로써 자신과 세상 모두를 통제하려 한다. 이러한 태도는 이들이 많은 것들을 지속해서 성취할 수 있도록 도왔을 것이다. 이들의 이런 '안전'에 대한 열망은 자기 자신에게만 국한되지 않는다. 이들은 자기 자신과 다른 사람들을 보호하는 데 기꺼이 자신의 에너지를 사용한다. 자신의 책임하에 있는 사람들을 위해서라면 기꺼이 위험 속으로 뛰어든다. 불의 또한 세상을 불안하게 하는 요소이기 때문에 문제해결을 위해 애쓴다. 이들은 본능적으로 이 사회적 불의가 해결되지 않았을 때 어떤 문제들이 발생할 수 있는지 알 수 있다. 이들은 그런 문제점이나 위험 요소에 대해서 사람들에게 설명하고 설득하는 역할을 한다.

이러한 이들의 노력이 있었기에 우리가 보다 안전한 사회를 구축할 수 있었음을 잊어서는 안 된다. 목표를 향해 집중력을 가지고 성실히 달리며, 늘 더 나은 방법과 규칙을 발견하기 위해 애쓰는 사람, 다른 사람의 불편과 위험에도 공감하며 기꺼이 그들을 위해 나서는 사람. 이것이 당신이다. 그리고 이런 당신은 모두에게 '신뢰받고 있을 것'이다. 세상의 위험에 대처하기에는 연약하다고 생각했던 자신의 부족감이 이처럼 강하고 믿을 수 있는 당신을 만들었다.

이들이 두려워하는 것은 자신이 힘이 약해지거나 다른 사람에게 통제당하는 것이다. 이들은 자신의 약함이 들통나게 되면 사람들에게 거부당하고 버림받을 것으로 생각하며, 스스로 보호하고 통제함으로써 안정을 얻기 때문에 다른 누군가 자신을 통제하는 것을 참아내지 못한다. 이러한 태도는 매사에 방어적인 태도를 취하게 만든다. 이들은 실수했을 때만 자신의 약함이 드러난다고 생각하는 것이 아니라, 자신의 입장을 관철하지 않은 채 다른 사람들의 의견에 따르는 것이나 다른 사람들에게 부드럽고 따뜻하게 대하는 모습도 약한 모습을 보이는 것이라고 느끼기도 한다. 이렇게 자신이 생각하는 약함을 들키지 않고 강하게 보여야 한다는 생각이 다른 사람들에게 자신들이 거부당하고 있다고 느끼게 한다. 불안을 해소하기 위해서 시작했던 행동이 오히려 불안정한 관계를 만들고 사람들한테서 멀어지게 만드는 것이다. 끊임없이 위험이나 문제를 찾는 태도 역시 삶을 즐기지 못하게 만든다. 목표한 바를 이룬 그 순간조차 이들은 제대로 즐기지 못하고 또 다른 위험을 발견하기 위해 고심한다. 불안이 걱정을 낳고 그 걱정이 다시 불안을 낳고 있다. 즉 얼마나 많은 규칙을 가지고 있느냐에 따라 얼마나 많은 고민과 불안을 품었는지를 점쳐볼 수 있는 것이다.

이들이 아주 안전하다고 느끼지 못할 때 삶에서 문제들이 발생하기 시작한다. 이들은 불안할수록 자신에게 익숙한 방법만을 고집한다. 자신이 했던 방식만이 안전하다고 느끼는 것이다. 이렇게 완고하고 고집스러운 태도는 위험에 적절히 대처하지 못하게 만들기도 한다. 더 스트레스가 쌓이면 이들은 벽을 쌓고 침묵한다. 그것은 혼자 생각을 정리하며 정보를 수집하기 위한 이유일 수도 있고 시간을 벌어 힘을 다시 축적하기 위한 이유일 수도 있다.

그러나 기억해야 할 것은 인생에는 늘 변수가 존재한다는 것이다. 내 마음처럼 되는 일은 그리 많지 않다. 들고 있는 쟁반이 흔들리면 그것을 꼭 붙잡아 흔들리지 않게 하려고 한다. 나의 세계가 불안정하게 흔들린다고 느낄 때 역시 안정을 찾을 수 있도록 흔들리지 않게 자신의 힘을 이용하여 붙잡는다. 그리고 쟁반을 흔들리게 하는 요소들을 조사하여 원인을 제거하려 한다. 모든 세계를 나의 예측 범위 안에 두고자 하는 욕구를 느끼는 것은 세상이 나의 예측 범위를 벗어나는 통제 불가능한 세계라는 것을 인정하는 것과 같은 말이다. 결국 통제할수록 애쓸수록 그것에 매달리는 셈이다.

자신을 신뢰하지 못하는 사람은 다른 사람도 신뢰하지 못한다. 내면이 불안에 휘말렸다면 세상의 어떤 존재도, 어떤 물건도 자신에게 안전을 부여할 수 없다. 세상은 통제 불가능하다. 모든 것들이 나의 예측대로 움직이길 바라는 것은 절대 이루어질 수 없는 소원이다. 우리는 이 세상이 불안한 곳임을 인정해야 한다. 오히려 불안을 자연스러운 것으로 받아들일 수 있을 때, 우리는 그 불확실성 안에서 평화와 안정을 유지하는 방법을 찾게 될 것이다. 파도에 온몸을 맡길 수 있어야만 서핑을 즐길 수 있듯이, 우리 삶에 변수도 피할 수 없음을 인정하고 그 변수를 즐길 수 있을 때 비로소 위험에 대한 불안에서 벗어날 수 있다.

정말 자신을 믿는 사람은 자신의 약함을 드러내는 데 주저하지 않는다. 자신을 의심하는 사람만이 연약함을 숨기려 한다. 당신은 당신이 알고 있는 것보다 훨씬 강한 사람이다. 당신은 자기 자신과 소중한 사람들을 보호하기 위해 많은 것들을 이루었을 것이다. 아무리 힘든 일이라도 끝끝내 해냈을 것이다. 이런 당신을 보고 사람들은 이렇게 이야기할 것이다. '저 사람이라면 무엇이든 믿고 따를 수 있어'라고. 당신은 이미 신뢰받는 사람이다. 이대로 충분하다. 그러니 자신의 힘을 믿자. 그러면 전에는 느낄 수 없었던 안정감을 경험할 수 있을 것이다.

인생을 꿰뚫는 하나의 패턴

6

| 패턴 넷 |

가만히 있으면
곧 편안해질 거야

"산다는 건 어쩌면 고통이 아닐까?"

드디어 집이다. 매일 학교에 나가는 것은 힘들다. 어서 편한 공간으로 돌아가고 싶다. 벌컥 대문을 연다. 공기가 심상치 않다. 썰렁한 공기만이 흐르고 있을 뿐이다. 엄마를 불러본다. 아무런 대답도 들리지 않는다. 한낮인데도 거실은 어둑어둑해 보인다. 다소 떨리는 목소리로 다시 엄마를 불러본다. 여전히 아무런 대답도 들을 수 없다. 따뜻했던 우리 집이 사라졌다. 갑자기 공포가 몰려온다. 이 세상에 거실과 나만 남은 것 같다. 예상치 못한 엄마의 부재에 나는 소파에 누워 엉엉 울고 만다. 무서워서였을까. 나는 울컥 터져버린 눈물을 어쩔 도리 없이 쏟아냈다. 누가 나를 발견해주기를 바라는 듯 나의 울음소리는 점점 더 커져 갔다. 밖에서 누가 나의 울음소리를 들었더라면 분명히 비명처럼 들렸을 것이다. 사실 그것은 비명이었다. 살려달라고 고래고래 소리치는.

얼마쯤 울었을까. 기다리던 목소리가 들려온다. 위층에서 동네 아줌마들과 수다를 떨던 엄마가 나의 울음소리를 듣고 한달음에 달려오신 것. 엄마는 곧장 울고 있는 나를 품에 안으며 달래셨다. "우리 딸, 엄마 여기 있어. 울지 마. 엄마 여기 있어." 나는 엄마의 맨 살갗에 얼굴을 묻고 품 안에서 한동안 나오지 않았다. 돌이켜보면 나는 참 마음이 불안한 아이였다. 코알라처럼 엄마 주머니에 담겨 있었으면 참 좋겠다 싶었던 적도 많았으니까. 엄마는 내가 안전하다고 느낄 수 있는 유일한 보루였다.

그런 나에게 지축이 흔들리는 사건이 발생한다. 그때 살던 아파트는 대문에 들어서면 왼쪽은 거실, 오른쪽은 부엌이 보이는 구조였다. 베란다 문은 활짝 열려 있었고 그곳으로 햇볕과 바람이 사이좋게 섞여 들어오고 있었다. 나는 햇빛이 가장 잘 드는 곳에 배를 깔고 누워 아마도 학교 숙제를 하고 있었을 것이다. 평화로운 순간이었다. 그때 대문이 벌컥 열렸다. 나는 놀라서 입을 벌린 채 바라보았다. 거기엔 엄마가 있었다. 엄마는 난생처음 보는 표정으로 뛰어 들어오시더니 곧장 부엌으로 가셨다. 무슨 일인지는 모르지만, 엄마가 몹시 화가 났다는 것은 느낄 수 있었다. 엄마는 부엌을 서성댔다. 무언가 곧 일어날 것만 같은 순간이었다. 그리고 곧 일이 벌어졌다. 엄마는 서성대던 발을 한 곳에 멈추었다. 그곳은 엄마가 아침 내내 정성껏 씻어둔 밥그릇과 국그릇, 그리고 접시들이 가지런히 놓여있었다. 엄마는 그곳에서 접시 하나를 집어 들더니 바닥을 향해 힘껏 내던졌다. 우리는 동시에 소리를 질렀다. 던져진 그릇은 바닥에 닿으며 깨진 그릇 조각 파편들이 제멋대로 튀어 올랐다.

나는 반대편 거실에 앉아 엄마를 바라보았다. 여전히 햇볕과 바람이 베란다를 타고 들어왔지만, 그곳은 더 이상 평화롭지 않았다. 화난 엄마의 모습에 나는 어쩔 줄 몰랐다. 나는 그곳에 철퍼덕 주저앉아 우는 엄마가 날카로운 조각에 베일까 걱정이었다. 엄마는 숨죽여 울었던 것도 같다. 나는 엄마에게 다가가려고 울면서 몸을 일으켰다. 그러나 엄마는 그런 내게 날카롭게 외쳤다. "오지 마! 거기 있어!" 아마 파편에 베일까 봐 그 와중에도 걱정이 되었기 때문일 것이다. 나는 그대로 다시 어정쩡하게 주저앉아 엄마의 저 고통이 내 탓인 것만 같아서 엉엉 울었다. 내가 엄마를 위로할 수 있을 만큼 커다랬더라면, 울고 있는 엄마를 감싸 안아줄 수 있었을 텐데. 그때의 나는 너무 어렸다. 나는 그저 엉엉 울면서 이 고통의 시간이 빨리 지나가 주기를 바라는 것 외에는 할 수 있는 것이 아무것도 없었다.

사실 이제는 희미해지고 흐릿해져 나의 기억이 사실인지, 꿈을 현실이라 믿었던 아이의 환상인지 이 기억의 진실에 대해서는 확신할 수 없게 되었지만, 어쨌든 내게 이 기억은 그저 한없이 강했던 엄마가 저렇게 무너질 수 있다는 사실을 깨닫게 했기에 나를 몹시도 두렵게 만들었다. 나는 알게 된 것이다. '모두 모두 행복하게 살았습니다.'로 끝맺는 동화책과 다르게 실제 세상은 행복하지 않다는 것을. 세상에는 감당할 수 없는 일들이 벌어지고 있고 강인한 사람도 한순간에 무너뜨릴 수 있다는 것을. 우리가 걷는 인생길에는 고통의 웅덩이가 수없이 많아 어떤 대단한 존재라도 언제든 그 수렁에 빠져 고통을 경험할 수 있음을.

그것은 내가 감당할 수 없는 고통이었다. 나는 차마 그 고통을 마주할 용기가 없었다. 차라리 눈을 감아버리는 것이 나을 것만 같았다. 나 자신을 이 세상과 분리하면 괜찮아질 것만 같았다. 그것만이 내가 나를 보호할 수 있는 유일한 길 같기도 했고. 나는 두려움에 잠시 귓가에 윙윙대고, 깨진 유리 파편들이 바닥에 흩뿌려진 그 거실의 한편에서 쥐 죽은 듯이 주저앉아 생각했다. 이곳을 벗어나고 싶다고. 이곳은 너무 고통스럽다고.

"삶을 관통하는 근본적 두려움 : 고통 받음"

감당할 수 없는 고통을 경험할 때 우리는 그것에게서 벗어나 안전을 유지하려고 한다. 현실이 고통이라면 누구라도 현실에서 벗어나려고 할 것이다. 삶의 고통을 감당하지 못할 때 우리는 삶으로부터, 그리고 나 자신으로부터 도피하여 고통스럽지 않은 곳, 안전하고 평화로운 곳에 머물려고 한다. 그럼으로써 내면의 안정감과 평화를 찾으려 한다.

'나는 고통을 감당할 수 없어'라는 부족감을 가진 삶은 어떤 모습일까? 무엇보다 편안한 상황을 만드는 것이 중요할 것이다. 이들은 자신만의 독특한 방식으로 편안한 상태를 유지한다. 밖에서 바라보았을 때는 굉장히 느긋하고 수용적이며 편안해 보일 수 있다. 그러나 이들의 속내는 그러지 못할 때가 많다. 고통을 피하고 싶은 마음이 무엇보다 강렬하므로 그만큼 고통에 집중한다. 해야 할 과제가 밀려 있는데도 TV를 보고 있는 것과 같은 상황을 자주 만든다. 몸은 편안하게 TV를 보고 있지만 머릿속은 괴로운. 고통스러운 상황에서 벗어나 있으면서도 완벽하게 그 고통으로부터는 벗어나지는 못한다.

"그러므로 나는 어떠한 갈등 없이 모든 것이 편안해졌을 때 행복해질 수 있다."

이들은 넓고 깊은 바다처럼 힘들이지 않고 모든 것을 끌어안는다. 삶에서 편안함을 가장 중요시하는 만큼 사람들을 편안하게 해 주는 능력이 있다. 고통에 예민한 만큼 상대방의 불안이나 불편함 역시 빠르게 눈치채 왔을 것이다. 그래서 불편한 분위기가 감지되면 간간이 유머를 섞어가며 편안한 분위기를 만들기 위해 애쓰고, 갈등 상황에서도 기꺼이 중재자 역할로 나섰을 것이다. 또 굳이 주장함으로써 갈등을 만들 필요를 느끼지 못하는 탓에 삶에서도 많은 것들을 요구하지 않고 흘러가는 대로 두는 편인데, 이것은 사람들과의 관계에서도 비슷한 맥락으로 진행된다. 자신이 구속받는 것을 싫어하기 때문에 타인의 자유도 존중하는 것이다. 그래서 다양한 관점을 수용해 왔을 것이다.

사람을 어떤 잣대로도 판단하려 하지 않기 때문에 고민을 들어줄 때도 해결 방법을 제시하기보다는 상대의 이야기를 차분히 들어준 후 그 사람의 결정을 지지하려 하였을 것이다. 다른 이들을 편안하게 해주며 수용적이고 지지적인 이들의 모습은 많은 사람에게 편안함과 즐거움을 주어 기꺼이 주변에 머물고 싶게 만들었을 것이다. 이들의 이런 에너지는 많은 이들을 치유한다. 고통을 감당할 수 없다고 생각했던 자신의 부족감이 이처럼 부드러우면서도 강한, 편안한 당신을 만들었다.

이들은 어떻게 하는 것이 가장 편하게 일을 해결할 방법인지 본능적으로 알고 있다. 이들은 자신이 해야 할 일을 해결할 가장 편안한 방법을 찾아내는 데에 가장 많은 에너지를 쓰기 때문에 누구보다 창의적이고 자신만의 독특한 방법을 잘 개발해서 사용한다. 덕분에 남들이 봤을 때는 굉장히 쉽게 일을 처리하는 것처럼 보인다.

또한 고통을 회피하려는 성향이 이들에게 모든 상황을 긍정적으로 해석하려는 태도를 선물했을 것이다. 그러나 문제는 이런 태도가 삶의 어두운 면을 보지 못하게 만들고 삶의 문제에 대처하기보다는 고립을 선택하게 한다는 것이다. 그것은 곧 성장의 정지를 의미한다.

이들은 자신의 문제에 대해 단순하고 고통 없는 해결책을 찾으려 하는데 이들에게 고통을 피하는 가장 쉬운 방법은 아마도 회피일 것이다. 그래서 삶에 문제가 발생했을 때 주로 자신만의 공간으로 도망치거나, 다른 것에 집중함으로써 고통을 잊으려 했을 것이다. 이들은 모두 자신만의 공간을 가지고 있다. 그곳은 누구도 침범할 수 없는,

무엇을 해도 좋고 아무것도 하지 않아도 좋은 자신만을 위한 공간이며 그 안에서 비로소 마음의 안정과 평화를 찾는다. 그런 이유로 이들은 스트레스를 받을 때는 자신만의 공간으로 들어가 나오지 않으려 한다. 또는 뭔가를 먹거나 텔레비전을 보는 것 등 다른 즐거움을 통해서 자신의 고통을 잊어버리려고 한다. 그것이 심해지는 경우 폭식, 폭음, 중독에 빠지기도 한다.

스스로 감당할 수 없다고 느낄 때 우리는 오히려 내 인생에 그런 일 따위는 없는 듯 잊고 살고 싶어진다. 억지로 기억에 지우개를 갖다 대는 것이다. 고통에 지치고 지치면 아예 감정을 차단하려 했을 것이다. 매 순간 고통과 함께 사느니 감각을 없애버리는 편이 나으니까. 이렇게 삶에 무감각해짐으로써 평화를 찾으려 한 것이다. 그러나 이 평화는 진정한 평화가 아니다. 무감각한 것은 편안한 것이 아니다. 아무것도 느끼지 못하는 것은 평화를 느끼는 것이 아니다. 아마도 희망을 품지 않고 기대하지 않음으로써 실망할 필요도 없고 분노할 필요도 없으며 거부당할 일도 없는 세상을 만들려 했겠지만, 그것은 자신을 무기력하게 만들 뿐이다.

감각의 차단은 고통을 없애주었지만 동시에 즐거움도 없애버린다. 모든 감정에 둔감해진 것이다. 아마도 삶의 중요한 순간들마저 놓쳐왔을지도 모른다. 아무것도 하지 않은 채 그저 삶이 흘러가는 것을 바라만 보고 있다면 그것은 아무리 자신의 인생이라 할지라도 구경하는 구경꾼과 다를 바가 없다. 무엇과도 바꿀 수 없고, 어떤 대단한 명분을 위해서라도 잊혀서는 안 되는 것이 하나 있다. 그것은 바로 자기 자신이다. 내가 없으면 다른 어떤 것도 존재할 수 없기 때문이다. 삶이라는 경기장에 고통이 널브러져 있다는 이유로 관중석에 앉아 '언젠가는 저 고통도 바람에 쓸려가는 날이 오겠지'라고 생각한다면 그것은 더 이상 살아가는 삶이 아니다. 그것은 그저 삶을 견뎌내는 중일 뿐이다.

이들은 충분히 편안하다고 느끼지 못할 때 삶에서 문제들이 발생하기 시작한다. 그럴수록 이들은 자신만의 공간으로 숨어버리려 한다. 그러나 기억해야 할 것은 회피는 진정한 문제해결 방법이 아니라는 점이다. 고통을 직면하지 않으려고 회피하는 것은 고통을 눈앞에서 눈 옆으로 옮겨놓는 정도밖에 되지 못한다. 그러니까 못 본 척, 곁눈질로 바라보며 사는 삶이다. 아무리 도망치고 도망쳐도 고통으로부터 완벽하게 벗어날 수는 없다는 이야기다. 시간이 흐를수록 그만큼 더 괴롭기만 했을 것이다. 물론 그럴 때마다 어떤 대가를 치르더라도 고통을 피하고 싶겠지만 그 대가를 치러야 하는 것도 결국 나라는 것을 잊지 말아야 할 것이다.

삶에는 아니 이 세상의 모든 것들에는 양면성이 있다. 좋은 점과 나쁜 점이 공존하는 것이다. 만남이 있기에 이별이 있는 것처럼, 깊이 사랑한 사람만이 고통스러운 이별을 경험하는 것처럼, 행복해봤던 사람만이 불행이 무엇인지 알게 되는 것처럼, 그렇게 인생은 상반된 것들끼리 연결되어 있다. 그러니 우리도 이제 인정해야 한다. 삶은 항상 즐거울 수 없음을. 삶은 때론 고통이라는 것을. 그러나 우리는 이제 안다. 고통이 있기에 평화도 있을 수 있다는 것을. 우리가 진정으로 고통을 직면할 수 있을 때, 그 고통 속에 담대히 머물러 있을 수 있을 때 고통은 제 역할을 하고 사라질 것이다. 그리고 그때 우리는 삶의 즐거움을 온전히 누릴 수 있게 될 것이다.

당신은 세상의 좋은 면을 먼저 보는 사람이다. 그러나 딱 하나 좋은 것을 보려 하지 않은 존재가 있다. 바로 당신이다. 만약 당신의 그 따뜻한 시선을 스스로에게로 돌릴 수 있다면 아마도 많은 것들을 발견하게 될 것이다. 미처 몰랐던 당신의 좋은 면들 같은. 그리고 이미 내 안에 고통을 능수능란하게 다룰 수 있을 만큼의 힘과 능력이 있었다는 것도 알게 될 것이다. 당신은 이미 안정적이고 편안한 에너지를 가지고 있다. 그 에너지는 고요하면서도 강력해서 어떤 어려움도 충분히 이겨낼 수 있다. 믿지 못하겠다면 뒤돌아보아라. 당신은 지금껏 고통을 짊어지고 살아왔다. 그럼에도 불구하고 이렇게 훌륭하게 존재하고 있다. 이것보다 더 강력한 증거가 어디 있겠는가. 당신은 이미 강하고 지혜롭다. 그리고 스스로 그것을 믿는다면 누구도 당신을 막을 수는 없을 것이다.

7

균형이 무너지면
스스로 지옥을 만든다

"그 아이는 왜 발길질했을까?"

하늘엔 만국기가 펄럭이고 있었고, 운동장엔 하얀 선들이 깔끔하게 그려져 있었다. 나는 운동장 외곽을 둥글게 감싸는 벤치에 앉아 응원하고 있었다. 어느 누가 응원하는 초등학생의 에너지를 이길 수 있을까. 우리는 청팀이 이겼다는 전화가 왔다며 악다구니를 썼고, 백팀도 이에 질세라 그건 거짓말이라며 백팀이 이겼다는 전화가 왔다고 울부짖었다. 선생님께 혼날까 봐 엉덩이는 바닥에 붙여놓았지만 이미 우리의 영혼은 육체를 빠져나가 서로 육탄전을 벌이고 있었다. 그때가 아마 눈으로 욕하는 법을 처음 배운 날일 것이다.

뭐니 뭐니 해도 운동회의 하이라이트는 청백 계주다. 스피커를 통해 계주 출전자들의 이름이 흘러나왔고 그곳엔 자랑스럽게 나의 이름도 있었다. 나는 친구들의 응원을 받으며 트랙 위에 섰다. 전교생의 대표가 되어 달리는 기분은 짜릿하지만, 또한 엄청난 압박이 함께한다. 넘어져서도 안 되고, 추월당해서도 안 되며, 바통을 놓쳐서도 안 된다. 오직 허용되는 것은 내 앞에 있는 사람을 앞지르는 것뿐이다.

"탕!"

운동장 안으로 엄청난 응원의 소리가 쏟아져 들어왔다. 그러나 내게는 어떤 소리도 들리지 않았다. 그저 이기는 것만이 중요했다. 필사적으로 뛰었고 우리는 이겼다. 위풍당당한 발걸음으로 돌아왔을 때 모두가 내게 최고라고 외쳐댔다. 나는 나 스스로가 자랑스러웠고 또 한편으로는 다행이라고 생각했다. 졌다면 아마도 끔찍한 하루가 되었을 테니까.

그 승리 때문이었을까. 나는 학교 대항 체육대회에 대표로 차출되었다. 난생처음 학교를 대표해 달리게 된 것이다. 그리고 얼마 후 나는 그 어느 때보다도 비장한 마음으로 난생처음 가보는 학교에 제일 좋은 운동화를 신고 입성하게 된다. 그곳은 이미 다른 아이들로 북적였다. 우리 학교 이름이 쓰여 있는 천막으로 이동하는 동안 아이들 몇 명과 눈이 마주쳤다. 그 순간에도 묘한 긴장감은 끊임없이 흘러나왔다. 동네 놀이터에서 만났더라면 서로 땅따먹기 놀이나 하면서 헤헤거렸을지도 모를 동갑내기들이 거기서는 한껏 어른인 척 무게를 잡으며 서로 경계했다.

모든 경기가 끝난 후 계주가 시작되었고, 나는 운동장 한가운데 그려진 큰 타원형의 하얀 줄 안에 서서 잔뜩 긴장하고 있었다. 탕! 그 공간에 있던 모두를 긴장시키는 소리가 운동장을 가득 메워나가는 동안 첫 번째 주자들은 있는 힘껏 앞으로 달려 나가고 있었다. 나는 두 번째 주자였고, 우리 학교 아이는 세 번째로 달려오고 있었다. 손에서는 땀이 삘삘 나고 심장은 우르르 쾅쾅 난리가 나고 있었다. 바통을 이어받은 나는 정말 이 악물고 뛰었다. 나는 내 앞에 뛰고 있는 아이가 돈 떼먹고 도망간 원수라도 되는 듯 죽일 듯이 노려보며 따라잡으려고 피터지게 달렸다. 절대 지고 싶지 않았기 때문이다. 그리고 기어코 한 명을 앞질렀다. 내가 한 명을 제치는 순간 우리 학교 아이들의 함성소리와 다른 학교 아이들의 비명소리가 함께 들려왔다. 세 번째 주자에게 바통을 넘겨주고서도 나는 흥분을 가라앉히지 못한 채 운동장 트랙 안쪽에서 함께 뛰며 악을 질러대고 있었다. 결국 마지막 주자가 한 명을 더 앞지르면서 우리 학교가 1등으로 들어오게 되었다.

승리감에 도취된 우리는 임시로 세워진 천막 아래서 선생님이 사 놓으신 간식을 나누어 먹으며 신나게 떠들어댔는데 어느 순간 우리를 욕하는 소리가 들려왔다. 우리 덕분에 1등을 놓친 옆 동네 학교 아이들이었다. 분위기는 빠르게 험악해졌다. 몇 번 "뭐" "왜" 하는 소리가 오고 갔을 것이다. 무리의 이곳저곳에서 불꽃이 튀었고 곧 일촉즉발의 순간까지 갔다. 그러다 선생님이 오시면서 싸움은 일시적으로 소강상태에 빠졌다. 다시 날카로운 여자아이의 비명이 들린 것은 그 얼마 뒤였다. 소리가 나는 곳으로 달려가 보니 우리 학교 친구가 왼쪽 허벅지 쪽에서 피를 흘리며 넘어져 있었다. 알고 보니 아까 우리와 마찰

이 있었던 다른 학교 아이와 서로 네가 먼저 째려봤니, 내가 먼저 째려봤느냐고 해가며 말다툼을 벌이다가 발로 허벅지를 차인 것이었다. 문제는 발로 찬 아이가 날카로운 철이 붙은 스파이크라는 운동선수용 신발을 신고 있었다는 것이다. 다친 아이는 선생님에게 업혀 병원으로 향했고 남은 아이들은 서로 이를 갈며 으르렁대다 겨우 헤어졌다.

그 아이는 왜 그랬을까? 왜 참지 못하고 발길질을 한 것일까? 정말 그 다른 아이가 째려본 것에 분통이 났을까? 정말 그 이유뿐일까? 그 이유가 진짜 이유가 아니라는 것을 누구나 알고 있다. 그 아이는 자신이 2등이라는 것을 참을 수 없었던 것이다. 순위를 가르는 곳에는 승리와 패배만이 있다. 그것은 열등감을 직면해야만 하는 아주 좋은 조건을 가지고 있다. 자신이 졌다는 것이, 자신이 다른 사람보다 약하다는 것이 명백하게 드러나기 때문이다. 그 아이는 다른 사람을 때리는 것이 잘못인 줄 몰라서 그런 것은 아닐 것이다. 물론 분노를 참지 못해서도 아니다. 오히려 분노라는 감정을 이용해서 폭력을 행사했다.

그럼으로써 그 아이는 무엇을 얻었을까? 바로 왜곡된 우월감이다. 자신이 졌다는 것을 인정할 수 없었기에 자신의 힘을 가함으로써 다른 방법으로 이기려 한 것이다. 그렇다. 우리는 자신의 목적이 달성되지 못했을 때 우리는 여러 가지 잘못된 행동으로 그것을 해소하려 한다.

그러니까 사실은 낙담한 것이다. 인생이 자신이 원하는 대로 순조롭게 흘러갈 때는 좋은 사람이다가도 뭔가 문제가 발생하면서 자신의 부족감과 열등감을 직면하게 되면 많은 이들이 부적절한 행동을 한다. 가진 돈을 탈탈 털어서 과시하고 허세를 부리거나, 우울한 모습을 보임으로써 관심을 끌려고 하거나, 자신이 틀린 것을 참을 수 없어 하거나, 물건을 훔치거나, 다른 사람을 비난하려 하거나, 아무것도 하지 않으려 하거나. 그것은 자신의 부족감을 인정하지 않으려 하면서 굉장히 자기방어적인 태도를 보이게 되었고, 적절하지 않은 방법으로라도 자신의 목적을 달성하여 부족감을 제거하고 우월감을 느끼려 했기 때문이다. 그것은 마치 미숙한 초등학생 남자아이가 좋아하는 여자아이에게 사랑받기 위해서 못생겼다고 놀리는 것과 같은 원리다. 사랑받고 싶다는 목적은 같다. 그러나 정상적인 방법을 통해 그 목적을 달성할 수 없을 것 같다면, 부적절한 방법을 사용해서라도 목적을 달성하려고 하는 것이다. 그 행동을 통해서 적어도 관심은 받을 수 있을 테니 어느 정도는 목적을 달성한 것으로 생각하는 것이다.

"우리는 왜 자신의 인생을 담보로 보복하려 하는가"

인생이 수월하게 흘러갈 때는 또 좋은 방향으로 잘 흘러가지만, 인생이 언제나 우리 마음처럼 흘러가지는 않는다. 마음처럼 흘러가지 않는 인생을 바라보며 낙담하고 좌절한 우리는 때로는 좋지 않은 수단과 목적을 선택하기도 한다. 그것은 때론 자기 파괴로 이어질 때가 있다. 만약 당신이 드라마를 한참 보고 있을 때 엄마가 당신에게 이렇게 소리친다면 당신은 어떻게 대처하겠는가?

"아니, 들어가서 공부해야지, 뭔 드라마를 아직도 보고 있어? 가시내가 고 3이 돼도 저러고 있네. 얼른 들어가서 공부 안 해!"

그렇다. 그 소리를 듣는 순간 내 안에서 뭔가가 솟구쳐 오른다. 나는 이미 이 드라마만 보고 방에 들어가서 공부하려고 결심했는데 엄마는 그것도 모르고. 섭섭함이 폭풍처럼 솟아오른다. 갑자기 하려고 계획했던 공부를 하고 싶은 마음이 싸~악 사라진다.

"아! 냅둬! 내가 다 알아서 할 거야!"

나는 한 발 한 발 있는 힘껏 쿵쾅거리며 방으로 들어와 침대에 엎드려 눕는다. 나도 분명히 알고 있다. 공부를 하는 것이 나에게 훨씬 좋은 선택이라는 것을. 하지만 지금은 그것보다는 나를 무시한 엄마에게 복수하는 것이 더 중요한 인생 목표가 되어버렸다. 밥을 안 먹어서 엄마를 걱정시키고, 성적이 떨어져서 엄마가 오늘 한 일을 후회하게 해주겠다고 나는 결심한다.

굉장히 어리석은 결정인 것처럼 보이지만 우리는 삶에서 이러한 선택을 의외로 많이 한다. 복수하기 위해 자신을 담보로 잡는다. 나의 미래가 좌절되고 망가져 가는 것을 보면서 그들이 경험할 슬픔을 이용해 '너희가 나에게 한 짓을 봐'라고 이야기하고자 하는 것이다. 네가 준 고통 그대로 갚아주겠다며 상대방을 고통스럽게 할 방법을 찾아 나선다. 그렇게 해야만 이 분노가 풀릴 것만 같다. 하지만 생각해보자. 상대를 슬프게 하고 고통스럽게 함으로써 나의 행복 수치가 올

148

아들러 심리학 나쁜 기억 세탁소

라갔는지. 같이 괴롭고 슬펐을 것이다. 복수는 지옥의 수레바퀴를 밟아 상대를 쓰러뜨리려 하는 것이다. 그러나 그 수레바퀴를 밟는 내내 자신 역시 그 지옥에 있다는 것을 우리는 인지해야 한다.

우리는 이제 알고 있다. 내가 분노하고 괴로워하는 이유는 저 사람이 저 행동을 했기 때문이 아니라, 저 사람의 행동에서 내가 나의 부족감과 열등감을 발견했기 때문이라는 것을. 계주에서 2등을 한 아이는 쟤 때문에 화가 났다고 이야기했지만, 사실은 자신이 누군가보다 능력이 부족하다는 것에 화가 난 것이다. 계속 반복되는 이야기지만 우리는 부족함을 회피하려고 한다. 부족감, 열등감을 참지 못하기 때문에 늘 지금의 자신보다 나아지려고 노력한다. 그것이 성장 욕구다. 그렇다. 우리는 −에서 +로 가려고 하는 욕구가 있다. 부족감을 보상받기 위해 성장하려 한다는 것이다. 문제는 그 부족감이 너무 강해지는 것이다. 부족감을 채우기 위해 과도하게 목표에 집착하거나, 반대로 부족감이 너무 깊어 지레 겁을 먹고선 삶으로부터 도망쳐 버리는 상황이 발생하는 것이다. 이렇게 열등감은 우리를 성장시키지만 동시에 삶의 문제를 만든다.

삶에서 부족감을 느끼는 순간은 반드시 온다. 그때 내가 어떻게 대처하는지를 가만히 살펴보라. 과도하게 반응하며 부적절한 행동을 하고 있다면 지금 당신은 자신에게 많은 부족감을 느끼고 있다는 증거다. 아들러는 과장된 야심이 목적의 달성을 방해한다고 이야기했다. 열등감에서 벗어나는 것이 너무 간절하여 과장된 야심을 가지면 극도로 절실해진다. '이거 실패하면 난 끝이야' 같은 마음이 들기 때문에 몸도 과도하게 긴장하기 시작한다. 긴장한 몸에서는 자기 능력이 100% 발휘되기 힘들다. 결국 과장된 야심은 자기 능력을 확장하는 것이 아니라 축소한다.

생각해보자. 왜 화가 나고 짜증이 나고 걱정하며 절망하는가? 무엇인가 자신이 중요하게 여기는 것들이 생기면 그것으로부터 이런 감정들이 생긴다. 내게 그 중요한 것이 없어서 화가 나고 짜증이 난다. 걱정되고 절망한다. 가지려고 집착하고, 갖게 되면 자부심을 넘어 오만해지고 그걸 갖지 못한 사람을 경멸하고 혐오하기도 한다. 누군가 '사랑받을 만큼의 가치가 없다'라는 열등감을 가지고 있다고 상상해보자.

그리고 '사랑받기 위해서는 반드시 예쁜 외모를 가져야 한다'라는 신념을 가지고 있다고 해보자. 이 사람은 자신의 인생에서 사랑받는 것이 무엇보다 중요하고 가치 있는 일일 것이다. 그러면 다음은 뻔하다. 예쁜 외모를 가지지 못해서 화가 나고 짜증이 나고 절망한다. 매일 걱정하며 할 수 있는 모든 방법을 동원해 예뻐지는 데 집착할 것이다. 만약 예쁜 외모를 가졌다면 세상 위에 올라선 듯 오만해지고 자신이 생각했을 때 못생겼다고 판단이 되면 무시하고 경멸하고 혐오하기도 할 것이다. 자신이 원하는 것을 가졌든 가지지 못했든 이런 하루하루가 지속된다면 그 사람은 결코 행복할 수 없다. 스스로 지옥에 빠지는 것이다. 무언가를 지나치게 중요하게 여기고 큰 의미를 둘수록 집착하게 되고 그럴수록 부정적인 감정을 만나게 된다.

아들러 심리학 나쁜 기억 세탁소

"Life of Balance"

자전거 타는 걸 처음 배운 날, 혹시 기억하는가? 자전거 타는 법을 알려줄 때는 전 국민이 약속이라도 한 듯이 이렇게 알려준다. "내가 잡아 줄 테니까 걱정하지 말고 타봐." 배우는 이는 놓지 말라는 간절한, 그리고 너는 내가 믿는다는 신뢰의 눈빛을 보내고서야 자전거 안장 위에 앉는다. "자, 간다." 정말 뒤에서 잡아줘서인지 흔들리지도 않고 잘 간다. 그러다 문득 불안해져 뒤돌아보면? 늘 그 인간들은 사라지고 없다. 뒤에서 누군가 잡아주는 이가 없다는 것을 확인한 순간, 우리는 어떻게 하는가. 그냥 넘어져 버린다. 잘 타고 있다가도 불안감이 엄습하는 순간 넘어져 버리는 것이다.

더 깊은 마음속으로 들어가 보자면 이런 생각을 하는 것이다. '나 혼자서 이 자전거를 타기에는 아직 많이 부족해, 그러니까 무언가가 나를 도와줘야 해.' 자신의 부족감을 인지하기 시작하면 불안감이 걷잡을 수 없이 커져 버려 결국 균형을 잃어버리고 넘어져 버리는 것이다. 어차피 넘어질 거라면 더 타다 넘어져도 괜찮은 것 아닐까. 사실 지금 내가 잘 달리고 있다면 그냥 잘 하고 있는 것이다. 타기 전에는 자전거를 못 타는 사람이었지만, 지금 타고 있는 현재에는 나는 이미 자전거를 타는 사람이다. 지금 이렇게 균형을 잡아가며 잘 타고 있다는 것은 적어도 멈추고 싶을 때 넘어지지 않고 발로 땅을 끌어 자전거를 멈출 수 있는 정도의 능력은 충분히 있다는 것이다. 굳이 조금 전 과거가 된 부족감을 현재형으로 끄집어내 '난 부족하니까 크게 사고가 날 거야. 그러니까 에잇, 빨리 넘어져 버리는 것이 안전해'라고 생각하고 행동하는 것은 상황에 적절하게 대처하고 있는 상태는 아니다. 그런데도 우리는 그냥 넘어져 버린다. '나는 이것을 혼자 타기에는 많이 부족해'라는 생각이 너무 지배적이어서 자전거 페달을 밟는 행위 자체가 엄청난 공포가 되어 버린 것이다. 그저 페달을 돌리는 작은 행동에서도 우리는 자신의 근원적인 부족감을 느껴버린다. 이것뿐만이 아니다. 누군가 가볍게 툭 던진 말에도, 무심코 보낸 눈빛에도, 작은 행동에도 우리는 온몸으로 상처받는다. 왜. 왜냐하면 그 말, 그 눈빛, 그 행동이 자꾸만 자신의 근원적인 부족감을 자극해서 그 사소한 행동만으로도 존재 자체를 거부당하고 있다고 생각하기 때문이다. 그러나 모두가 알고 있듯이 그 불안과 공포를 이겨낸 사람만이 제대로 자전거를 탈 수 있게 된다. 작게 일렁이는 바람에도 괴롭지 않으려면 내가 스스로 균형을 잡아야 한다.

그렇다면 그 균형은 어떻게 이루어내는 걸까. 간단하다. 왼쪽으로 기울어지면 오른쪽으로 몸을 기울이고, 오른쪽으로 기울어지면 다시 왼쪽으로 기울이면 된다. 이것을 우리의 마음에 대입해본다면 이렇게 설명할 수 있을 것이다. 부족한 존재가 되고 싶지 않다는 마음이 강해지면 그것을 알아차리면 된다. 또 대단한 존재가 되고 싶다는 열망이 강해지면 그것도 알아차리면 된다. 스스로 자신의 마음을 알아차리는 순간, 그쪽으로 기울어지는 것을 멈출 수 있는 힘이 생긴다.

우리는 자신이 어떤 부족감, 두려움을 피하려고 온 인생을 다해 도 망치고 있는지 알고 있다. 자기 삶을 움직이는 가장 근원적인 두려움을 이미 알고 있다. 그러면 이미 반은 왔다. 존재를 알고 있으니 이젠 적어도 어둠 속에서 모르는 존재에게 얻어맞고 우는 일은 적어도 없을 것이다. 중요한 것은 자신의 부족감을 맹렬히 거부하지도 않고, 자신이 바라는 이상향에 대해서도 맹렬히 좇지도 않는 것이다. 부족감은 내가 어린 시절 삶을 경험하면서 주관적으로 느낀 것일 뿐이며 지금은 전혀 부족하지 않다는 것을 스스로 믿어야 한다. 우리는 지금 이대로도 충분하다. 이상향은 나의 부족감을 피해 달아나기 위해 스스로 만든 허상이며 그렇게 되어야만 행복해지는 것이 아니라는 것 역시 스스로 믿어야 한다. 그러니까 모든 것은 내가 만든 허상일 뿐이라고. 그러니 거기에 얽매일 필요가 없다고. 그냥 이렇게 생각해보는 것은 어떨까.

'아. 내가 사랑받을 만큼의 가치가 없다는 부족감을 가지고 있어서, 지금 이렇게 화가 났구나. 저 사람의 심드렁한 표정이 나의 부족감을 건드려 마치 저 사람이 내게 너는 사랑받을 가치가 없는 인간이라고 말하는 것처럼 느껴져 내 안에 분노가 일어났구나. 아, 그런데 저 사람은 꼭 내가 생각하는 이유가 아니라 다른 이유로 저런 표정을 짓고 있을지도 모르는 것 아닌가? 그래. 그럴 수도 있지. 그리고 어차피 나의 부족감은 말 그대로 부족하다는 감각-느낌일 뿐이지, 실제로 정말 가치가 없는 사람이라는 뜻은 아니라는 걸 이제 나는 아니까 괜찮아. 난 가치 있는 사람이니까, 설사 저 사람이 나를 그렇게 대했더라도 난 상관없어. 그것은 진실이 아니니까.'

이렇게 생각하고 나면 훨씬 적절한 방식으로 상황에 대처할 수 있게 된다. 자꾸만 나를 분노하게 만드는 사람에게 "너는 쓰레기야"라고 말하는 대신, "너의 이런 행동을 보면 나는 내가 -한 사람처럼 느껴져. 그게 나를 너무 힘들게 해." 그러면 반목하고 단절되는 대신, 서로를 이해할 수 있는 장이 펼쳐질 것이다.

이렇게 생각하는 사람도 있다. 부족감, 열등감 때문에 내가 더 성장할 수 있었다며 만약 그런 열등감을 더 이상 느끼지 못한다면 나는 더 이상 성장하지 못하고 뒤처질 거라고. 빠르게 돌아가는 세상을 살아가다 보면 누구라도 그렇게 생각할 수 있다. "이러다 나만 뒤처지는 거 아니야?" 그런 생각이 들 때면 우리는 무서워진다. 모두 다 열심히 달리고 있는데 나만 멈춰 있는 기분. 그 조바심은 우리를 무작정 뛰게 만든다. 목표도 목적도 없지만 일단 남들을 따라서 허겁지겁 같이 뛰고 본다. 뒤처지지 않기 위해.

영화 〈걷기왕〉에서는 이런 대사가 나온다.

"경보에서 제일 힘든 게 뭔지 알아? 바로 뛰고 싶은 걸 참는 거야"

뒤처질지 모른다는 두려움은 자꾸 나를 무리하게 만든다. 자꾸 나를 불안하게 만들고 이성적인 판단을 하지 못하게 한다. 마치 마라톤

아들러 심리학 나쁜 기억 세탁소

초반부터 빨리 달리기를 해버리는 것과 같다. 그러다간 결국은 목표 지점에 도착하기도 전에 지치고 말 뿐이다. 자신의 곤경을 극복할 수 있다고 믿는 사람은 조바심을 내지 않는다. 불안감과 조바심에 무작정 뛰지 말고, 자신의 속도로 가자. 너무 지나치지도 모자라지도 않은 자신만의 속도로.

아이고,
좋은 기억에 '얼룩'이 묻었네요.

.

네?
나쁜 기억을 가지고 왔는데 이 무슨 개소리냐고요?

.

.

아.
아무리 예쁜 옷도 얼룩이 묻으면 더러운 옷이 되듯이
아무리 좋은 기억도 얼룩이 묻으면
그 얼룩 때문에 나쁜 기억이 되고 말죠.

하지만 걱정하지 마세요.
그 얼룩에서 시선을 뗄 수만 있다면
금세 발견하게 될 테니까요.

당신의 진짜 기억,
그러니까 사실은 소중한 사람과 함께 연결되어 있었던,
아주 사랑스럽고 예쁜 기억 말이에요.

3

어서 오세요

나쁜 기억 세탁소에

나쁜 기억 세탁소

완전히 나쁜 기억이란 없다. 내가 그렇다고 믿고 있었을 뿐이다. 아무리 미세한 먼지도 앞과 뒤와 위, 아래 그리고 양옆을 가지고 있다. 어떤 누구도 동시에 두 곳을 바라볼 수 없다. 우리의 기억 역시 그러하다. 내가 인지하는 것은 늘 전체의 일부분일 수밖에 없다. 그래서 우리는 나의 기억에도 내가 보지 못한 것이 있었음을 인정해야 한다. 우리는 거기서부터 다시 시작해야 한다. 나에 대한 부정적인 믿음을 만든 그 나쁜 기억 뒤에는 내가 미처 보지 못한 다른 것이 있었음을 인정하는 바로 거기서부터.

아들러는 세계에 대한 개념과 자기 자신에 대한 개념이 보통 4~5세에 확립된다고 이야기했다. 겨우 4살이다. 세상을 이해하기에는 너무 어린 나이다. 그러나 이때 이미 우리는 마음속에 세상에 관한 생각과 나에 관한 생각을 정리해버린다. 그리고 평생 그것이 진실이라 믿으며 산다. 의아한 사람도 있을 것이다. 앞 장에서 다룬 나의 기억들이 4세 때의 기억이 아니라 훨씬 이후에 기억이라서. 앞서 다룬 기억들이 4세 이후의 기억인 이유는 첫째, 아주 어릴 때의 기억은 대부분

잘 기억해내지 못하기 때문이고, 둘째, 그 이후에도 우리는 4살 때쯤 만들어진 패턴에 대한 일종의 증거 수집을 끊임없이 해오고 있기 때문이다. 그러니까 4~5세 때 확립한 생각에 확신을 더해주기 위해 살면서 경험하는 수십에서 수백 가지의 사건 중에서 자기 생각을 뒷받침해줄 수 있는 사건들만을 골라 자신의 기억 주머니 속에 수집해두는 것이다. 그리고 자신에게 이렇게 말하는 거다. '봐, 맞지, 내 생각이 맞대니까.' 그러니까 겨우 4살짜리가 결정한 것에 평생 이끌려 다니는 것이다. 우습지만 사실이다. 많은 사람이 그렇게 살았고 살고 있다.

하지만 이제 우리는 더 이상 그럴 필요가 없다. 내 삶을 이끌고 있었던 삶의 법칙이나 신념이 겨우 4살짜리가 만들어놓은 엉성하기 이를 데 없는 정보였다는 것을 지금 알아버렸으니까. 드디어 스스로 선택할 수 있게 된 것이다. 지금의 나는 4살 먹은 어린아이가 아니다. 세상을 더욱 상식적으로 이해할 수 있을 만큼 충분히 성장했으며, 타인의 아픔도 바라볼 수 있을 만큼 성숙해졌다. 과거의 아픈 기억 속의 나를 품에 안고 달래줄 만큼 넓은 품을 가졌고, 어린아이의 낮은 시야에서 빠져나와 높은 곳에서 기억 전체를 조망할 수 있을 만큼 커다래졌다.

지구를 보고 싶다면 지구 밖으로 나가야 하고 나를 보고 싶다면 먼저 나에게서 벗어나야 한다. 그래야 비로소 제대로 바라볼 수 있게 된다. 기억 속에 놓친 부분을 발견하고 싶다면 상처받은 나의 마음으로부터 빠져나와 좀 더 넓게, 그리고 높게 조망해보면 된다. 그러면 그토록 찾아 헤매던 것들이 이미 그곳에 있었음을 깨닫게 될 것이다. 전장이 내가 가지고 있는 삶의 패턴, 신념을 기억을 통해 채굴하는 과정이었다면, 이번 장은 그 패턴, 신념의 사실 여부를 진단하고 바꾸는 과정이 되겠다. 자신을 괴롭히던 거대한 괴물이 사실은 내가 만든 허상에 불과하다는 것을 깨달았을 때, 비로소 진정한 변화가 일어난다. 그리고 드디어 괴물로부터 자유로워질 수 있다.

1
기억은
사실과 다르게
기록된다

"기억의 재구성"

　인간의 뇌는 생존에 필요한 정보만 받아들이려고 한다. 그리고 나머지 정보는 대부분 삭제된다. 그렇다. 인간은 보고 싶은 것만 본다. 자기 생각을 정당화해줄 수 있는 것만 부분적으로 본다. 그런 면에서, 우리는 어쩌면 모두 소설가일 것이다. 하나의 소설에는 수많은 등장인물이 존재한다. 그들은 모두 한 명의 작가가 만들어낸 창작물이다. 즉, 한 명의 작가가 수많은 인물을 창조한 것이다. 우리도 각자 자신만의 소설을 써 내려가고 있다. 자신의 인생에 등장하는 수많은 인물을 창조하고 있다. 순전히 나의 시선에서 바라보고 나의 주관적 생각을 덧붙이고, 나의 신념을 투과하여서 말이다. 태어날 적부터 우리는 우리의 시각에서, 우리가 해석하고 이해한 한계 안에서 사건을 기록해 나간다. 그것은 온전히 자신의 시각으로 쓰인 소설이기에 소위 사실과

허구가 뒤섞인 팩션(Faction)이라 칭할 수 있을 것이다. 모두 허구는 아니나 모두 사실도 아니다. 내 인생에 등장했던 수많은 사람은 나의 시선으로 재창조된 창작물이라는 것을 잊어서는 안 된다. 그것을 잊는 순간, 우리는 타인을 이해할 능력을 잃어버리게 되니까. 악역도, 조력자도 모두 내가 그렇게 결정했을 때만 그렇게 존재한다. 자신이 지금껏 인생의 한 면에 서서 개미가 코끼리를 바라보듯 좁고 낮은 시야로 바라보았다는 것을 인정할 수 있다면, 그 순간부터 우리는 좀 더 넓고 높게 사건을 바라볼 수 있는 기회를 얻게 된다. 나는 그것이 자신의 과거에서 벗어날 수 있는 한 방이라고 생각한다. 스스로 믿었던 사실이, 사실이 아님을 스스로 깨닫는 순간 내면의 혁명이 일어난다. 인생을 옭아맸던 과거의 족쇄를 타파하는 자유 혁명 말이다.

내가 이것을 이론이 아닌 마음으로 이해한 것은 찰나의 순간이었다. 앞서 다뤘던 기억 중 어릴 적 나를 따르던 동생이 내 집에 반년간 머무르면서 있었던 기억에 관한 이야기다. 나는 운이 좋게도 거의 기억을 재해석하는 기회를 가질 수 있었다. 자신이 누려야 할 딸의 지위를 다른 이가 뺏어간 것에 대한 상실감과 열등감에 대한 기억이었는데, 나는 그 기억에게 '자신의 왕국에서 내몰린 공주'라는 제목을 붙여주었다. 그 기억 속에서 찾은 나의 신념 체계는 이러했다. '나는 사랑받지 못한 사람이다. 사람들은 언제든지 나를 버릴 수 있다. 그러므로 나는 사랑받기 위해 끊임없이 나를 갈고 닦아야 한다.' 이런 신념을 가진 사람의 삶이 어땠을지 이제는 충분히 상상해볼 수 있을 것이

아들러 심리학 나쁜 기억 세탁소

다. 나는 인간관계에 유난히 힘들어했고, 자주 다른 사람인 척 살아왔으며, 쉽게 상처받았고, 홀로 고통스러워했다.

나는 더 이상 그렇게 살고 싶지 않았고, 그래서 과감히 나의 시선을 벗어나 보기로 했다. 나는 가만히 눈을 감고, 나 빼고 즐겁게 도란도란 이야기를 나누던 가족들에 대한 섭섭함 때문에 동생 B에게 화를 내던 그 날 그 기억 속으로 다시 돌아가 보았다. 그리고 그곳에 있는 어린 나의 마음속에서 걸어 나와, 나를 혼내던 엄마의 마음속으로 걸어 들어가 보았다. 신기하게도 나의 시아에서 벗어나 엄마의 눈으로 그 상황을 다시 보니까, 그제야 거짓말처럼 엄마의 마음이 보이기 시작했다.

엄마는 평생을 자식들에게 헌신하는 사람이었다. 헌신이야말로 사랑하지 않으면 절대 할 수 없는 것이다. 엄마는 내가 악몽을 꿀 때마다 저 멀리서도 듣고선 버선발로 달려오는 그런 사람이었다. 꿈속을 허우적대며 울고 있는 나를 꼭 껴안아 주던 그런 사람이었다. 그런 엄마가 딸보다 B를 더 사랑할 리는 만무했다. 단지 엄마는 남의 집에 머무는 동생을 잘 돌보는 언니로서의 행동 방식을 가르치고 싶었을 것이다. 사랑하기 때문에, 내가 좀 더 성숙해지기를 바라는 마음으로 나를 혼내야만 했을 것이다. 다만 엄마도 엄마로서는 처음이었으니까 나를 키우면서 미숙한 부분이 있었을 것이다. 내가 서투른 딸이었던 것처럼 엄마도 서툰 엄마일 수밖에 없으니까. 그 순간 눈물이 왈칵 쏟아져 나왔다. 그리고 픽 웃음이 나왔다. 겨우 이런 사소한 기억 하나를 가지고 평생 엄마의 사랑을 의심하고 있었다는 것이 믿기지 않았다.

한참을 울다가 다시 용기를 내어 이번엔 B의 마음속으로 걸어 들어갔다. 또 그제야 B의 아픔이 보이기 시작했다. 나라면 친구 집에서 반년을 살 수 있었을까. 내가 만약 친구 집에서 반년을 살기로 결심했다면 그것은 단 하나, 친구를 그만큼 좋아하고 믿었기 때문일 거다. 그 친구가 너무 좋아서, 그 친구와 함께 있다면 괜찮을 거라는 믿음이 있어서. B에게 나는 그런 존재였다. 함께 있고 싶고 믿을 수 있는. 그런 B를 나는 외롭게 몰아세웠던 것이다. 그때 그 기억 속에서 가장 슬펐던 것은 내가 아니라 B였다. 어떻게 이십여 년을 알아차리지 못했을까. 내가 B에게 상처를 줬다는 것에 대해서 나는 한 번도 생각하지 못했다. 나는 피해자였기 때문에 내가 가해자일 수도 있다는 것은 정말 눈곱만큼도 상상해보지 않았다. 지금 생각하면 신기할 정도로. 내 상처가 너무 깊어 B를 볼 새가 없었다.

뒤늦게 나는 또 한 번 깊은 슬픔을 느낀다. 나를 그토록 따르던 아이에게 내가 무슨 짓을 저질렀던 것일까. 한없이 미안해지고 또 미안해졌다. 왕국에서 내몰린 공주라 명명할 만큼 안전한 공간에서조차 버림받았다고 생각했던 그 사건은 사실 그렇지 않았다는 것이 이제야 명확하게 보였다. 나는 버려진 것이 아니라 그 공간 안에서 가장 많은 사랑을 받은 존재였다. 엄마에게서, 그리고 B에게서 말이다.

제삼자의 관점을 통해 자신의 기억을 다양한 관점으로 바라볼 수 있을 때 우리는 당시의 감정이나 생각에 동일시되지 않고 있는 그대로 관찰하는 힘을 얻게 된다. 그리고 그제야 우리는 보지 못했던 다른 면을 발견하게 된다. 나는 내 기억 속의 다른 면을 20여 년이 지나고 서야 겨우 깨달았지만, 제삼자의 시선에서 나의 기억을 쭉 읽어 내려 갔을 독자들의 눈에는 아마 처음부터 나의 입장뿐만 아니라 엄마의 입장과 B의 입장도 동시에 보였을 것이다. 신기한 것은 다른 사람은 다 보이는 것들이 자신에게는 죽어도 보이지 않는다는 것이다. 자신의 기억을 제삼자의 눈으로 들여다보기란 말처럼 쉽지 않다. 소매를 걷어붙이고 다른 사람의 마음속으로 들어가 보겠다고 결심하지 않는 이상 쉽게 들여다볼 수 없는 공간이 바로 타인의 마음이니까.

"한 번도 의심해 본 적 없는 생각부터 의심해보기"

내가 어렸을 때 이해가 되지 않았던 것이 있다. 겨우 한글을 읽을 즈음이었을 것이다. 나는 그때 한참 재미있게 드라마를 보고 있었다. 그리고 과거나 지금이나 드라마 엔딩은 늘 가장 궁금한 장면에서 끝 난다. 으아악. '어떻게 된 거야, 뭐야, 뭐야.' 하면서 엄청나게 몰입하고 있을 때 화면은 멈추고 TV 화면에 이 문장이 나왔다. '다음 이 시간에.' 다음 이 시간이라니. 오 마이 갓. 나는 급하게 벽시계를 찾는다. 시계의 바늘은 막 8시 50분을 가리키고 있었다. 오늘은 8시부터 시작했는데 내일은 이 시간에 한다고? 이것 좀 이상한데. 하지만 TV 가 거짓말을 할 리는 없으니까 그 말을 그대로 믿어보기로 한다. 나는 다음날 8시 50분에 TV 앞에 앉았고 물론 나는 그 드라마의 시작을 놓치고 말았다.

이토록 어린 시절의 우리는 이 세상의 암묵적인 룰에 대해 제대로 이해하지 못한다. 지금은 너무나 당연하게 이해되는 것들이 어린아이에게는 통하지 않는다. 세상은 생각만큼 모든 걸 친절하게 설명해주지 않는다. 아무런 사전지식 없이 만나는 이 세계는 정말 '이상한 나라'와 다를 바가 없다. 이상한 나라의 엘리스와 다른 점이 있다면 우리는 이 세상이 이상하다고 생각하는 게 아니라, 내가 이상해서 이해하지 못하는 것으로 생각하는 점이지만. 우리는 이 이상한 나라에 툭하고 떨어져 4~5살이 가진 상식선에서 세상을 이해한다. 당연히 왜곡되어 이해하는 것이 많을 수밖에. 삶에 대해 아직 미숙하던 시절, 세상은 모르는 것투성인 채로 타인들과 어울리며 삶을 경험해간다. 다른 나라로 떠난 여행길에서 낯선 음식을 앞에 두고 어떻게 먹어야 하는지 고민에 빠진 적이 있을 것이다. 다 큰 어른도 새로운 문화를 만나면 고민에 빠진다. 아무것도 모르는 어린아이에게 그것은 놀라운 경험이자 두려운 경험일 것이다. 하지만 어린아이도 세상에 스스로 대처하며 행동하고 경험해야 한다. 그것이 인간의 운명이기에. 우리 역시 그것을 경험했고.

어린아이가 이해하는 세상은 완벽할 수 없다. 세상의 맥락을 읽기에는 많이 어렸으니까. 나의 밥을 지으러 방문을 열고 나가는 어머니를 보며 나를 버리고 떠나는 것 같아 가지 말라고 엉엉 울던 우리들 아닌가. 그런데 더욱 신기한 것은 성인이 된 우리가 여전히 어린 시절에 본 세상에 대한 이미지와 자신에 대한 이미지를 그대로 진실이라 믿으며 살아가고 있다는 것이다. 어릴 때 형성된 신념, 삶의 패턴을 아무도 바꿀 생각을 하지 않는다. 믿기지 않는다고? 각자 자신을 되돌아보자. 자신이 믿고 있는 세상에 관한 생각, 나에 대한 개념, 어디서부터 시작되었는지 깊게 되짚어 본 적이 있는가? 또 그 신념과 생각에 반기를 들어본 적이 있는가? 우리는 자신이 믿고 있는 진실을 쉽게 의심하지 않는다. 뇌도 에너지로 움직인다. 그러므로 최대한 효율적으로 사용해야 한다. 한번 진실이라고 땅, 땅, 땅! 선고 내려진 정보, 이미 알고 있는 것들까지 매번 재확인하며 살아가는 것은 효율성이 떨어지는 방법일 것이다. 매일 먹는 밥을 보면서 안전한지 그렇지 않은지 매번 따지려 들고 내가 왼손으로 쓰는 게 편한지 오른손으로 쓰는 게 편한지 매번 테스트하는 것은 에너지 낭비일 것이다. 우리의 몸은 이미 검증된 것에 대해서 매번 재점검함으로써 자신의 에너지를 낭비하는 것을 좋아하지 않는다. 그래서 자신의 상식을 뒤집는 엄청난 외부사건을 다시 만나기 전까지는 누구도 자신이 믿고 있는 것들에 대해서 잘 의심하려 하지 않는다. '외계인은 없다'라고 믿는 사람은 실제로 외계인이 자신의 앞마당에 떨어져 악수를 청하는 사건이 발생하기 전까지는 자신의 믿음에 대해 의심해보려 하지 않을 것이다. 그렇지 않은가. 4~5살 무렵 만들어져 마음 깊은 곳에 뿌리내린 나에 대한 개념이나 세상에 대한 개념, 삶의 패턴, 이런 것들 역시 웬만해선 바뀌지 않는다. 아니, 바꿔보려 시도조차 잘 하지 않는다.

아무리 내 발에 딱 맞았던 신발일지라도 4살 때 신었던 신발을 지금까지 신을 수는 없다. 과거는 지나갔다. 이미 그때의 내가 아니다. 현재를 살면서 과거의 낡은 신념을 그대로 사용하는 것은 최고 사양 컴퓨터에 구식 소프트웨어를 설치해두는 것과 같다. 유명한 이야기가 하나 있다. 서커스단에서 덩치가 산만한 코끼리를 작은 말뚝에 매달아두는 방법에 관한 이야기다. 방법은 이렇다고 한다. 아기 코끼리를 데리고 와 코끼리의 발목과 말뚝을 밧줄로 연결해 매어놓는다. 처음에 아기 코끼리는 말뚝에서 벗어나려고 애를 쓴다. 하지만 아직 아기다 보니 말뚝을 뽑을 힘도, 밧줄을 끊을 힘도 부족하다. 아기 코끼리는 수십에서 수백 번 시도해보다가 결국 체념하고 만다. '아, 나는 이 말뚝을 뽑을 수 없구나.' 그럼 게임 끝. 자신 안에 '나는 이 말뚝보다 약하다.' '나는 이 말뚝을 뽑을 수 없다.'라는 신념을 갖게 된 코끼리는 다시는 말뚝을 다시 뽑을 시도를 하지 않는다. 시간이 흐르고 흘러 말뚝은 물론이고, 이 서커스장 전체를 쑥대밭으로 만들고 도망칠 만큼의 힘을 가지게 되었음에도 말이다. 이 코끼리는 꿈에도 상상하지 못하는 것이다. 자신의 신념이 틀렸음을. 과거의 어린 나는 못 해냈더라도 지금의 나는 충분히 해낼 힘이 있다는 것을. 어쩌면 우리의 이야기일 수 있다. 과거의 신념으로 살아가는 것은, 여전히 그 4살짜리 어린 아이의 몸속에 갇혀 살아가겠다는 것과 다를 바가 없다.

아인슈타인은 어제와 같이 생각하고 행동하면서 변화를 바라는 것은 정신병 초기증세라고 이야기했다. 같은 신념, 같은 사고방식을 가진 채로 문제를 해결할 수는 없다. 문제는 바로 그곳으로부터 출발했기 때문에. 우리가 믿어야 할 것은 단 하나다. 내가 본 것, 내가 믿고 있는 것이 절대적 진리는 아니라는 것. 내가 경험하는 모든 것들에는 내가 보지 못하는 조각이 있음을 인정할 수 있을 때, 우리는 오히려 더 많은 것을 볼 수 있게 된다. 드디어 나의 세계에 조그마한 창문이 생기는 것이다. 그 비어있는 한 조각의 창문을 통해 우리는 그동안 미처 발견하지 못했던 온갖 아름다운 것들을 발견하게 될 것이다.

2
다른 방향에서 보면
현실도 바뀐다

"범죄는 짧지만, 고통은 길다."

그날은 유난히 신나는 날이었다. 소매가 한껏 부풀어있는 3단 캉캉치마를 처음 입고 나갔기 때문에. 끝단을 하얀색 레이스로 마감한 검은 원피스는 마치 공주님 원피스 같았고 그 옷을 입고 교회를 향하는 나의 발걸음은 날아갈 듯 가벼웠다. 골목의 작은 사거리 한 모퉁이를 돌았을 때, 파란 패딩을 입은 아저씨가 내게 말을 건네왔다. 그 아저씨는 미안한 표정으로 처음 들어보는 상가 이름을 대며 그곳을 아느냐고 했다. 나는 도와주고 싶은 마음에 열심히 눈동자를 굴려 가며 머릿속 기억을 뒤져봤지만, 그곳은 처음 들어보는 곳이었다. 나는 미안한 표정으로 고개를 가로저었다. 미안한 것은 진심이었다. 나는 교회에 가는 중이었고 착한 어린이이고 싶었다. 아저씨는 다시금 다급한 표정으로 물었다.

"그럼 땡땡치과는 아니?"

땡땡치과는 내가 다니던 치과였다. 당시 아이들 대부분이 그랬듯이 맛있는 것을 사준다는 엄마의 유혹에 신나게 따라갔다가 치과 건물 앞에서 펑펑 울며 끌려들어 가던 곳. 매번 엄마 손을 잡고 갔던 곳이라 어디쯤인지는 충분히 설명할 수 있었다. 하지만 나의 설명에도 그 아저씨는 잘 이해하지 못했다. 그리고는 내게 이렇게 부탁했다. "정말 미안한데 아저씨가 잘 몰라서 말이야. 같이 가줄래?" 이미 예상치 못한 길 안내에 시간을 지체한지라 교회 성가대 연습 시간에 늦을까봐 걱정되었지만, 간절한 아저씨의 부탁을 거절하기는 어려웠다. 거기다 난 착한 아이가 되려고 교회까지 다니는걸. 난 웃으며 대답했다. "네"

생각해보면 이상한 것투성이였다. 하고 많은 사람 중에서 굳이 초등학생 아이에게 길을 물어봤던 것도 그렇고, 길을 모른다더니 가는 내내 나보다 앞장서서 걸었던 것도. 그러나 당시의 나는 의심이라는 존재 자체도 잘 모르는 순진한 상태였다. 혹시 앞장서서 걷다가 잘못된 길로 갈까 봐 안절부절못하는 마음으로 뒤따라가니 곧 건물에 도착했다. 아저씨는 그 건물 앞에서 다시 내게 문을 여는 걸 도와달라고 아주 난감한 표정으로 간절히 부탁했다. 사실 좀 귀찮기도 했고 교회 성가대 연습 시간도 가까워져 가기에 어떻게 거절해야 할지 망설이게 되었다. 나의 표정이 난감해질수록 아저씨는 더욱 끈질기게 부탁해왔다. 결국 나는 거절하지 못했고, 이왕 착한 어린이가 되기로 한 거 끝까지 착한 어린이가 되어보자 싶은 정말 순수한 마음으로 아저씨를 돕기로 결심했다.

아저씨를 따라 올라간 곳은 작은 사무실이었다. 큰 문을 열고 들어가니, 복도식 아파트처럼 작은 복도를 따라 문이 세 개쯤 주욱 늘어서 있었다. 방문은 모두 굳게 닫혀 있었고 복도는 어두웠다. 그곳에 발을 딛자마자 아저씨는 뒤에서 문을 쾅 닫고서 문을 잠갔다. 뒤늦게 눈치채고선 살려달라고 비명을 지르는 나에게 그 사람은 내 입을 막고 목을 조르며 한 번만 더 소리를 지르면 죽여 버리겠다고 협박했다. 그 복도에는 문이 세 개가 있었는데 문틈 사이로 빛이 새어 나오고 있었다. 지금 생각하면 그저 아침 햇빛이 창문을 통해 들어와 어두운 복도로 새어 나오고 있었던 것인데, 나는 그 안에 사람이 있는 것으로 확신했다. 나는 그 이름 모를 누군가에게 희망을 걸고선, 계속 비명을 질러댔다. 얼마나 지났을까… 아무리 소리를 질러도 문은 열리지 않았다. 끝끝내 열리지 않는 그 문을 바라보며 희망은 절망으로 변해가고 말았다.

이곳에 나를 도와줄 어떤 누구도 없다는 사실이 더 큰 공포로 나를 데려갔다. '나는 이곳에서 죽는구나.' 그런 생각이 들자마자 아마도 나는 그대로 얼어버렸을 것이다. 지금도 떠올리면 온몸이 벌벌 떨릴 정도의 강력한 공포. 그 사람은 그렇게 얼어붙어 있는 나의 입 주변을 지분거렸는데 불안이 극에 달한 내가 그의 입술을 물어뜯고선 동네가 떠내려가라 소리를 질러버렸다. 그는 이런 돌발행동에 당황했는지 도망치듯 밖으로 나가려 했다. 나 역시 그를 따라 뛰쳐나갔다. 살려달라울 듯이 소리치면서. 홀로 이곳에 남아 있다가는 어둠속에서 또 다른 사람이 튀어나와 나를 죽일 것만 같았기에. 살기 위한 내 행동이 그에게는 예상치 못한 일이었는지 그는 당황한 얼굴로 나를 그곳으로 다시 밀어 넣으려 했다. 그럴수록 나는 필사적으로 버텼다. 내가 완강히 버티자 그는 짜증 나는 얼굴로 내게 백을 센 후 내려오라고 했다. 그렇게 그는 유유히 떠났고 나는 할 수 있는 최대치의 속도로 백을 센 뒤 구르듯 계단을 뛰어 내려갔다. 넘어져 머리가 깨지는 한이 있더라도 이곳을 빨리 벗어나고 싶었기에.

아직도 계단을 다 내려와 건물 앞 풍경을 바라보던 순간이 생생하다. 일요일, 건물 앞 큰 도로변에는 사람들이 북적대며 각자 갈 길을 재촉하고 있었고, 아침 햇살은 여느 때와 다름없이 거리를 밝게 비추고 있었다. 참 아이러니한 순간이었다. 나는 지금 엄청난 삶의 고통을 맛보았는데 세상은 여전히 평화로웠다. 그 아저씨가 입었던 파란 패딩은 오고 가는 사람들 무리로 섞이더니 결국 하나가 되듯 뭉개져 서서히 사라져갔다. 그 모습을 보면서 참 이상하다고 생각했다. 갑자기 나타나 나의 삶을 엉망으로 만든 악마가 태연히 대중 속에 섞여가는 것을 보며 나의 악마가 그 사람인지, 이 세계인지 헷갈려가기 시작했다. 나는 멍하니 서서 그 새끼가 사라져버린 그곳을 오래도록 바라보았다.

"괴물을 똑바로 마주볼 때 생길 수 있는 일"

그자는 도망치듯 자기 집으로 돌아감으로써 이 범죄 사건은 끝이 났다고 생각했을지 모르나, 나의 인생에서는 갑작스레 시작된 악몽의 출발점에 불과했다. 그 후로 수십 수천 번도 더 그곳으로 끌려들어 갔다. 눈을 감으면 그곳이었다. 그는 몰랐을 것이다. 아니, 상상해볼 생각조차 하지 않았을지도. 어떤 한 인간이 자기 행동으로 인해 앞으로 어떤 공포 속에서 살아가게 되는지를, 토로할 길 없는 분노를 가까운 이에게 토해놓고선 매일 밤 어떤 악몽에 시달리게 되는지. 또 사람의 호의에도 늘 의심을 품고 살아가는 삶이 인간의 행복을 어떻게 으스러뜨리는지를.

인생을 살아가다 보면 때론 자신의 힘으로는 어쩔 수 없는 어떤 사건을 맞닥뜨리는 순간을 맞는다. 우스운 것은 그런 경험에서도 오래도록 나 자신을 탓해왔다는 것이다. 내가 너무 멍청해서, 내가 너무 모자라서, 내가 너무 약해서, 그냥 내가 나라서 그런 일이 내게 벌어진 것이라고 줄곧 그렇게 내 탓을 해댔다. 그것은 분명한 범죄였고 나는 엄연한 피해자였는데도. 누구에게도 당당하게 피해자라고 밝히지 못했다. 그게 내 잘못 같아서. 그것은 평생 가지고 가야 할 나의 비밀이었다. 끔찍한 비밀. 그런 일을 겪은 내가 너무 수치스러워 그저 없던 일로 해버리고 싶었다. 그렇게 아무 일도 없었던 듯이 살아가다 보면 언젠가는 없던 일이 될 것 같기도 했다. 하지만 너무나 있었던 일이 없던 일이 되는 마법 같은 일은 생의 어느 지점에서도 결코 일어나지 않았다. 나는 수치스러움과 증오 사이를 오고 가며 어찌할 바를 모른 채 견뎌내야만 했다. 그 기억 속에서 나는 더럽고, 수치스러운, 모자라고 멍청한 아이였고 오래도록 나는 그 지옥을 벗어나는 방법조차 배우지 못했다.

이십여 년이 지나버린 지금에서야 그 끔찍한 기억을 마주하기로 결심한 까닭은 아무리 모른 척 해봤자 이 기억은 끝끝내 잊히지 않을 것이라는 걸 드디어 스스로 인정했기 때문이다. 이 기억의 악몽에서 벗어나는 길은 기억 속 괴물과 마주해야 하는 단 하나의 길밖에 없음을 이제야 인정한 것이다.

기억은 수십 개의 단면을 가지고 있지만, 우리는 그중 하나의 단면으로만 기억을 '기억'한다는 아들러의 말이 나를 부추겼다. 어쩌면 내 악몽 같은 나쁜 기억도 뒤집어엎어 뒤나 옆, 위나 아래를 살펴보면 다른 기억이 될 수도 있지 않을까 하는 희망. 그러면 지겹도록 이어진 악몽과 이별할 수 있지 않을까 하는 기대.

내가 오래된 공포를 뒤로 하고 용기를 낼 수 있었던 것은 그것과 마주할 준비가 되었다는 것을 알았기 때문이다. 지금의 나는 과거의 나로부터 성장했고, 강해졌으며, 그 문제를 보듬을 수 있을 만한 마음을 가지고 있는 어른이 되었다는 것을 스스로 믿었기 때문이다. 만약 그러한 마음의 준비가 덜 되었다면 아직은 그 사건을 마주할 만한 준비가 덜 된 것이니 그때는 조금 더 자신을 위해 기다려주기를 바란다.

다시 나의 이야기로 돌아가서, 나는 질끈 눈을 감고 어른이 된 성숙한 나의 모습을 한 채 과거의 그 날로 돌아갔다. 그 기억 속에서 다시 마주한 어린 나는 여전히 그곳에서 두려움에 떨고 있었다. 그 모습을 보니 내 안에서 툭— 무엇인가가 터져 나왔다. 아무것도 몰랐던, 그저 착한 마음을 나누고 싶었을 뿐인 그 어린아이에게 나는 그동안 무슨 짓을 한 것일까. 악독한 말들을 퍼부어대면서.

나는 더 이상 자책하지도 훈계하지도 않기로 결심한 채 그저 온 마음으로 안아주었다. 괜찮다고, 네 잘못이 아니라고, 내 품에서 마음껏 소리 지르며 울라고. 나는 또 다른 너라고, 누구보다 너를 이해하고 있다고. 이제 내가 왔으니 괜찮다고, 이제 안전하다고, 이제 와서 미안하다고. 그 기억 속에 버려진 채, 상처받은 마음으로 얼마나 오랫동안 기다려왔냐고. 우리는 마침내 한 몸이 되어 울었다. 그곳에서 무너지지 않고 견뎌준 것이 대견하고 미안해서, 그렇게 한참을.

내가 나를 끌어안고 한참을 토닥이고 나니 왠지 모를 용기가 나로부터 솟아 나오기 시작했다. 지난 이십여 년간 마주치지 않으려고 안간힘을 써왔던 그것과 드디어 마주할 수 있을 만큼의 용기가. 신기한 것은 바로 그 순간 일어났다. 20여 년이 지나 용기를 품은 어른의 눈으로 다시 바라본 그곳엔 무섭고 두려운 존재는 온데간데없고 한없이 찌질한 인간 하나가 서 있는 것이었다. 그러니까 동급생 여자와 정상적인 관계를 이어 나갈 여력조차 없어서 어린 여자아이를 힘으로 굴복시켜야만 얻을 수 있는 인간, 그리고 허겁지겁 범죄 현장으로부터 도

망가고서 나쁜 짓 따위 평생 하지 않은 척 엣-헴 거리며 살아가는 인간 말이다. 그걸 보고 있자니 이런 보잘것없는 인간을 그토록 오랜 시간 무서워했다는 것이 너무 억울해졌다. 또 과거에 내가 가진 공포가 우스워졌다. 그것은 진실로 신기한 일이었다. 나는 오랫동안, 아주 오랫동안 그 인간을 진실로 두려워했기 때문이다. 이 시도는 내가 그 기억으로부터, 아니 그 공포에서 벗어날 수 있도록 확실하게 도와주었다. 물론 지금도 확실히 '용서했다'라고 하기에는 부족하지만, 과거에 나를 집어삼켰던 그 분노와 공포로부터는 확실히 벗어났다고 이야기할 수 있다. 그 범죄를 저질렀던 인간은 또 얼마나 사회로부터 단절되어 있을지, 또 어떤 정신적인 문제를 가지고 있을지를 생각해볼 수 있게 되었고 점차 분노보다는 연민이 자리하기 시작했으니까.

내가 이곳에 군이 꺼내기 괴로운 이야기를 꾸역꾸역 써가면서까지 내내 이야기하고 싶었던 것은 이것이다. 우리는 삶으로부터 던져지는 거대한 사건을 피하지 못한 채 옴팡 경험해야만 하는 순간을 만나곤 한다. 폭풍우 속에 내던져진 채 휘청거리며 그 물 따귀를 맞아내야만 하는 순간 같은 것들 말이다. 하지만, 폭풍우가 지나간 후에 우리는 선택해야만 한다. 사건이 끝나고 난 뒤에도 여전히 폭풍우를 내게 뿌려댄 하늘에 주먹질하면서 내내 멈춰 있을 것인지, 아니면 툭툭 털고 다시 내 인생길을 걸어갈 것인지. 여기서 이야기하고 싶은 것은 이것이다. 폭풍우를 원망하며 자신의 인생을 지체하고 있는 것은 폭풍우를 뿌린 자에게 자신의 인생을 조종할 권력을 준 것과 같다는 것. 어찌할 수 없이 맞닥뜨린 사건 때문에 자신의 인생이 송두리째 흔들린다면, 그건 너무 억울하다. 아니 나에게 너무 미안한 일이다. 피할 수 없었던 어떠한 사건 따위에 우리 인생을 흔들리게 두어서는 안 된다. 나의 소중한 인생을 타인의 손에 넘겨서는 안 된다.

내가 이 기억을 이 책에 기록하는 내내 가장 걱정이 되었던 것을 이 시점에 고백하자면 이러하다. 첫 번째는 이 글이 다른 누군가의 아물지 않은 상처를 건드리는 것은 아닐지에 대한 걱정이었으며 두 번째는 또 감히 비슷한 경험을 가진 사람들에게 용서를 종용하는 듯한 뉘앙스의 글이 되어버리는 것은 아닐까 하는 오지랖을 동반한 걱정이었다. 먼저 그런 의도는 절대 없음을 밝혀둔다. 다만 그런 우려에도 불구하고 내가 이 기억을 이 책에 담기로 굳게 결심한 데에는 다른 믿음이 있었기 때문이다. 나의 이 고백이 비슷한 경험을 한 누군가의 마음속으로 들어가, 자책감과 수치심, 증오와 공포 속에서 빠져나올 힘을 줄 수 있을 것이란 믿음. 나의 이런 이야기를 읽고 또 다른 누군가가 자신의 기억 속에 존재하는 공포의 대상이 사실 한없이 연약하고 불안정한 정신을 가진 존재였음을 깨달을 수 있다면, 그런 존재를 증오하며 살아가기에는 자신의 인생이 너무 아깝다는 것과 그 인간 때문에 내 인생을 버릴 만한 가치가 없음을 깨달을 수 있다면, 그래서 과거의 아픔을 뒤로 하고 현재의 행복에 다시금 집중하며 살아갈 수 있다면 나의 이 기록은 충분히 의미를 갖게 될 것이다.

의미 없는 경험은 없다고 한다. 왜냐하면 우리가 모든 경험마다 의미를 부여하며 살아가고 있기 때문이다. 나에게 이 기억은 '이 세상엔 착하고 멍청한 나를 이유 없이 공격하는 나쁜 놈들이 살고 있으므로 그들에게 복수하면서 나를 보호해야만 하는 확실한 증거'였다. 그러다 괴물 같던 범죄자의 눈을 똑바로 바라봄으로써 나의 다른 모습을 발견하게 되었고 더불어 이 기억이 가진 의미도 바뀌었다. '인생의 위험과 고통 속에서, 그런데도 참 잘 견디며 살아온, 강한 나를 발견하는 증거'로. 그리고 지금, 이 글을 쓰면서 이 기억은 또 다른 의미를 갖기 시작했다. 진정으로, 나의 이 고백이 비슷한 상처가 있는 사람에게 작은 위안과 힘이 될 수 있다면 나의 오랜 고통의 시간 모두가 의미 있는 시간으로 바뀌게 될 것이다. 그리고 그것은 내 인생에서 처음 맞이하는 마법의 순간일 것이다.

"선택의 자유"

매번 똑같은 문제를, 비슷한 문제를 만난다면, 그것이 지겹다면, 그때가 바로 나를 위한 선택이 필요한 순간이다. '어쩔 수 없었어'라는 말은 더 이상 쓰지 않기로 하자. 아우슈비츠 수용소에서 살아남은 후 삶의 의미에 대한 깊은 고민과 성찰로 의미치료라는 상담기법을 창안한 빅터 프랭클은 자극과 반응 사이에는 공간이 있다고 이야기했다. 그리고 그 공간에는 자신의 반응을 선택할 수 있는 자유와 힘이 있다고 이야기했다. 우리는 어떤 자극이 올 때 본능적으로 어떤 반응을 일으킨다. 마치 A라는 명령문을 입력하면 B를 도출해내는 기계처럼. 하지만 우리는 너무나 당연하게도 기계가 아니다. 충분히 어떤 자극에 대해서 '선택'할 수 있는 '자유'를 지닌 존재다. 그리고 어떤 선택을 하는지가 우리의 성장과 행복을 좌우한다.

우리는 각자만의 괴로운 기억이 있다. 쳐다볼 상상만으로도 구역질이 나는 괴로운 기억 같은 것. 없는 척 모르는 척 살아가고 있다고 할지라도 우리는 사실 알고 있다. 그것은 없던 일이 될 수 없다는 것을. 있던 일을 없던 일로 만들 수 없다면, 우리는 그것을 잘 활용해야 한다. 이 기억에 어떤 의미를 부여하며 살 것인지를. 그것은 각자의 선택이며 어떤 선택이든 모두 소중하고 의미가 있다. 하지만 자신을 연약하다고 믿게 만드는 기억, 자신을 수치스럽다고 믿게 만드는 기억, 자신을 분노와 공포 속에 던져버리는 기억을 가지고 있다면 반드시 기억하자. 우리는 분노와 공포 대신에 희망을 '선택'할 수 있음을. 어떠한 기억이 내게 부정적인 의미를 제공한다면 그것에 동의하지 말아야 한다. 기억이 주는 의미는 스스로 '선택'한 것이다. 고로 스스로 '다시 선택'할 수 있다. 기억을 잊을 수 없다면 나는 그 기억이 갖는 의미가 나에게 도움이 되는 것이기를 희망한다. 또한 그 의미가 나뿐만 아니라 타인에게도 도움이 되는 것이기를 바란다.

그리고 '다시 선택'하기 위해서는 외면해서는 안 된다. 모른 척해서도 안 된다. 반드시, 반드시, 그 기억과 마주해야만 한다. 나를 괴롭히던 괴물을 똑바로 마주 볼 수 있을 때에만 괴물에게서 벗어날 수 있다. 이때, 기억 속 괴물과 맞서 싸우며 이겨야 할 필요는 없다. 그저 상황 속 등장인물로서가 아니라 제삼자의 시선에서 그저 가만히 바라보면 된다. 어떠한 분노도 없이 그저 가만히 바라보는 것이다. 어른이 된 나의 눈으로. 가만히 바라보다 보면 어린 시절 그토록 거대했던 그 괴물이 천천히 작아지는 것을 발견하게 될 것이다. 바람 빠진 공기인형처럼 초라한 그것이 괴물의 실제 모습이다. 그동안은 그저 나의 공포가 공기가 되어 공기인형을 커다랗게 채우고 있었을 뿐이다. 우리는 성장했다. 그때의, 그 기억 속의 연약한 내가 아니다. 기억 속의 괴물과 맞설 수 있을 만큼 이미 충분할 만큼 강하다. 분명히 확신한다. 당신이 그 기억과 맞설 준비만 되었다면 당신은 상대의 연약한 뒷모습을 반드시 발견하게 될 것이라고. 그 괴물은 내가 괴물이라 지칭했기 때문에 힘을 가질 수 있었을 뿐, 사실은 그렇지 않다는 것을 이제는 발견할 때가 되었다. 그것이 우리가 이 세상에서 누구보다 사랑하는– '나'를 위해 반드시 내어주어야 할 '용기'다.

°3
좌절에서
도약으로

"모든 결과가 설명돼야 마음이 놓이는 사람들"

세상에는 우리가 이해할 수 없는 일들이 일어나곤 한다. 중세 시대 서양 인구의 절반을 죽음으로 몰고 간 '흑사병' 역시 당시로서는 이해할 수 없는 공포였다. 사람의 피부가 검은색으로 변하다가 결국 죽음으로 이르는 이 병은 원인이 무엇인지 어떻게 전염되는지를 당시의 과학으로는 밝혀낼 수 없었다.

그러자 사람들은 기상천외한 방법들로 원인을 추측하기 시작했다. 그들은 공기로 병이 옮는다고 생각해서 '지하수로'로 피신하거나 거머리로 자기 피를 뽑고 오줌과 대변의 혼합물을 먹거나 몸에 발랐고, 신이 내린 천벌이라고 생각해서 속죄의 의미로 자기 몸에 채찍질하거나 기도를 드리기도 했다고 전해진다. 심지어는 유대인이 질병을 몰고 왔다고 탓하며 이들을 고문하거나 학살하기도 했다.

사실은 유대인들이 종교적인 이유로 몸을 청결하게 유지한 탓에 흑사병에 잘 걸리지 않았던 것인데도. 병균으로 병이 옮는다는 것을 아는 지금이야, 그들의 행동이 미개해 보일 수 있지만 당시 중세 사람들에게는 그들이 추측한 원인이 바로 '진실'이었을 것이다. 저렇게 하면 나을 수 있을 것이라는 믿음 역시 당연했을 것이고.

중세 시대의 의사들이 흑사병에 대해 "현재의 과학으로는 원인을 알 수 없으며 그러므로 치료법은 없습니다. 고로 병에 걸려도 살릴 방법이 없습니다"라고 이야기하였다면 사회는 곧 엄청난 혼란 속에 빠지게 되었을 것이다. 논리적으로 이해할 수 없는 상황은 공포가 되니까.

이유 없이 창문이 열린다면 뒷덜미가 삐쭉 선다. 창문이 스스로 열린 것은 바람이 불었기 때문이고 시계가 갑자기 멈춘 건 건전지가 다 된 것이며 갑자기 체한 것은 밥을 급하게 먹은 것이 원인이며 근래 목이 뻐근한 것은 스트레스를 많이 받았기 때문이다. '모든 결과에는 원인이 있어야 한다'라는 것이 지금까지 우리가 살아온 삶의 방식이다.

물론 현재를 이해하기 위해서는 과거를 살펴보는 것은 당연한 순서다. 그러나 원인이란, 결과가 일어난 후에 뒤이어 찾는 것이다. 배가 아프고 나서야 '왜 배가 아프지?'라고 뒤이어 배가 아픈 원인을 찾는 것처럼 어떤 일이 벌어졌을 때 그 일(결과)을 논리적으로 설명하기 위해 사용하는 것이다.

그러다 보니 때로는 오해를 낳기도 한다. 머릿속으로 오늘 먹은 것들을 주욱 떠올려 본 뒤 복통의 원인으로 가장 논리적인 음식을 선정한다. '아! 맞다. 오늘 평상시 안 먹던 바람떡을 먹었는데 그게 원인이었군.' 물론 바람떡이 복통의 원인일 수도 있겠지만, 그렇지 않을 수도 있다. 그러나 우리는 원인을 찾았다고 느끼는 순간 확신해버린다. 다른 가능성을 배제한 채 말이다.

내 생각이나 판단이 틀릴 수 있다는 것을 염두에 두지 않고 살아가고 있다는 것은 자기 생각이나 판단을 무조건 신뢰하고 있다는 말과 같다. 그것은 꽤나 위험하다. 남들 눈에는 보이는 것들이 내 눈에는 보이지 않게 되기 때문이다. 사이비를 믿는 사람들처럼 때론 비상식적인 생각을 철석같이 믿게 하니까.

스키너의 심리 상자를 들어보았을 것이다. 급진적 행동주의 심리학자로 여러 가지 유명한 학습실험의 결과들을 남겼는데, 그중에 이런 실험이 있다. 텅 빈 방에 음식 접시만 둔다. 그리고 이 방에 비둘기를 넣어 부리로 원반을 쪼면 먹이가 나오도록 조작적 조건형성을 한다. 비둘기는 곧 자신이 원반을 쪼면 먹이가 나온다는 것을 깨닫고 원반을 눌러 먹이를 먹는다. 이번에는 원반을 쪼든 뭘 하든 상관없이 15초 간격으로 먹이를 준다. 그럼 비둘기들은 어떻게 반응할까?

어떤 비둘기는 우연히 머리를 흔들고 나니 먹이가 나왔다. 사실은 15초가 지났기 때문에 먹이가 나온 것인데도 이 비둘기는 머리를 흔들면 먹이가 나온다고 오해한다. 결과에 대한 원인을 잘못 해석한 것이다. 또 다른 비둘기는 시계 반대 방향으로 돌았더니 마침 먹이가 나왔다. 이 비둘기도 마찬가지로 시계 반대 방향으로 돌면 먹이가 나온다고 생각했다. 이 비둘기들은 자기 행동과 먹이가 나오는 것에 명확한 인과관계가 있다고 판단해버린 것이다. 그리고 당연히 먹이를 계속 먹기 위해서 계속 그 행동을 반복했다.

스키너는 곧 실험조건을 변경하였다. 먹이 간격을 15초에서 1분으로 늘린 것. 아까는 머리를 흔들면 곧 먹이가 나왔는데(15초 간격으로 나오기 때문에) 지금은 아무리 머리를 흔들어도 먹이가 나오지 않게 되었다. 비둘기는 혼란에 빠진다. 그리고 곧 자기 행동이 정확하지 않았다고 생각했는지 먹이가 나올 때까지 더욱 격렬하게 머리를 흔들었다. 아마 속으로 이렇게 생각했을까. '아까 왼쪽으로 흔들었었나? 뭐가 틀렸지? 이번엔 이렇게 흔들어보자, 다음엔 저렇게 흔들어보자.' 이것은 미신의 원리와 같다. 비를 내려달라고 신에게 빌고 있는데 한참 오른쪽 손을 들며 춤을 추고 있을 때 비가 내렸다. 그들은 생각한다. '아! 오른쪽 손을 들며 춤을 추면 비를 내려주시는구나!'

잘 알지 못하는 병에 걸려 사람들이 죽어간다. 온몸이 검게 변하며 열이 나더니 죽는다. 어느 날 자신도 몸에 열이 나기 시작한다. 자신도 그 병에 걸린 것 같다. 혹시 몰라 소변과 대변을 몸에 바르고 잠을 잔다. 다음 날 열이 내렸다. 아! 이 병은 소변과 대변을 몸에 바르면 낫는구나! 결과를 만들어낸 원인이 무엇일지에 대해 우리는 수많은 고민을 하겠지만, 정답을 항상 맞힐 수는 없을 것이다. 그것이 마음의 문제라면 더욱 그러하다. 마음이란 너무나 복잡해서 하나의 사건만으로 모든 것이 결정되지는 않으니까.

삶의 문제에 대해서도 우리는 보통, 이와 같은 관점으로 생각한다. 내가 낯선 사람에게 말을 못 걸고 사람을 잘 못 사귀는 이유는 타고난 수줍은 성격 때문이고, 내가 술을 끊지 못하는 이유는 아무도 나를 이해해주지 않았기 때문이며, 내가 이렇게 삐뚤어지게 자란 것은 부모님이 나에게 충분한 사랑을 주지 않았기 때문이라고. 과거에 이런 경험을 했기 때문에 지금의 내가 이럴 수밖에 없는 거라고. 조건반응처럼 어떠한 일이 있었기 때문에 이렇게 반응할 수밖에 없었다고 이야기하게 되면 끝내 책임을 회피하게 되거나 타인을 원망하게 되고, 또이미 일어나버린 과거는 바꿀 수가 없으므로 변화에 대한 희망도 품을 수 없게 된다.

"저 사람은 나를 사랑하지 않았어. 그래서 지금 내가 이렇게 사는 거야."

"저 사람이 나를 미워했기 때문에 나도 이렇게 할 수밖에 없었어."

분노는 고통의 원인을 저 사람 때문으로 보기 시작하면서 생긴다. 그래서 가장 경계해야 할 순간은 삶의 문제에 대한 '원인'을 찾았다고 확신할 때라고 할 수 있다. 그 원인을 의심 없이 진실로 받아들이면 다른 것을 볼 기회를 잃어버린다. 그 사람이 자신에게 보내온 수많은 사랑의 증거를 무시하고 작은 외면의 기억에 매달려 그것만이 진실이라 믿는다. 하지만 우리는 이제 알고 있다. 우리의 기억은 생각보다 객관적이지도 정확하지도 않다는 것을. 자신의 기억은 자기 행동을 정당화하는 데 필요한 장면들만 편집하여 붙인 자전영화다. 그런데도 예를 들어 자신의 자존감이 낮은 이유를 부모님의 잘못된 양육 태도 때문이라고 확고하게 믿어버리는 순간 문제가 해결되는 게 아니라 또 다른 문제가 시작되는 것이다.

"원인보다 목적, 이유보다 의미"

마음의 상처란 원인을 발견했을 때보다 그 경험을 어떻게 사용할 것인가를 고민할 때 훨씬 빠르게 회복된다고 나는 믿는다. 상담이나 코칭에서 과거의 기억을 이야기하는 것은 원인을 찾아 누가 잘했고 못 했는지, 누가 피해자고 가해자인지를 따져보는 것이 아니다. 과거를 통해 '나의 삶의 태도를 돌아보기 위함이고 과거 그 기억에서 상처받은 나를 위로하고 보듬어 안아 다시 회복하고 성장하기 위함'이다.

아들러는 목적론을 강조했다. '과거 이러한 사건 때문에 이러한 내가 될 수밖에 없었다'가 아니라, '지금 이런 나를 만들기 위해 과거의 경험을 근거로 쓴다'라고 말이다.

예를 들어, 어릴 적 학대받은 경험이 있는 아이가 있다. 원인에만 집중하면 "나는 어릴 때 학대를 받았기 때문에 지금 내가 폭력을 쓰는 거야, 어쩔 수 없어, 그리고 그래서 나는 이해받아야 해"가 된다. 하지만 학대받은 경험이 있는 모두가 커서 폭력을 쓰거나 아이를 학대하지는 않는다. 즉 같은 경험(원인)을 했다고 해서 모두가 같은 결과를 맞이하는 것은 아니라는 것. 목적론은 이를테면 이런 거다. 우리는 어떤 경험을 했을 때, 나름의 패턴에 따라 그 경험을 주관적으로 해석한다. 그리고 그 경험을 토대로 삶의 목적을 정하게 된다.

예를 들어, 어릴 때 학대받은 경험이 있는 3명의 인생을 추적 조사해 본다고 하자. 20년 후 모두가 비슷한 삶을 살고 있을까? 그렇지 않다. A는 "나는 어릴 때 학대를 받았기 때문에 세상을 원망할 수밖에 없다. 내가 받은 만큼 복수하며 살 것이다"라는 목적을 갖고 온갖 나쁜 짓을 일삼으며 살고 있고, B는 "나는 어릴 때 학대를 받았기 때문에 다시는 그런 경험을 하고 싶지 않다. 다시는 누구도 나를 무시할 수 없게 강한 사람이 될 것이다"라는 목적을 갖고 공부를 열심히 하거나 돈을 버는 데 집중하는 삶을 산다. C는 "나는 어릴 때 학대를 받았기 때문에 학대받은 아이들이 어떤 마음으로 살아가는지 누구보다 잘 안다. 그래서 나는 그들을 돕는 사람이 될 것이다"라는 목적을 가지고 봉사하며 살아간다. 아들러가 이야기하고자 하는 것은 '과거에 어떤 사건이 있었느냐'보다 '그 사건이 자신에게 어떤 의미로 해석되었으며, 또 그것이 어떤 목적을 만들어냈느냐'가 훨씬 중요하다는 것이다.

그렇다. 어떤 행동을 하는 데에는 반드시 어떠한 목적이 존재한다.

짝꿍의 치마를 들치며 아이스께끼를 하는 것은 그 짝꿍이 치마를 입고 있었기 때문이 아니다. 그 자신이 잘못된 방법으로 여자아이의 관심을 끌고 싶어서였거나 며칠 전 책상에 금을 그은 것에 대한 복수이거나 등등 뭐 어쨌든 그 행동을 통해 자신이 얻고 싶은 어떤 목적이 있었기 때문이다. 나쁜 짓을 일삼는 것은 어릴 때 학대받은 경험 때문이 아니고, 자신이 세상에 복수하고 싶은 목적이 있기 때문이다. 단지, 자신이 하는 나쁜 짓에 정당성을 부여하고 싶어서 학대받은 기억을 들이대며 나도 어쩔 수 없다고 변명하는 것뿐이다.

살아가면서 어떤 환경과 사건을 겪었는지는 그다지 중요하지 않다. 중요한 것은 그 환경과 사건이 자신에게 어떤 의미가 있는지다. 인생이 괴롭다면, 마음처럼 돌아가지 않는다고 생각한다면 다시 자신의 기억 속의 의미를 잘 살펴보아야 한다. 그리고 과거에 경험한 어떤 사건 때문에 지금의 내가 이런 모습일 수밖에 없다고 생각한다면, 두 가지를 진지하게 생각해보자.

첫째, 그 경험을 한 모든 사람이 당신과 같은 모습인가.

둘째, 당신의 기억에 주관적 해석이 단 1%도 들어가 있지 않다고 확신할 수 있는가.

풀다 만 문제집처럼 자신의 지나온 삶은 쳐다보는 것부터 스트레스가 되기도 한다. 그러나 반드시 살펴보아야 한다. 내가 지금 하는 이 행동은 어떠한 목적을 가졌는지. 그리고 나를 괴롭히는 과거의 기억은 내게 어떤 의미가 되어 남아있는지. 그 대답은 당신을 좀 더 깊은 내면으로 이끌 것이다.

아들러 심리학 나쁜 기억 세탁소

4
내가 아팠던 만큼
너도 아팠을 거야

"나는 당신을 봅니다."

런던 내셔널갤러리에서 나는 한 남자를 만났다. 나는 그림에 관심이 없었다. 그림은 내게 알지도 못하는 옛날 사람들이 사진이 개발되기 전 사진 대용으로 그린 초상화쯤 되는 지루하기 짝이 없는 존재일 뿐이었다. 그런 내가 갤러리에 자발적으로 간다는 것부터 놀라운 일이긴 했다. 내셔널갤러리는 넓고 높았다. 그리고 벽 높은 곳까지 그림이 덕지덕지 전시되어 있었다. 넓고 큰 방 벽면을 따라 걸려 있는 그림들을 감상하면 되었다. 한껏 고상한 분위기에 취해 방과 방 사이를 오가다 막 모퉁이를 돌았을 때였다. 나는 그 남자를 발견해버렸다.

복합적인 얼굴이었다. 분노한 듯 보이면서도 슬퍼 보였고, 또 고통스러워 보였다. 그 사람이 누구인지 어떤 사람인지에 대해 아무것도 몰랐지만 아무런 이야기를 덧붙이지 않더라도 나는 그 사람의 그 감정을 고스란히 느낄 수 있었다. 나는 오래도록 그를 바라보았다. 잘 차려입은 신사들로 가득 채워진 그림 속에서 인물들은 무엇이 문제인지 서로 싸우는 듯 보였다. 그리고 이 그림 속에 그 남자도 있었다. 신기한 것은 그 수많은 표정 중에서 한 남자의 얼굴이 내게 들어온 것이다. 그 그림은 모퉁이 구석에 전시된 것으로 많은 사람의 눈길에서 벗어나 있는 그림이었다. 사람들이 내 곁을 무심히 스치듯 지나가는 내내 나는 그 그림 앞에 멈춰서 움직일 수가 없었다. 오래도록 그 남자와 나는 눈을 마주 보고 서 있었다. 내 눈에 고인 눈물이 몇 번쯤 볼을 타고 흘러내릴 때까지.

　나는 왜 그 낯선 남자를 보고서 하염없이 눈물을 흘렸을까. 소설 속 주인공처럼, 우리 둘이 전생의 연인이라도 되었던 것일까. 아니, 그것은 그가 나와 닮아 있었기 때문이다. 마음이 말이다. 나는 왠지 나 같다는 이유로, 어느새 그 남자가 되어 잠시 그 그림으로 들어가 버렸다. 서로 뒤엉켜 싸우고 있는 이들 사이에서 유난히 고통스러운 표정으로 정면을 응시하고 있던 그 남자, 그 사람의 감정이 고스란히 나에게 전해져왔다. 그 남자가 느꼈을 법한 고통과 슬픔이 내 안에 번져가기 시작했다. 그것은 언젠가 내가 경험했었던 그것과 같았다. 어느새 나의 표정도 그림 속의 그 남자와 닮아가기 시작했다. 눈썹은 잔뜩 찡그려진 채 눈에는 슬픔이 가득한 표정. 그리고 흘러내리는 눈물. 내가 그 남자이고 그 남자가 나인 순간. 그 순간, 우리는 같은 감각을 경험한 것이다. 공통감각. common sense. 아들러는 'common sense'를 강조해왔는데 그가 말하는 common sense란 타인의 눈으로 보고 느끼는 것을 말한다. 그러니까 쉽게 말해 잠깐 다른 사람이 되어 세상을 바라보는 태도 정도로 정리될 수 있으려나.

영화 〈아바타(Avatar)〉에서 나비족이 사용하는 인사말은 'I See You'이다. '나는 당신을 봅니다.' 영화 OST 속 가사 속에서도 이 문장은 반복된다. "그대의 눈을 통해 나를 보아요." 도대체 '나는 당신을 본다'라는 말은 어떤 뜻일까. 영화 속 대사를 통해 엿볼 수 있다.

> '당신을 봅니다'라는 말은
> 단순히 '그 앞에서 지켜본다'는 말이 아니라
> '그 내면을 들여다본다'는 뜻이야.
>
> _ 영화 〈아바타〉 中

나 자신이 어떤 것을 '본다는 것'은 어떤 '대상을 보는'것이다. 나라는 존재가 너라는 대상을 보는 것. 그것만으로는 상대를 온전히 이해할 수 없다. 오로지 나의 시선 안에서 상대를 보는 것이기에 우리는 영원히 같은 것을 보고 느끼지 못한다. 예를 들어, '내가 고양이를 본다'라고 해보자. 나라는 존재가 고양이라는 대상을 본다. 고양이의 처지에서는 반대의 것을 보게 되니, '내가 인간을 본다'가 되겠다. 우리는 같은 공간에서 같은 것을 보고 있다고 이야기하지만, 사실 영영 반대편에서 서로 다른 것을 본다. 내가 보는 것을 같이 보지도 않고선 나를 온전히 이해한다고 한다면, 그것은 거짓말이다. 고양이가 보는 것을 보지 못해놓고 고양이를 깊이 이해하기란 어떤 천재도 곤란한 임무다. 아들러가 강조하는 common sense는 '상대의 내면을 들여다보는 것'을 말한다. 존재를 이해하기 위해서는 그 존재가 되어보아야 한다. 그 존재가 보고 있는 것을 볼 수 있어야 한다. 우리는 영혼을 다른 육체에 넣는 법은 모르지만, 다행히도 잠시 다른 사람이 되어 세상을 바라볼 정도의 상상력쯤은 충분히 가지고 있다. 그리고 우리는 다른 듯 비슷하기에, 상대의 마음속에서 나의 마음을 자주 발견하곤 한다. 그렇게 서로의 심적 공통점을 넓혀나갈 때 우리는 비로소 그를 이해한다고 이야기할 수 있을 것이다.

다른 사람의 눈으로 보고, 다른 사람의 귀로 듣고, 다른 사람의 마음으로 보는 것. 이것이 불가능한 사람을 우리는 사이코패스라고 부른다. 그렇다. common sense를 경험하지 못하는 사람은 우리 사회에 유익한 존재가 될 수 없다. 생각해보라. 어떤 사람은 내 눈에 낀 먼지만이 자신을 울게 할 가치가 있다고 믿지만, 어떤 사람은 인터넷 뉴스 변두리에 놓인 난민의 사진을 보면서도 자기 일처럼 함께 운다. 당신은 누구와 함께 살고 싶은가. 당신이 사랑하는 이를 어떤 이들이 사는 세상으로 초대하고 싶은가.

"내 존재의 크기"

때로는 도저히 이해할 수 없을 것 같은 인간을 만난다. 그럴 때면 나 역시 저 인간은 나와 다른 인간이라며 나의 인생에서 아웃시켜 버리곤 했다. 때로는 경멸과 불쾌감을 담은 표정으로 그들을 바라보기도 했다. 인간 세상 대부분의 갈등은 서로서로 이해하지 못하는 데에서 발생한다고 생각한다. 이 부장이 왜 나를 달달 볶아대는지, 박 대리가 삼겹살집 회식 테이블에서 왜 벽에 붙은 무늬처럼 있는 듯 없는 듯 존재하고 있는지, 왜 나의 어머니는 스무 살을 즐길 새도 없이 9시면 학교 앞 술집 앞에 차를 대고 나를 기다리고 있는지. 그들의 마음에 공감할 수 없다면 갈등은 피할 수 없다.

베르나르 베르베르가 쓴 소설 《개미》에서는 개미들의 소통방식이 소개되었는데 그것이 참 재밌다. 개미는 호르몬으로 대화한다. 그들은 두려움이나 분노, 즐거움을 느끼면 몸 내부에서 호르몬이 발생하여 몸 밖으로 내뿜는다. 그리고 그 호르몬은 근처에 있는 개미들에게 동시에 전달되며 모두가 같은 감정을 느낀다. 소설 속에서 한 개미는 공격당해 다친다. 그리고 동시에 그 개미가 느낀 감정이 호르몬을 통해 근처에 있던 다른 개미들에게 바로 전달되게 된다. 동료 개미의 공포를 한 치의 차이점도 없이 똑같이 느낀 다른 개미들은 그 즉시 동료를 구하러 출발한다. 그 장면을 읽으며 인간도 이와 같다면 얼마나 좋을까 상상해보았다. 하다못해 E.T처럼 손가락을 갖다 대면 말하지 않아도 나의 감정을 상대가 똑같이 느낄 수 있다면 말이다. 이 부장이 나를 달달 볶아댈 때마다 가만히 이 부장의 손가락에 나의 손가락을 갖다 대보는 것이다. 내가 지금 느끼는 수치심과 공포감을 그대로 이 부장이 느낄 수만 있다면 아마도 지금처럼은 못할 것이다. 그리고 이 부장이 느끼는 불안감과 신경증을 내가 동시에 느낄 수 있다면 나역시 지금처럼은 못할 것이다. 그런 면에서 인간은 아직 진화가 덜 된 것인지도 모르겠다.

응급실을 가본 적이 있는가? 그곳에선 모두 위급하다. 각자 자신의 아픔밖에 보이지 않는 긴급한 공간. 우리도 세상이란 응급실에 버려진 환자들 같을 때가 있다. 자신의 고통이 너무 커서 타인의 아픔을 바라볼 여력마저 잃어버린. 나만이 고통받고 있으며 상대방은 나의 고통을 즐기고 있다고 믿는. 그래서 함께하기보다는 자신의 것을 챙기기에 바쁘다. 모든 것을 뺏고 뺏기는 절체절명의 순간이다. 그런 삶에서 평화란 있을 수 없을 것이다. 그들은 평화와 안정을 위해서 자신이 더 뺏어야 한다고 생각하겠지만 말이다.

역사적으로 가장 철학적인 우주 사진이라 일컬어지는 유명한 사진이 하나 있다. 이 사진은 지구에서 가장 멀리 떨어진 위치에서 지구를 촬영한 사진으로 보이저 1호가 태양계를 벗어나면서 잠시 방향을 틀어 지구를 촬영한 사진이다. 지구로부터 64억 킬로미터 밖에서 바라본 지구는 광활한 우주에 떠 있는 아주 작은 먼지처럼 보인다. 칼 세이건이 자신의 저서《창백한 푸른 점》에서 이야기했듯이, 광활한 우주 사이로 아스라이 보이는 저 작은 점 하나 위에서 우리가 아는 모든 사람이 태어나 땅 위를 두 발로 걷는 기쁨을 누리고, 울고 웃었으며, 싸우고 사랑하다 떠나갔다. 우리는 우주의 변두리, 이토록 작은 별 위에서 네 것과 내 것을 가르고, 네 편과 내 편을 나누고, 네 땅과 내 땅 사이에 철조망을 세워왔다. 우주에 외로이 떠 있는 창백한 푸른 점 위에서. 그러나 보이저 1호가 찍은 그 사진을 가만히 들여다보면 누구라도 느낄 수 있다. 밖에서 바라보면 네 편과 내 편을 가르는 일이란 참으로 부질없는 일이라는 것을. 머-언 훗날, 우리와 아주 다른 생김새를 가진 다양한 외계인들이 지구 위에서 함께 생활하게 된다면 피부색이 검은 것과 흰 것쯤 무슨 의미가 있을까. 머-언 훗날, 인간이 지구외의 다른 별에도 살게 된다면, 지구 위에서 서로의 국가경계선을 넘었다고 죽고 죽였던 역사는 어떻게 비칠까.

나, 가족, 동네, 구, 시, 도, 국가, 동북아시아, 아시아, 동양, 지구. 대략 지역적인 것으로만 따져도 내가 속해 있는 집단의 단위는 이토록 많다. 인맥과 학연, 그 외에도 존재하는 다양한 집단들을 따진다면 더욱 많을 것이다. 나라는 최소단위로부터 시작해, 지구라는 큰 단위까지 집단의 크기는 다양하다. 여기서 내 존재의 크기는 내가 얼마만큼의 공통감각인 common sense를 가지고 있느냐에 따라 달라질 수 있다. 나의 마음만 볼 수 있다면 딱 그만큼. 가족의 마음까지 볼 수 있다면 딱 그만큼. 나와 동시대를 살아가고 있는 대한민국의 국민의 마음까지 볼 수 있다면 그 사람은 대한민국의 영토만큼의 존재의 크기를 가진 것이다. 그리고 국가를 넘어 지구에 존재하는 모든 생명체의 마음을 살펴볼 수 있다면 그 사람은 세상에서 가장 큰 마음을 가진 존재일 것이다. 우리는 일련의 정치적 사건을 통해 한 나라의 리더가 가진 마음의 크기에 따라 국민 생활의 질이 달라질 수 있음을 뼈저리게 경험했다. 그 사람이 품을 수 있는 국민의 숫자는 그 사람이 볼 수 있는 마음의 숫자와 같다. 리더로서 자신의 친인척만을 자신의 품에 안으면 국가의 돈을 통해 친인척의 배만을 불리게 된다. 다른 국민은 굶든 말든 그 사람에겐 다른 나라 이야기니까. 리더로서 한 그룹의 사람들만을 품에 안으면 다른 그룹의 사람들은 어떤 부당한 상황에 처해도 상관하지 않게 된다. 그리고 그런 사람들이 가득한 사회는 서로 반목하고 속고 속이며 매 순간 겨루게 되는 피곤한 일상을 만들어내다가 결국 자멸하고 말 것이다. 우리가 타인의 마음을 어디까지 나의 마음처럼 바라볼 수 있는지는 이토록 중요하다. 우리는 모두 사회를 구성하는 구성원이고, 지금, 이 순간에도 우리가 이 세상을 만들어가고 있기 때문이다.

공통감각, common sense라는 것은 내 안에 더 큰 세계를 끌어다놓는다. 타인의 마음을 바라볼 여유가 부족한 사람은 딱 자신의 마음만큼의 크기 속에서 살아간다. 그래서 늘 화가 나고 분통이 터지는 일들을 만나게 된다. 자기 세계 속에서는 이해되지 않는 일투성이니까. common sense를 사용할 수 있게 되면 우리는 수십 개의 '나'를 갖게 된다. 그래서 상황을 다양한 관점으로 볼 수 있는 능력을 갖추게 된다. 나의 마음도 보이고, 동시에 상대의 마음도 보인다. 그것은 나무 위로 올라가 숲을 보게 되는 것과 같다. 그때 우리는 마치 매트릭스에서 빨간 약을 먹은 것처럼 새로운 세상을 만나게 된다. 내가 알던 세상이 아니라 더 큰 세상, 그리고 좀 더 진실에 가까울 세상을. 이것이야말로 진화다.

5
느끼지 못했더라도
사랑은 언제나
내 곁에

"채워도 채워도 채워지지 않는 사랑에 대한 갈망"

초등학교 때 가장 좋아했던 책은 잊을 만하면 나오던 유명 만화 책 '유리가면'과 온갖 무서운 이야기가 모여 있었던 '공포 특급', 그리고 '안네의 일기'다. 그중에서 '안네의 일기'를 가장 좋아했다. 얼마나 좋아했던지 안네를 따라 일기를 쓰기로 스스로 결심까지 하고 만다. 방학 숙제로 나오던 그림일기도 몰아 쓰느라 내내 괴로워했던 내가 제 발로 문방구에 가서 그것도 내 돈으로 일기장을 사는 날이 올 줄이야. 심지어 일기장에 이름까지 지어주면서. 안네는 자신의 일기장에 키티라는 이름을 지어주었다. 나도 안네를 따라 영어 이름을 지어주기로 결심했다. 두꺼운 영한사전을 한참 뒤적거린 끝에 '세이'라는 이름을 지어주게 된다. Say. 그러나 세이와는 결국 친해지지 못했다. 나는 삼 일에 한 번, 일주일에 한 번 꼴로 세이를 찾아가 오랜만에 와서 미안하다는 말만 해대다 한 권을 다 채우지도 못한 채 서랍 속으로 보내버렸다.

그런 세이와 한 번 공모를 한 적이 있다. 여느 때처럼 TV를 보다가 엄마에게 혼난 후 터덜터덜 방으로 들어온 날이었다. 나는 책상에 앉아 세이를 꺼내 들었다. 속상한 마음을 그곳에 탈탈 털어 넣은 후에야 잠들 수 있었다. 그런데도 아침에 일어나니 서운함이 다시 살아난다. 어떻게 할까─ 하다가 책상 위에 세이를 펼쳐 놓기로 한다. 어제 내가 써 둔 페이지다. 온갖 악독한 말들이 놓여 있는. 나는 엄마가 내 방을 청소할 때 그것을 슬쩍 보기를 바라면서 일기장 가운데를 꾹꾹 눌러 펴두었다. 방문을 열기 전 뒤돌아본다. 책상 위에 세이가 모르는 척 펼쳐져 있다. 다시 덮을까 말까 고민하던 나는 에잇, 결국 펼쳐진 그대로 둔 채 방문을 열고 나온다. 내가 얼마나 속상하고 억울했는지 엄마도 느껴보아야 하니까. '엄마가 정말 밉다'로 끝나는 일기를 보고 엄마도 마음이 아파보았으면 좋겠다고 생각하며 집을 나섰다.

수업 내내 일기장 생각뿐이다. '이제쯤 엄마가 읽었을까, 많이 속상해했을까, 혹시 엄마가 많이 상처받았으면 어떡하지.' 종소리가 들리자마자 책가방을 든 채 집으로 뛰어간다. 그러다가 엄마의 화난 얼굴이 떠오르면 또 쭈뼛쭈뼛 미적거린다. 그렇게 반쯤은 뛰어서 반쯤은 기어서 집으로 간다. 부엌에선 통통거리며 요리하는 소리가 들린다. 평소와 다름없는 분위기다. 방문을 연다. 내가 나올 때와 똑같은 모습이다. 여전히 세이는 책상 위에서 세상 악독한 단어들을 모르는 척 펼

어서 오세요 나쁜 기억 세탁소에

처 보인다. 나의 엄마가 그 일기장을 보았는지는 지금도 알 수 없다.

일기장에는 온통 엄마가 얼마나 나쁜 엄마인지부터 나를 얼마나 괴롭히는지에 대한 문장들로 가득 차 있었지만 사실 진짜 하고 싶은 이야기는 단 한 문장이었다.

"엄마, 나를 더 사랑해주세요."

생의 슬픔과 외로움, 고통과 분노, 절망과 부질없는 희망 모두 '결핍'으로부터 시작된다. 사랑에 대한 결핍. 거기서부터 우리는 채워지지 않는 것을 끊임없이 갈망하는 것으로 삶의 고통을 경험한다. 어쩌면 태어나면서부터 나보다 엄마를 먼저 본 것부터 문제였을지도 모른다. 아니면 나를 사랑하는 법을 배우기도 전에 엄마를 먼저 사랑하게 된 것이 문제였을까. 나는 밑 빠진 독에 물을 붓는 콩쥐 같은 마음으로 살았다. 쉼 없이 엄마와 독 사이를 오가며 얻어온 사랑을 부어 담았지만, 도저히 채워지지 않았다. 점점 발걸음은 무거워지고 더 이상 한 걸음도 옮길 수 없을 만큼 지쳤을 때 나는 엎드려 엉엉 울었다. '사랑이 부족해. 내 독을 채우기에는 턱없이 부족하다고!' 하지만 곧 나는 들리지 않을 목소리로 그들에게 속삭였다.

"지금 쓰러져 울고 있는 이 아이는 내가 아니에요. 당신이 사랑하는 사람이 될게요. 제가 노력할게요. 그러니까 사랑 해 주세요."

"사랑의 각자 다른 정의"

아무리 노력해도 채워지지 않은 사랑에 대한 결핍감으로 좌절했던 그 날, 더 이상 먼저 마음 주고 기대하다가 상처받는 머저리 짓은 하지 않겠다고 마음을 닫아버렸던 결심의 그 날, 아마 모두에게 있었던 날일 것이다. 이상한 것은 어쩐지 모두가 사랑하고 있으며, 사랑받고 있는데도, 온 마음을 다해 사랑했다는 이만 있고 충분하게 사랑받았다 하는 이는 없다는 것이다. 각자 서로가 이해할 수 없는 말들로 사랑을 속삭이기라도 하는 것처럼.

언제부터인가 우리에게 사랑이라는 단어 앞에는 조건이 붙기 시작했다. 어쩌면 상처받기 싫은 마음이 내린 마음의 빗장일지도 모르겠다. '네가 먼저 날 사랑한다고 말해준다면, 나도 널 사랑할 거야', '네가 내 모든 행동을 참아내면서 끝까지 내 옆에 있어 준다면, 그땐 네 사랑을 믿어줄게', '나의 의견에 기꺼이 따라주지 않으면서 나를 사랑한다고? 거짓말.' 마치 밀매상과 같다. 상대가 사기라도 칠까 봐 가슴팍에 총 하나씩 품어 들고 '자, 일단 가져온 물건부터 보지'라고 하는. 상대방의 사랑을 나의 기준에 맞추어 진짜와 가짜를 구분한다.

서로 사랑하는 두 사람이 있다. A는 '아'를 사랑이라 생각하고, B는 '어'를 사랑이라 생각한다면 어떤 일이 벌어질까? A가 아무리 '아'라고 하면서 사랑을 속삭여도 B는 온통 불만일 뿐이다. A는 한 번도

203
어서 오세요 나쁜 기억 세탁소에

내게 '어'라고 표현하지 않았다면서. A도 마찬가지다. 둘은 점점 지쳐 가고 결국 마음을 닫아버린다. 수많은 연인과 부부, 아이와 부모의 관계에서 이같은 오해들이 매일같이 벌어지고 있다.

당신은 어떨 때 사랑을 느끼는가? 한번 떠올려보자. 그리고 사랑하는 이에게 한번 물어보자.

"나는 ＿＿할 때 사랑을 느낀다."

이에 대한 대답은 아마 모두 다를 것이다. 그리고 거기서 우리의 오해가 시작된다. 사랑하지 않았던 것이 아니라 내가 그 사람의 사랑을 아직 이해하지 못한 것이다. 우리는 그것을 명확히 해야 한다. 그래야 과거에서 벗어날 수 있다. 우리가 과거에서 가장 고통스러워하고 괴로워하는 지점은, 바로 사랑받지 못했다는 바로 그 지점이다. 사랑받지 못했고, 존재를 인정받지 못했으며, 함께하지 못했던 것으로부터 우리는 많은 상처를 받았다. 그러나 그것이 사실이 아니라는 것을 우리는 먼저 마음 깊은 곳으로부터 이해해야 한다.

사랑받지 못했던 것이 아니라, 그들의 사랑이 그때 어린 나에게는 이해할 수 없는 방법의 사랑이었을 뿐이다. 그래서 사랑받지 못했다고 느낄 뿐이다. 5살의 어린아이를 집에 두고 출근해야 하는 부모의 사랑을 어린아이가 이해할 수 있었을까? 혼을 내서라도 잘못된 것을 가르

아들러 심리학 나쁜 기억 세탁소

처야 하는 부모의 사랑을 과연 이해할 수 있었을까? 모두가 자신 나름의 방식으로 사랑한다. 모두가 자신이 처한 환경 안에서 최선을 다해 스스로가 생각하는 가장 적절한 방법으로 사랑한다. 그때에는 상대의 행동이 이해되지 않았더라도, 아마 그 사람에게는 그 행동이 자신의 사랑을 표현하는 가장 좋은 방법이었을 것이다.

우리는 자신을 괴롭히는 과거의 기억 속 그 사람에게도 분명히 나를 사랑하는 마음이 존재한다는 것을 믿어야 한다. 말이 아니라 마음으로 믿어야 한다. 진심으로 믿어야 한다. 그때의 내가 그 사람의 사랑 방식을 이해하지 못했던 것이며, 아직 그 사랑을 발견하지 못했을 뿐이다. 우리는 서로 미숙한 사람들이니까, 불완전한 사람들이니까 서로에게 미숙할 수 있다. 상처를 줄 수도 있다. 하지만 사랑하지 않았다면, 상처받지도 않았을 것이다.

그 말을 반대로 뒤집으면 이렇게 된다. 서로 상처받았기에 우리는 분명히 사랑했다고. 나쁜 기억 속, 그 기억 안에는 분명히 사랑이 있다. 그 안에는 분명히 나를 향해 있던 사랑이 존재했다. 그 행동 속에서 그 사람의 '사랑의 방식'을 발견하는 것, 그 사람의 '긍정적 의도'를 발견하는 것, 그것이 우리가 오래도록 잊어버린 사랑의 존재를 발견하는 방법이다. 우리는 모두 사랑하는 기술이 부족했을 수는 있지만, 사랑하지 않았던 순간은 없다.

"우리는 사랑으로 태어나 사랑으로 키워진 존재다."

밑도 끝도 없는 기억이지만, 어느 날 엄마에게 물은 적이 있었다. "엄마 딸 믿지?" 일이 잘 풀리지 않았던 때였던가, 딸의 미래를 걱정하며 이런저런 잔소리 같은 이야기를 하는 엄마에게 '더 이상 듣고 싶지 않으니 그만 말해'라는 말을 돌려서 했던 말이었을 것이다. "내가 알아서 할게. 걱정 좀 하지 마. 엄마 딸 믿지?" 그때 엄마는 엄마만이 가지고 있는 엄마의 눈빛으로 나를 보며 대답했다.

"믿어."

그 순간 멍해졌다. 그렇다, 우리는 서로서로 답답해하는 순간에서도 여전히 서로를 사랑하고 있었다. 화내고 서운해하고 삐지고 섭섭해하며 때론 나쁜 말을 퍼부었던 그 모든 순간에도 여전히 우리는 서로를 사랑하고 있었다. 사랑하지 않아서 화낸 것이 아니라, 사랑하기에 그러했다. 그렇다. 태어나 서로 만난 순간부터 생의 마지막까지 우리는 사랑하고 사랑할 것이다. 웃고 울면서. 하늘이 정해준 운명이 있다면, 그것은 가족일 것이다. 내가 몇 살에 결혼하고 몇 살부터 운이 풀리는지가 아니라.

나는 그날 엄마의 눈빛을 떠올리며 우리의 만남이 갖는 경이로움에 대해 새삼스럽게 느꼈다. 태어나 이 사람을 만난 것이 내게 가장 큰 행운이었음을 말이다. 숨 쉬는 것 말고는 할 줄 아는 것이 하나도 없던 갓난아이를 이렇게 키워내는 데는 사랑 없이는 불가능하다. 그저

존재하는 것이 사랑스러워서, 그 존재함이 자신을 살게 해서, 그 갓난
아이를 품에 안았을 것이다. 젊을 때는 상상할 수 없었던 희생을 웃으
며 기꺼이 해냈을 것이다. 스스로 걸을 수도, 음식을 구할 수도, 말을
할 수도 없었던 한 아이가 살아남아 지금 이곳에 존재하기까지는 수
많은 사랑의 손길이 있었기에 가능했다. 나를 낳아준 사람과 나를 키
워준 사람, 내가 먹는 음식과 옷, 배우게 된 모든 것들이 누군가의 정
성이자 사랑이다. 우리는 그런 사랑 속에서 키워졌다.

　40여 년 전의 어느 날에 우리 우주 안, 처녀자리 초은하단에 속한,
국부 은하군 안에 있는, 우리 은하 속에, 오리온자리 나선 팔에 속한,
태양계에 있는, 지구의, 대한민국이라는 나라 속 자그마한 도시에서
지구인 두 사람이 마주쳤더란다. 우주가 탄생하고서 137억 년이란 시
간을 지나가고 있던 찰나의 순간, 하필 그 날, 그 시간에, 그 장소에서,
둘은 마주쳤더란다. 우연처럼, 운명처럼, 사랑을 했더란다. 평생 함께
하겠다고 신께 맹세도 했더란다. 그리고 어느 아름다운 날, 어떤 한
아이가 그들이 심어놓은 씨앗에서 응애응애 울어대며 세상 밖으로 나
왔더란다. 그런데 그 아이는 혼자서는 할 줄 아는 게 아무것도 없더란
다. 매일매일 울기만 했더란다. 그래도 두 사람은 그 아이를 마음 깊이
사랑했단다. 그래서 그 아이를 꼭 껴안으며 이렇게 이야기했더란다.
　'태어나 줘서 고마워.'

어서 오세요 나쁜 기억 세탁소에

"광막한 공간과 영겁의 시간 속에서

행성 하나와 찰나의 순간을

앤(Anne)과 공유할 수 있었음은

나에게는 커다란 기쁨이었다."

_ 칼 세이건

눈을 감고 떠올려보자. 이 세상에서 가장 사랑하는 존재를. 그 사람을 왜 사랑하는가? 그 사람의 어떤 모습을 사랑하는가? 이런 행동을 했기에, 저런 행동을 했기에 사랑하는가? 아니, 당신은 그 사람이 그저 존재하는 그 자체로 사랑할 것이다. 힘들 때 떠오르는 얼굴, 맛있는 걸 먹을 때 떠오르는 얼굴, 그 사람이 당신이 사랑하는 사람이지 않은가. 있는 그대로, 존재하는 그대로 감사한 사람. 그렇다. 사랑은 받고 나면 주겠다고 결정하는 것이 아니다. 그저 '사랑하는 것'이다. 그리고 내가 그러했듯이 나를 사랑하는 이들도 그저 존재하는 것만으로 나를 사랑하고 있다. 우리는 당연함 속에서 너무 많은 사랑의 증거들을 놓치고 있다. 부모라는 이유로, 자녀라는 이유로, 배우자라는 이유로, 또 누구라는 이유로 그것쯤은 당연히 해주어야 한다고 생각하는 그 모든 행위는 당연하게도 '당연하지 않다.' 태어나 당연하게 누려야 할 것은 아무것도 없다. 당연하게 얻어야 하는, 내게 주어져야 하는 것은 없다. 우리는 내가 가진 것들, 내가 받은 것들로부터 '당연함'을 지워보아야 한다. 그것이 잊혀버린 사랑을 발견하는 키가 될 테니까.

아들러 심리학 나쁜 기억 세탁소

우리의 인생은 우주의 역사에 비하면 찰나보다도 짧은 시간을 이 지구라는 별에서 살다 가지만, 우리가 우리의 소중한 사람들에게 남긴 어설퍼서 아름다웠던 그 사랑은 그들의 마음에 남아 혈관을 타고 흐르다가 또 그들의 소중한 이에게, 또 그 소중한 이의 소중한 이에게로 흘러 내려갈 것이다. 그리고 그들도 우리로부터 이유 없는 사랑을 받았기에, 본능처럼 또다시 어떤 이를 이유 없이 사랑하게 될 것이다. 우리가 그러했던 것처럼.

그러니 넓디넓은 우주에서, 그것도 수백억 년의 시간 속에서, 하필 지금-여기에서 우리가 만나 사랑할 수 있었던 모든 순간이 '기적'이었음을 부디 잊지 말자. 그렇다. 우리는 늘 기적 속에서 살았고, 지금도 기적 속을 살아가고 있으며, 앞으로도 수많은 기적을 만들며 살아갈 것이다. 나의 부모가 그랬듯이. 또 나의 부모의 부모가 그랬듯이. 또 나의 조부모의 부모가 그랬듯이.

6
오늘,
내가 용서를
결심한 이유

"용서가 글처럼 쉽나요."

도닥-도다닥. 검색창에 용서라고 검색해본다. 드르륵-드르륵. 마우스를 쭉쭉 내려 본다. 용서하는 다양한 방법이 빽빽이 검색된다. 나 몰래 수십 수백 명의 사람은 많이들 용서하고 사는 모양이다. 좀 읽어 보려 하는데 눈에 잘 들어오지 않는다. 저 글들이 전부 진짤까. 에이, 말도 안 돼. 입술 한번 삐죽인 뒤 저녁 메뉴를 검색한다. 용서도 콩나물무침처럼 고춧가루 조금에 간장 조금 해서 조물조물 무쳐 낼 수 있으면 얼마나 좋을까. 적힌 대로만 하면 만날 수 있는.

예전에 용서에 관한 다큐멘터리를 본 적이 있다. 그곳엔 한 중년의 남자가 용서에 관해 이야기하고 있었다. 그 남자는 아무런 이유도 없이 자기 집에 들어온 살인자에 의해 자기 아내와 어머니 그리고 아들을 잃은 사람이었다. 그 살인마의 이름은 '유영철'이라고 했고, 그 중년 남자는 그 살인마를 용서한다고 이야기하고 있었다. 어쩐지 나는 그 거짓말 같은 말을 믿기로 결심해버린다. 아마도 화면 속 사랑하는 이를 셋이나 동시에 잃은 남자의 얼굴에 슬픔은 있었지만, 증오는 없었기 때문이리라.

그런데 여전히 혼란스럽다. 나를 모질게 괴롭혔던 그 인간을 정말 용서할 수 있을까. 어떻게 나를 긴 시간 절망 속에 살게 한 그 사람을 용서할 수 있을까. 친구라는 이유로 아버지께 보증을 서게 하고는 연락 두절이 되어 버린 아저씨는 어떤가. 용서할 수 없다. 자신의 힘을 이용해 나를 함부로 했던 그 인간은 절대 용서할 수 없는 인간 1순위다. 아, 생각해보니 내게 함부로 했던 인간들이 한두 명이 아니다. 한 놈, 두시기, 석 삼, 너구리…. 용서하려고 하면 도저히 용서하지 못할 사람들만 떠오른다. 그 사람은 이래서 용서할 수 없고, 저 사람은 저래서 용서할 수 없다. 나의 상처가 아직도 이렇게 벌건데 어떻게 그들을 용서할 수 있겠는가. 겨우 할 수 있는 용서란 오늘 아침, 어깨를 치고선 사과 하나 없이 바쁘게 걸어가던 뒤통수 하나 정도다.

용서할 수 없을 때는 용서하지 않으면 된다. 누군가 당신에게 용서를 강요하거든 아직 준비되지 않았다고 분명하게 전해라. 용서는 의무가 아니다. 자신은 아직 마음속에 분노가 있는데, 그것을 어떻게 다스려야 하는지도 모르겠는데, 그저 '용서'해야 한다는 이유로 용서해서는 안 된다. 그게 옳다고 하니까 쫓기든 용서해서도 안 된다. 자신의 의지가 아닌 다른 사람의 강압적인 시선 때문에 '용서'해서는 안 된다. 그것은 자기 몸과 마음을 두 번 학대하는 것과 같으니까. 상처받은 마음에 스스로 굵은 생채기를 더 내서는 안 된다. 같은 이유로 상대의 마음도 모르면서 용서를 종용하는 것은 상처받은 이에게 또다시 폭력을 가하는 것이라는 것도 잊어서는 안 되겠다. 그것은 그 사람의 상처를 그냥 없던 일로 만들어버린 채, 상처받은 일 따윈 없었던 것처럼 살아가라는 말과 같기 때문이다.

우리는 용서에 대해서 정확히 이해할 필요가 있다. 첫째, 용서는 상대의 잘못을 무죄 판결 내리는 것이 아니다. 용서는 면죄부를 주는 것이 아니다. 또 상대가 저지른 범죄에 대해 합의를 해주는 것도 아니다. 용서와 법적 처벌 문제는 반드시 별개로 두어야 한다. 둘째, 용서는 상대가 아니라 나를 위해서 하는 것이다. 용서는 분노와 원망에 파묻혀버린 나를 구해낼 수 있다. 용서하지 않는다는 것은 계속 그 원망과 분노를 매분 매초 경험하면서 그 사건 속에서 빠져나오지 않겠다는 말과 같다. 결국 자신이 가장 고통스럽다. 그래서 용서란 그 분노와 원망이라는 감정이 내 삶을 망치도록 두고 보지 않겠다는 결심으로부터 시작하곤 한다.

"당신을 용서합니다."

가족끼리 거실 소파에 기대어 뉴스를 보고 있을 때였다. 뉴스에서 한참 보도 중인 이슈를 가지고 아버지와 나는 대척점에 서게 된다. 하나의 이슈를 가지고 누구는 옹호하고 누구는 비난하게 되면서. 한참 설전이 오갔지만 늘 그렇듯 상대의 신념은 대화 한 번에 무너지지 않는다. 내가 믿는 나의 신념이 타인에 의해서는 절대 무너지지 않는 것처럼. 거기다 서로의 의견을 비난하느라 바쁜 공격적인 대화 태도에서는 더더욱. 아버지는 나를 멋모르는 초짜가 아는 척 까분다는 듯 내게 자신의 의견을 강요하고 있었고, 나는 그런 낡은 의견 따윈 중요하지 않다는 듯 고개를 저으며 못 들은 척하고 있었다. 그리고 낮은 목소리로 한숨을 내뱉었다. 그것이 신호탄이라도 되는 듯 아버지는 벌떡 일어서서 내게 날카롭게 소리쳤다. 분위기는 순식간에 얼어붙었다.

국적 대한민국, 남성, 일곱 형제 중 셋째, 한 여자의 남편이자 두 자녀의 아버지. 하지만 이런 몇 개의 단어들로 나의 아버지를 전부 설명할 수는 없을 것이다. 저 단어들 사이에 숨어 있는 개인의 역사를 많이 알면 알수록 그 사람에게로 더 가까워질 수 있을 것이다. 태어나자마자 한국전쟁을 경험해야 했던 사람. 자신의 나라에 38선이 그어지는 것을 본 나이가 2살. 그 후 전쟁으로 피폐해진 나라에서 성장기를 보낸 사람. 그 후로 독재정권과 유신정권을 경험했고, 5.18이 일어난 당시 그 도시에서 살던 사람이며, 2002년 월드컵도 즐긴 사람. 7명의 형제 중 세 번째로 태어나, 이리 치이고 저리 치이며 사랑이 고팠을 사람. 깐깐한 어머니 밑에서 칭찬보다는 야단을 맞는 날이 더 많았을 아이. 넉넉지 못한 가정에서 공부보다는 돈을 벌기 위해 사회로 나서 는 것이 더 급급했을 소년. 처음 자신이 번 돈을 누구의 허락 없이 자신을 위해 쓰면서 기뻐했을 사회 초년생. 사랑하는 여자를 만나 남부럽지 않게 결혼했고, 남자아이와 여자아이 하나씩 낳아 키웠던 한 가정의 가장. 텔레비전을 보고 있을 때면 과자를 들고 퇴근하여 아이들에게 환호받던 인물, 동시에 엄마의 잔소리도 듣던 인물. 매주 토요일 낚시가방을 들고 나가 일요일에 들어오는 영혼. 도통 혼을 내지 않는 아버지. 어느 날 홀로 6개월쯤 외국으로 떠나버리는 미스터리한 인물. 초등학생 아이 둘을 아내에게 맡겨두고 혼자. 그리고 동시에 그토록 자유를 갈망하면서도 자기 가족을 위해 30여 년이 넘는 세월을 희생하고 있는 정말 미스터리한 인물. 이 사람이 나의 아버지다.

이 세상에서 '죽도록 사랑하면서 죽도로 미워하는 존재'에 가장 가까운 것은 아마도 가족일 것이다. 사랑하는 깊이만큼 기대하고 기대하는 깊이만큼 실망하기 때문인가 보다. 사춘기 시절, 가족과의 시간보다 자신의 시간이 더욱 중요해 보이는 아버지의 모습은 가족에 애정이 없는 듯한 사람으로 비쳤고 그것은 곧 아버지에 대한 반항으로 이어졌다. 아버지가 출근하는 시간을 기다리며 신발을 닦던 아이는 더이상 아버지와 말을 잘 섞지 않았고 퇴근길의 아버지를 반갑게 맞이하는 날도 손에 꼽게 된다. 우리의 관계는 소원해졌고 나이가 들면 들수록 더욱 멀어지고 있음을 우리 둘 다 느끼고 있었다. 그리고 그날, 일이 터진 것이다. 그동안의 곪아 있던 관계가.

실망은 원망이 되고 증오가 된다. 사실 아버지를 원망한 것에는 그만큼의 갈망이 있었기 때문이다. 다른 아빠들은 저렇게 가정적이고 자녀들과 많은 시간을 보내는데 나의 아빠는 왜 저럴까 하는. 그러나 반대로 생각해보면 아버지 역시 많은 시간 가족의 인정을 기대했을 것이다. 자신이 포기해왔던 자유를 대신 해야 했던 희생에 대해서. 그런 아버지에게 나 역시 자신을 매번 섭섭하게 만드는 딸이었을 것이다. 아버지의 희생에 대해서 너무나 당연하게 생각하는 딸. 그래 놓고 자신의 섭섭함은 끊임없이 드러내고 있는 딸이.

어느 날 아버지의 오래전 사진을 본 적이 있다. 총각 시절의 아버지가 어떤 여성분과 바닷가에 앉아있는 사진이었다. 나는 아빠 옆에 앉은 여성을 손으로 가리키며 아빠 '전 여친'이냐며 놀리고 말았지만, 사실 더 놀란 것은 아버지의 피부 색깔이었다. 지금은 얼굴이며 손이며 까만 사람인데, 사진 속의 어린 아버지는 하얀 피부를 가지고 있었다. 한 번도 젊은 시절의 아버지가 하얀 피부를 가지고 있었을 것으로 생각해본 적이 없었기에 더욱 놀라고 말았다. 나의 아버지는 자동차 정비 일을 오랫동안 하셨다. 그리고 그 세월의 길이만큼 햇볕에 얼굴을 그을리며 살았다. 그 까만 피부는 아버지의 희생이 남기고 간 증거였다. 다른 이름으로는 가족에 대한 사랑의 증거였다. 그런데도 나는 매일 아버지의 검게 타버린 피부를 노려보면서 가족을 위해 희생하지 않는다며 원망해온 것이다. 나는 그날 가만히 눈을 감고 아버지만을 생각해보았다. 어쩌면 나보다도 너덜너덜하게 상처가 많은 사람. 위태롭고 불안한 순간을 견뎌내야만 했던 사람. 그런데도 묵묵히 가장의 역할을 해온 한 사람. 그리고 그렇게 자신의 인생을 바쳐 키운 딸의 반항에 자신도 모르게 외마디로 소리치고선 깊은 한숨으로 후회를 삼켜야 했을 사람.

우리는 부모님을 사랑하는 만큼, 또 미워한다. 그들이 어린 시절의 나에게 씻을 수 없는 상처를 주었다고 믿는다. 우리의 나쁜 기억은 정말로 아버지나 어머니 때문에 생긴 것일 수도 있다. 그러나 우리가 간과하는 것이 있다. 부모님 역시 그저 인간일 뿐이라는 것이다. 그들도 아직도 잊히지 않는 마음의 상처가 있는 하나의 인간일 뿐이다. 그 상처를 치유할 방법은 도통 모른 채 살아가는 하나의 인간일 뿐이다. 어쩌면 오래도록 품은 상처가 나의 아이를 아프게 하고 있다는 것을 꿈에도 모른 채 살아왔을.

용서한다는 것은 그런 것 같다. 상대의 마음을 훔쳐보는 것. 그 사람의 마음으로 들어가 보는 것이다. 부모님은 완벽하지 않다. 내가 미워하는 어떤 누구도 사실은 완벽하지 않다. 그들 역시 나와 마찬가지로 마음 안에 고민투성, 상처투성이라 어쩔 수 없이 삐져나오는 가시가 있다. 그렇게 매일 실수하고 후회하는 불완전한 하나의 존재에 불과하다. 우리가 그들 마음속에 있는 슬픔과 외로움을 볼 수 있을 때, 우리는 어른이 된다.

"용서, 그 끝에 내가 있다."

우리 삶에 용서가 필요한 가장 중요한 이유가 있다. 누군가를 미워하게 되면 죄책감이 함께 밀려온다. 미워하는 대상이 가족이라면 더욱 그렇다. 거리낌 없이 미워하고 싶은데 가족은 그게 안 된다. 사랑하는 가족에게서 미움의 감정을 발견하는 나 자신이야말로 절대로 가져서는 안 되는 감정을 가진 나쁜 놈 같다. 다들 느끼며 살 듯이 한 사람에게서 가질 수 있는 감정이란 그다지 명료하지 못하다. 절대 하나의 감정으로 정리되지 않는다. 오래도록 깊은 인연을 맺어올수록 더욱 그럴 것이다. 스쳐 지나가는 짧은 인연들은 내가 싫어하는 색깔 하나를 내게 묻히고선 그대로 돌아서서 갈 길을 걸어갈 수 있겠지만 오래도록 같이 걸어온 사람들은 수시로 스치며 묻혀온 색깔만 수십 가지다. 그중에 가족은 가장 어울리지 않는 두 가지 색을 함께 묻히며 살아간다. 그러니 미워하면서도 동시에 사랑하고, 비난하면서도 동시에 미안해진다.

그래서 결국 모든 미움의 마지막 화살은 자신을 겨냥한다. 그렇다. 사실 가장 용서할 수 없는 이는 바로 나였다. 다른 이들이 도움을 청하면 흔쾌히 도와주면서, 쉬는 날 엄마가 청소 한 번 도와달라고 할 때는 온갖 짜증을 내던 나를, 나는 용서할 수 없었다. 직장 동료가 손수 만든 음식에는 입이 닳도록 칭찬하면서도 엄마가 고춧가루를 직접 빻겠다며 마른 고추를 하나하나 닦고 계실 때 왜 사서 먹지 그런 걸 힘들게 하고 앉았냐고 하던 나를, 나는 용서할 수 없었다. 다른 이들에게는 고맙다는 말도 툭툭 잘하는 내가 엄마 아빠에게만은 입 밖으로 기역자 하나 떼기 어려워하는 나를, 나는 용서할 수 없었다. 그래서 그런 나를 비난하고 증오하지 않고서는 참을 수가 없었다.

가족보다도 더 용서하려 들지 않는 것이 바로 자기 자신이다. 이렇게 우리는 자신을 학대하며 산다. 타인에게는 하지 못하는 몹쓸 말들을 자신에게 쏟아부어 가면서. 누구에게도 건네지 못할 악담을 스스로에게는 잘도 해가면서. 죄책감 하나 없이. 그런데 진지하게 생각해보았는가. 내가 왜 마른 고추를 하나하나 닦고 있는 엄마를 보면 화가 나는지 감사하다는 말 한마디가 어려운 것인지. 나와의 대화 없이 나를 이해할 수 없고, 나와의 대화 없이 나를 용서할 수 없다.

그런데 정말 당신은 용서받을 수 없는 쓰레기인가? 도저히 세상에 속할 수 없는 악마인가? 자신에게 물어보아라. 그것이 진심인지. 내 안의 선함을 발견하지 못하는 이는 타인에게서도 선함을 발견하기 힘들다. 당신은 당신 안의 선함을 얼마만큼이나 찾아내고 있는가. 우리는 그것을 찾기 위해 노력해야 한다. 용기 내야 한다. 나 자신과 끊임없이 대화해야 한다. 그리고 그 대화의 끝에서 우리는 자신을 용서해야 한다.

우리는 자신의 내부로부터 부족감이 올라올 때마다 자신을 비난해왔다. 나라는 존재가 가진 것이 너무나 부족하고 초라하다고 느껴졌을 때 우리는 자신을 용서할 수 없게 된다. 나를 수치스럽게 만드는 '나 자신'을 용서하지 않겠다고 다짐한다. 하지만 이제는 잘 알고 있다. 그 부족감, 그 열등감은 진실이 아니라는 것을. 나쁜 기억이 선사한 환상에 가깝다는 것을.

만약 내가 '나쁜 기억' 속 '나'를 치유하고 용서하는 법을 끝내 배우지 못한다면 나의 '나쁜 기억'을 나의 아이, 나아가 나의 손자에게도 물려줄 수 있다. 그러므로 우리는 반드시 지금, 나쁜 기억 속 나의 상처를 끌어안고 치유하지 않으면 안 되는 것이다. 자, 눈을 감고 가장 사랑하는 이를 떠올려보자. 그리고 그 사람을 바라볼 때의 그 눈빛 그대로 나 자신을 바라봐주자. 평가하지도, 부족하다고 다그치지도 말고, 내 존재 안에 담긴 선함을 발견해보는 것이다. 가장 용서하기 힘든 사람이야말로 가장 용서해야 하는 사람이라고 한다. 아마도 그 사람은 '나 자신'일 것이다. 우리는 나 자신을 용서해야 한다. 그리고 나의 과거를 용서해야 한다. 그것이 나를 갉아먹는 분노로부터 빠져나올 수 있는 길이다.

○7

부족감의
망상으로부터
벗어나기

"우리는 반드시 그래야만 하는 게 너무 많다."

초등학교 1학년, 나는 인생 최초의 시험을 맞이하게 된다. 타인이 대놓고 매겨주는 나에 대한 평가다. 동그라미는 잘하고 있다는 뜻이고, 짝대기는 못하고 있다는 의미일 것이다. 처음 받아본 답안지에는 보고 싶지 않았던 짝대기들이 흉하게 그어져 있었다. 그것을 보는 순간, 어떻게든 바꾸고 싶어진다. 8살의 꼬마는 인생 최초로 시험지 위조를 결심한다. 고사리손으로 색연필을 찾아 찍찍 그어져 있는 짝대기 옆에 반원을 정성스레 그려 넣는다. 그렇게 동그라미와 반원으로 채워진 시험지는 방 한가운데 놓고 꼬마는 완벽범죄를 꿈꾸며 룰루랄라 골목길로 발걸음을 옮긴다.

행복에 대한 왜곡된 생각. 그것이 나를 다급하게 색연필을 찾게 하고, 찍찍 그어진 짝대기를 가지고 가짜 동그라미를 그려 넣게 만들었다. 모든 짝대기를 없애야만, 모두 동그라미만을 받아야만 행복해질 것이라는 생각. 짝대기를 들키는 순간, 모두 나를 비난하거나 미워하거나 한심하게 생각하거나 나를 떠날 것이라는 생각. 우리는 이렇게 종이 한 장에서도 자신의 부족감을 발견해버리는 존재들이다. 후담으로 이 시험지 위조사건은 금세 엄마에게 들킴으로써 실패했다. 이유인즉슨 빨간색 색연필로 그어진 짝대기를 주황색 색연필로 나머지 반원을 채워갔기 때문이다. 그렇다. 이 어설픈 꼬맹이의 방에는 하필 빨간색 색연필이 없었고, 그래도 포기할 줄 모르고선 겨우 찾은 주황색 색연필로 열심히 반원을 그려 나갔던 것이다. 여기서 질문. 한참 엄마에게 혼이 난 내가 깊이 뉘우치고 다시는 거짓말을 하지 않게 되었을까? 안타깝게도 나는 그렇게 모범적인 인간이 못 된다. 성적표를 위조할 땐 같은 색깔 펜으로 해야 한다는 것을 깨달았을 뿐, 그 후로도 수많은 거짓말을 하게 된다. 그 아이에게 '100점을 맞아야만 행복해진다'라는 생각이 심겨 있는 한 그 아이는 언젠가 또 성적표를 위조할 것이다. 우리는 수많은 '척'을 하면서 살아간다. 잘난 척, 돈 많은 척, 밝은 척, 똑똑한 척, 척-척-척. 왜? 우리가 태생부터 나쁜 인간이라? 도덕적으로 결여되어 있어서? 아니다. 그것이 아니다. 우리는 그래야만 존재할 수 있다고 믿어왔기 때문이다. 진짜 나를 숨기면 숨길수록 생존에 유리하다고 믿어왔기 때문이다.

어린 시절 한 친구가 신호등 앞에서 파란불을 기다리던 나를 툭 치

어서 오세요 나쁜 기억 세탁소에

더니 장난 섞인 목소리로 이야기했다. "야, 횡단보도 건널 때 흰색 선을 밟으면 사는 거고, 다른 데 밟으면 죽는 거야." 어처구니없는 말도 그렇게 하기로 결정한 순간 무시할 수 없는 진실이 된다. 갑자기 그곳 횡단보도가 낭떠러지 위에 듬성듬성 놓여 있는 나무다리처럼 잔뜩 위험해 보인다. 빨간불은 어느새 파란불로 바뀌었고 나는 있는 힘껏 가랑이를 찢어가면서 필사적으로 흰색만 밟으려 애를 썼다. 거의 생사의 갈림길을 달리고 있는 투사처럼 진지한 표정으로. 횡단보도의 저편에서 이편으로 건너온 우리는 서로를 마주 보며 헐떡거리다 이렇게 이야기했다. "와. 죽는 줄 알았네."

이런 일들은 우리 일상에서 흔하다. 빨간색으로는 이름을 쓰면 안되고, 애인에게 신발 선물하는 건 이별하게 되니까 안 되고, 문지방을 밟으면 안 되고, 시험 보는 날은 미역국을 먹으면 안 되고. 우리는 정말 규칙 만들기 선수다. 그리고 한번 만든 규칙은 정말 열심히 지킨다. 시험에선 반드시 1등을 해야 하며 모두가 반드시 나를 좋아해야한다. 우리의 나쁜 습관 중 하나는 자신을 스스로 구속하는 것이다. 이러면 안 되고, 저러면 안 되고. 이래야만 하고, 저래야만 하고. 불안해서 그렇다. 한 발만 잘못 디뎌도 낭떠러지로 떨어질 것만 같은 불안한 마음이 인생에게 확실한 약속을 받아내고 싶은 것이다. 흰 선을 밟기만 한다면 실패하지 않을 것이라 약속해달라고. 100점만 맞는다면 성공할 것이라고. 모두에게 사랑받는 사람이 되면 영원히 행복해지는 것으로 함께 약속하자고. 그 약속이 진짜라면 우리는 안전하다. 누구에게나 통용되는 행복의 길. 세상은 우리에게 '이렇게 사는 것이 행복이고 성공이다'라고 그 길을 안내해주곤 한다. 듣다 보면 그것이 맞는 것 같기도 하다. 그래서 대부분 우리의 버킷리스트는 비슷하다. 세상이 좋다고 하는 것들로 따라서 기록돼왔기 때문이다. 스스로에 대한 확신 없이, 불안을 담고 사는 사람은 자신의 욕망조차도 믿기 힘들어한다. 자꾸만 기웃대며 남의 답안지를 훔쳐본다. 내가 가진 욕망이 맞는지 검열하려 한다. 그렇게 서로가 서로의 답안지를 훔쳐보며 개인의 욕망마저 획일화되어가고 있다. 그러나 그 결말은 이제 우리도 잘 알고 있다. 아무리 그 '반드시'를 지킨다 한들 영영 행복은 보장되어 있지 않다는 것을.

모두가 바닐라 아이스크림을 좋아하지는 않는다. 다른 아이스크림을 좋아하는 이도 있고 아예 아이스크림을 좋아하지 않는 이도 있다. 그런데 우리는 다수가 좋아한다고 하니 모두가 바닐라 아이스크림을 먹으려 끙끙댄다. 바닐라 아이스크림을 먹으면 반드시 행복해질 것이라고 스스로 믿는다. 열심히 돈을 모아 그토록 바라던 바닐라 아이스크림을 사 먹는다. 그리곤 실망한다. 다시 다른 행복 리스트를 찾아 헤맨다. 다시 다른 사람들의 답안지를 훔쳐보면서 말이다. 내가 가지고 있는 '반드시'라는 리스트는 사실 나의 진짜 욕망이 아니라 가짜 욕망일 수 있다는 이야기다. 타인의 욕망과 사회의 욕망이 뒤섞인 가짜. 그러니 당연하게도 나의 행복을 보장해줄 수 없다. 덧붙여 행복은

'반드시' 무엇을 해야지만 얻어지는 '상금이나 보상'같은 것이 아니다.

행복과 '반드시'는 공존할 수 없다. 그들이 한 문장에 쓰이면 그 문장은 모순이 된다. 행복해지기 위해서 반드시 무언가를 해야 한다고 주장하지만, 그 몹쓸 '반드시' 때문에 우리는 행복해야 할 순간조차 행복하지 못하기 때문이다. 언제나 안절부절이 된다. 반드시란 결국 in, out으로 경계를 긋게 만든다. '반드시 —해야 한다.라는 뜻은 '—하지 못하면 실패자'라는 뜻을 내포하고 있고 그것은 행복이란 이 '반드시'라는 작은 공간 안에서만 허락된다고 믿게 한다. 이 공간에서 out되는 순간 실패자, 낙오자가 된다. 그리고 그 in과 out은 분초를 다투며 수시로 바뀐다. in일 때는 언제 out이 될지 몰라서 불안하고, out일 때는 자신이 out에 있다는 것이 고통스러워진다. '반드시'라는 단어가 만들어버린 허상의 경계선에서 우리는 내내 괴로울 수밖에 없다.

"부족하다는 감각은 망상일 뿐이다."

우리는 끊임없이 자신을 증명해야 할 것 같은 '기분'에 시달린다. 그렇다. 기분이다. 기분. 그럴 것 같은 느낌. 부족하다는 감각. 그런 일이 벌어지면 어떡하지 하는 나의 상상. 모두 허상이다. 현실이 아니다. 부족하다는 감각이 뇌리를 스칠 때 우리는 선택의 기로에 선다. 그 감각을 믿을 것인가, 그렇지 않을 것인가. 믿으면 진실이 되고, 믿지 않으면 거짓이 된다.

자신감을 잃는다는 것은 부족하다는 감각을 밑도 끝도 없이 믿음으로써 발생한다. 나 역시도 그런 적이 많았다. 자신을 믿지 못해서 수선스러웠던 나날들. 내가 남들보다 부족한 이유를 대라고 하면 자신 있게 수십 개쯤 읊어댈 수 있었던 나날들이 말이다. 나는 사기꾼을 조사하는 경찰관이라도 된 양 점점 더 자신을 의심하며 나를 이 잡듯이 잡았다. 잘하고 싶었다. 잘 해내고 싶어서 그랬다. 그러려면 실수하지 않으면 안 됐다. 처음 만나는 사람들에게 첫 단추를 잘 끼워야 했고 실망시키지 않아야 했으며 기대 이상으로 잘 해내야 했다. 그것을 충족하기 위해서는 나를 쥐어짜는 것밖에 방법이 없었다. 잠을 줄여가고 정신적으로 학대하면서라도 반드시 입증해내야 했다. 그래서 행복해졌느냐고 묻는다면? 아니, 나는 행복하지 않았다. 노력에 노력을 더해도 행복이라는 신기루는 닿을 듯 닿을 듯 닿지 않았다. 한 번만 더 생각해보면 그것은 당연하다. 누군가가 나에게 믿지 못한다는 시선을 계속해서 보낸다면 결코 좋은 성과를 낼 수 없다. 더불어 늘 불안하고 짜증이 날 것이다. 그런 시선에서는 강인한 선인장도 말라비틀어진다. 누구도 불신의 시선 속에서 행복한 성장을 이루어낼 수 없다. 그런데도 우리는 자신에게 강한 불신의 눈빛을 보내면서 이렇게 이야기한다. '더 잘하라고, 임마.' 다그치고 불신의 시선을 보내면서 행복해질 때까지 하라고 강요하는 것이 우리다.

부족감에서 벗어나기 위해 발버둥 칠수록 그 부족감에 힘을 실어 주게 된다. 부족감을 벗어나기로 하는 순간, 동시에 그 부족감을 진실로 믿기로 한 것이 된다. 그것이 그저 느낌이며 자신의 상상에 불과하다고 믿는다면 그것에게서 벗어나기 위해 발버둥 쳐야 할 이유 또한 없다. 자신의 부족감을 진실로 받아들인 자만이 그것에게서 벗어나기 위해 온갖 노력을 더 한다. 우리가 불완전하다는 것 자체를 부정하는 것은 아니다. 우리는 불완전한 존재 맞다. 하지만 불완전하다고 해서 부적절한 존재가 되는 것은 아니다. 우리는 모두 불완전하니까. 그것이 생명체로서의 자연스러움이니까. 그러니 제발 뇌 내 망상처럼 부족감이 떠오를 때, 자신 있게 거부해버리자. 내 말을 믿으라는 악마의 속삭임이 들려올 때, 싫다고 이야기해주자.

'반드시 성적이 좋아야만 행복해질 수 있어.'
'예뻐야지만 사랑받을 수 있어.'
'반드시 1등을 해야만 성공하는 거야.'
'공부 못하는 사람은 반드시 인생에서 실패하게 되어 있어.'
'실수하는 사람은 다들 무시한다.'
'나는 반드시 실패할 거야.'

"웃기시네, 아니거든."

더 이상 스스로 한계를 설정하지 말자. 부족감이란 그저 어린 시절의 기억 속 오류일 뿐이라는 것을 늘 기억하고 자기 삶에서 '반드시'라는 단어를 제거해 나가보자. 세상에 반드시 그래야만 하는 것은 없다.

기억해주세요.

.

우리의 기억엔
언제든지
얼룩이 묻을 수 있다는 걸.

.

.

.

그리고 중요한 건,
그것이 얼룩이라는 것을 아는 것이지,
얼룩이 묻었느냐-그렇지 않느냐는 중요하지 않다는 것도.

그걸 아는 사람만이
내 기억 속 얼룩쯤이야
언제든 지울 수 있다는 것도
알고 있는 거니까요.

4

가벼운 인생

나쁜 기억 세탁소

괜찮게 보이기 위해서 내가 짊어진 것들이 너무 많았다. 괜찮은 척하기 위해서 내가 입은 모습들이 너무 많았다. 대단해지기 위해서 내 이름 앞에 너무나 많은 수식어를 붙였다. 그러고도 행복은 늘 요원했기에 더 붙이겠다고 노력하며 살았다. 하지만 어떤 수식어도 나를 온전히 담을 수 없다. 몇 개의 단어들로 내가 설명될 리 없다. 유전자 DNA를 기준으로 계산해보면 사람의 유전자가 일치할 확률이 60억분의 1이라고 한다. 그러니까 지금까지 이 지구상에 살았다 떠난 모든 사람의 숫자와 앞으로 수십에서 수백만 년 후에 태어날 인간의 숫자를 더해도 나와 같은 유전자를 가진 사람이 태어날 확률은 거의 0에 수렴된다는 것. 설사 같은 유전자를 가지고 태어난 이가 있더라도 지금 이 시각에 지금 이곳에서 나와 똑같은 생각을 하며 살아갈 일 없으니 정말 이 지구상에 나 같은 존재는 오직 나뿐이다. 이토록 특별한 존재인 내가 평생을 다른 사람인 척 살아가는 것은 나에 대한 직무유기다. 우리는 모두 나로 살아갈 권리를 가지고 태어났다. 이제까지 나와 같은 인간은 없었고, 앞으로도 나와 같은 인간은 지구상에 존재

하지 않는다. 유일한 존재다. 우리가 있는 그대로의 나로 존재할 이유다. 단순하고 솔직하게, 있는 그대로 온전하게.

아무것도 잘못된 것은 없다. 지구상의 모든 생명체는 이렇게 생기든 저렇게 생기든, 크거나 작거나, 모여 있든 홀로 있든, 그저 있는 그대로 아름답다. 어떤 경험도 그 자체로 성공이나 실패를 결정하는 증거가 될 수 없다. 내가 실패라고 결정한 순간, 그것은 실패의 증거가된다. 좋음도 나쁨도, 성공도 실패도 모두 나의 판단에 따라 결정된다. 그러나 사실 어떤 것도 옳게 태어나거나 그르게 태어나지 않는다. 어떤 것도 완벽하게 좋거나 완벽하게 나쁘지 않다. 지구상의 모든 생명체가 그러하다. 우리도 그러하다. 아무것도 잘못된 것은 없다.

그러니 있는 척, 행복한 척 대신에, 있는 그대로 자유롭게 존재하자. 나의 없음도, 나의 아픔도 드러낼 수 있는 용기를 갖자. 나의 부족함을 드러냈을 때 상대방의 부족함도 함께 반응한다. 그렇게 서로 위로하고 위로받으며 한 명이 반응하고, 또 한 명이 반응하는 하루들이 쌓여 가면, 하나둘씩 각자의 '있는 척'을 내려놓고 가벼운 인생을 살아가게 될 것이라 믿는다. 반드시 어떤 얘기도 기꺼이 함께 나눌 수 있는 날이 올 것이라 믿는다. 어느 여름밤 아끼는 이와 옥수수 하나 입에 물고 도란도란 수다 떨 듯이. 그날 밤공기 속으로 조용히 흩어지는 이야기들과 함께 우리는 또 성장해갈 것이다. 조용히. 가볍게.

1

나에게 보내는
뜨거운 박수

"사실은 너무나 사랑해서 그랬다네."

여기 바보처럼 자신과 사랑에 빠진 인간이 하나 있다. 고대 그리스 신화에 나오는 나르키소스. 동네 인기남 나르키소스는 잘생김이 대단하여 요정조차 사랑하지 않을 수 없었다고 전해진다. 이 나르키소스 씨께서는 눈이 너무 높은 나머지 어떤 누구도 사랑하지 못했다. 이 오만한 사나이는 드디어 사랑에 빠지는데 그것은 바로 호숫가 수면 위에 비친 자기 자신이었다. 스스로 자기 외모에 홀려버린 것. 그러나 호숫가에 비친 그 얼굴은 아무리 붙잡으려 해도 붙잡을 수 없었을 테고 결국 실연의 아픔을 이기지 못한 채 삶을 마감한다. 이 그리스 신화 이야기는 현대에 와서는 나르시시즘이라는 용어로 자기애나 자아도취를 뜻할 때 사용되고 있다. 자신을 사랑하느라, 그것도 자신의 외면적 모습을 사랑하고 갈망하느라 다른 어떤 것도 보지 못하는 모습, 그것은 나르키소스에게 내린 요정의 저주다.

자신을 사랑하는 것이 왜 저주가 된 것일까? 그 이유는 자신만을 사랑했으며, 그조차도 제대로 사랑하지 못했기 때문이다. 나르키소스는 자신의 사랑에는 사무쳐하면서 다른 사람의 사랑에는 도통 관심이 없었다. 다른 사람들이 자신의 애정과 관심을 구하건 말건, 그들의 몸과 마음이 말라비틀어지든 어쩌든 전혀 안중에 두지 않았다. 그런 모습들은 요즘 '갑질'하는 사람들과 상당 부분 닮아 있다. 나는 상처받아서는 안 되지만, 나는 무시당해서는 안 되지만, 너는 그러거나 말거나 상관없어!라는 생각. 나만을 사랑하게 되면 그렇게 된다. 내 마음의 무게와 다른 이의 마음의 무게가 다르다고 생각하면 소중한 자신을 위해 타인은 희생당해도 괜찮은 존재가 된다. 인간은 공동체로서 힘을 합치면서 생존에 유리해졌으며 그로 인해 지구에서 가장 번성한 종이 되었다. 그런데 그 역사를 무시하고 다시 사회 속에 또 다른 사바나를 만들어 자신들은 사자쯤, 그리고 나머지는 개미쯤 치부하며 거리낌 없이 밟고 다니는 사람들인 것이다. 이런 사람들은 공동체 의식이 결여된 사람으로 우리 사회에 전혀 도움이 되지 않는다.

우리 모두 일상생활에서 약간의 갑질과 약간의 나르시시즘을 부리며 산다. 특히 자신의 존재가 무시당했다고 느껴질 때 크게 반응한다. 마트에서 나의 질문에 귀찮은 듯 대답하는 점원을 보면 갑자기 물 싸대기라도 맞은 듯 마음이 싸늘해진다. 무시당했다는 생각이 들면 어느새 내 표정은 얼음장이 되고 목소리는 가시보다 날카롭다. 이런 모습 역시 '어떤 누구에게라도 나는 무시당할 만한 존재가 아니야, 감히 그런 나를 무시하다니' 하는 심리가 들어가 있다. 이것은 부당한 처사를 당했을 때 자신의 권리나 주장을 펼치는 상황을 이야기하는 것이 아니다. 어떤 상황에서 상식선을 벗어날 정도로 과민하게 반응하게 되는 상황들이 있는데 그런 순간을 이야기하는 것이며, 그때가 바로 자신의 존재가 무시당했다고 느껴졌던 순간들이다.

우리는 자신을 너무나도 사랑한 나머지 상처받는 자신을 가만히 보고만 있을 수가 없는 것이다. 나를 너무 사랑하는 나머지 나는 완벽해야 한다고 믿는다. 여기서 누군가는 의문점을 가질 것이다. 나는 그동안 나를 사랑해 본 적이 없다고. 아니다. 그렇지 않다. 우리는 그 누구보다 자신을 사랑했었고 지금도 사랑하고 있다. 자신을 사랑하지 않아서가 아니라, 너무 사랑하기 때문에 불완전한 자신을 받아들일 수 없었던 것뿐이다. 우리는 그토록 사랑하는 나 자신이 완벽하지 않다는 사실을 감히 받아들일 준비가 되어 있지 않았다. 그래서 그만큼 부족한 자신을 용서할 수 없었을 것이다. 나는 완벽해야 하며 상처받아서는 안 되는 존재이자 거절당할 수 없는 존재이며 누구에게나 인정받고 사랑받아야 한다. 못 하는 것이 있어서는 안 되며 뭐든 잘해야 하는 것이다.

그러고 보면 나는 늘 100점 자리가 아니라는 것에 잔뜩 화가 나 있는 사람 같았다. 누구나 할 수 있는 실수에 대해서도 그냥 넘어가는 법이 없었으니까. 그러고서는 나를 단속하는 것이다. '이 바보 같은 것아, 한 번만 더 이런 실수를 하면 너는 인간도 아니야'라든지 '네가 그따위로 생각 없이 사니까 이런 일이 생기지' 같은 말들로. 내가 아무리 살금살금 운전한다고 하더라도 사고는 피할 수 없을 것이다. 운전하면서 크고 작은 사고는 누구에게나 일어날 수 있는 거니까. 그렇다. 사고를 막는 것은 불가능하다. 하지만 나는 그것을 가능하다고 믿으면서 나를 괴롭히고 있었던 것이다. 왜 나는 누구에게나 있을 수 있는 일을 나에게만은 일어나서는 안 된다고 생각했을까. 어쩌면 그것은 오만이었는지도 모르겠다. 어떤 무엇도 나를 불완전하게 만들 수는 없다는 오만. 그렇다. 우리는 자신을 사랑하지 않아서 자신을 함부로 대했던 것이 아니다. 그 반대이다. 너무나 사랑해서 '스스로'를 혹독하게 다룬다.

사실은 부족한 것이 문제가 아니라 부족한 것을 참지 못하는 마음이 문제다. 인간은 누구나 부족하다. 그것은 누구도 어찌할 수 없다. 어떤 누구도 아무 장비 없이 10층 높이에서만 떨어져도 심하게 다친다. 날카로운 것에 찔리면 피를 흘린다. 어떤 대단한 사람을 가져다 놓아도 완벽함은 불가능하다. 원래 인간이란 존재가 그렇다. 그렇게 불완전하게 태어나 불완전한 삶을 살다가는 것, 그것이 인간이다. 지구라는 이 세상을 거쳐 간 모든 인간이 그러했다. 불완전함은 내가 이겨내야 할 문제점이 아니라 그저 인간으로서 지닌 자연스러운 모습일 뿐이다. 그런데 거기서 '나는 그래서는 안 된다', '나는 완벽해야 한다'라며 자신을 다그친다면, 그것은 잘못된 방법으로 자신을 사랑하고 있는 것이다.

가만히 눈을 감고 생각해보자. 진심으로 사랑하는 이가 눈앞에 있다. 실수가 두려워 아무것도 하지 못하는 아이에게 뭐라고 이야기해주겠는가? 한두 번의 실패가 인생의 실패라도 된 듯 자포자기한 채 살아가는 아이에게는 뭐라고 조언해주겠는가? 100점을 맞지 못했다며 땅이 꺼져라 한숨을 쉬어대는 아이에게는? 만 원밖에 벌지 못했다며 자신을 루저라고 부르는 아이에게는? 자신에게 해왔던 것처럼은 결코 하지 못할 것이다. 그러면서 우리는 왜 스스로에게는 그렇게 혹독하게 굴까. 사랑하면서. 사실은, 이 세상 그 어떤 존재보다 가장 사랑하면서.

"한없이 귀한 내 존재에게 그러지 마요."

이제 악몽에서 깨어나야 할 때다. 나에 대한 대책 없는 부족감으로부터, 근본 없는 무가치감으로부터. 꽃은 피어날 때부터 질 때까지 모든 순간, 꽃으로 존재했다. 단 한순간도 꽃이 아니었던 적이 없다. 우리도 그렇다. 태어난 순간부터 지금까지 숨을 내쉬는 모든 순간마다 나는 나로 존재했다. 단 한번도 나이지 않은 적은 없었다. 그런데도

아들러 심리학 나쁜 기억 세탁소

우리는 너무나 많은 순간 존재할 이유를 찾아다녔다. 마치 자기 집에 파랑새를 두고서는 파랑새를 찾겠다고 온 세상을 헤매고 다녔던 우화 속 남매처럼. 이제는 악몽에서 깨어날 시간이다. 우리는 지금 이대로 충분하다. 있는 그대로 아름답다.

아름다운 보석에 난 스크래치가 자꾸 눈에 밟히는 사람은, 그 보석의 아름다움을 마음껏 즐기지 못한다. 자신의 존재에 대해 부족한 것들만을 자꾸 마음에 담고 있는 사람은, 자신의 진짜 아름다움을 발견하지 못한다. 무한한 아름다움을 지닌 보석을 '그 가운데 흠집 난 보석'으로 정의하는 것과 같이, 무한한 가능성을 지닌 자신을 그저 '불완전하고 무가치한 존재'로 정의해버리는 것이다. 자신을 '불완전하고 무가치한 존재'로 부르는 동안 자신의 또 다른 모습인 '본연의 아름다움을 지닌 존재'는 잊힌다.

애니메이션 영화 〈모아나(Moana)〉에서는 마우이라는 인물이 나온다. 인간이었던 마우이는 신이 선물한 '갈고리'를 이용해 자유자재로 변신하면서 반인반신의 존재가 된다. 마우이는 실제로 폴리네시아 신화에 등장하는 인물로 반인반신의 영웅으로 기록되어 있다. 신화 속 그는 지하세계에서 불을 훔쳐내 인간에게 주기도 하고, 엄청나게 빨리 움직였던 태양의 속도도 늦추고, 너무 높은 곳에 있던 바람도 끌어당겨 주고, 섬들을 바다 위로 낚아 올려주기도 한다. 영화 속 그는 모아나와 함께 떠난 모험에서 '갈고리'가 망가지자 엄청나게 분노하고 상심하다 결국 자신의 섬으로 되돌아가 그대로 칩거해버리며 세상과 단절한다. 마우이가 그토록 불같이 화를 냈던 이유는 '갈고리'가 자신을 '신'으로 만들어주는 물건이라고 생각했기 때문이다. 그 '갈고리'가 망가짐으로써 더 이상 자신은 특별할 것 없는 존재가 되어버린 것이 스스로 너무 끔찍했던 것. 존재의 가치를 잃어버린 채 어깨를 축 늘어뜨리며 상심하고 있는 마우이에게 모아나는 다가가 이렇게 이야기한다.

"갈고리가 없으면 나는 아무것도 아니야."

"아니, 지금의 마우이를 만든 건 신도, 갈고리도 아니야. 바로 너 자신이야."

우리도 어떤 것 때문에 자신이 특별해진다고 생각하는 것들이 있다. 직업이나 지위, 학벌, 외모, 부모님의 재력 등. 반대로 이야기해보면 그것 없이는 자신은 아무것도 아니라고 생각한다. 그래서 더 그것들에 집착한다. 내가 무엇을 가졌느냐에 따라 나의 가치가 결정된다고 믿는 사람들의 특징은 바로 타인에게 자신의 직업이나 지위, 학벌, 외모, 재력들을 드러냄으로써 자신의 존재감을 확인받는다는 것이다. 나의 존재를 타인에게 확인받는 이 아이러니함을 어떻게 이해해야 할까. 자기 삶을 도대체 누구에게 인정받는단 말인가. 무엇을 가져야만, 다른 누군가가 인정해주어야지만 내가 '나 자신이 될 수 있다는 것'은 말이 되지 않는다. 나는 그냥 나다. 나로 태어났고 그래서 나로 존재하는 것이다.

우리는 태어날 때부터 존재의 가치를 지니고 태어났다. 어떤 성취를 통해 존재의 가치를 획득하는 것이 아니다. 진정한 자신감은 불완전함에 대해 불안해하지 않을 때 드러난다. 그러니까 나에 대해 어떤 것도 부끄러워하거나 숨기지 않을 때, 있는 그대로의 자신을 받아들이고 편안하게 느낄 때 우리는 나에 대한 수치심에서 벗어나 진정으로 나를 사랑할 수 있다. 그리고 그때 매 순간 온전하게 '나'로 존재할 수 있다.

° 2
칭찬에 흔들리지
않는 방법

"나쁜 예 1, 칭찬은 인간을 조종한다."

이제 막 한글을 배우며 받아쓰기 하던 때의 어린 내가 방 책상에 앉아 숙제하고 있을 때의 이야기다. 평상시 나를 예뻐하시던 동네 아주머니가 우리 집에 놀러 오셨다가 내 방에 들어오신다. 그리고는 내 책상 옆에 의자를 놓고 앉으시더니 가만히 내 공책을 보신다. 그리고는 내 뒤통수를 쓱쓱 쓰다듬으시며 이렇게 말씀하신다. "아이고 글씨 이쁜 거 봐라. 누구 닮아서 글씨도 이러코롬 이쁘게 쓸까아." 이 소리를 듣고 내가 가만히 있을 리가 없다. 상대의 기대에는 부응하는 것이 인지상정. 손가락에 힘이 팍 들어간다. 새치름한 표정으로 고개를 왼쪽으로 한껏 꺾은 채 영혼까지 끌어모아 글씨를 쓰기 시작한다. 그에 질세라 칭찬은 더욱 격해진다.

"워매, 내가 잘 쓴다니까 더 잘 써브네."

내 인생에서 짧디짧은 사소한 기억이지만 그 기억이 오래도록 잊히지 않는 이유는 나에게 짜릿한 칭찬의 힘을 알게 해 준 순간이었기 때문이리라. 우리는 타인의 칭찬에 약하다. 그것이 타인에게 조종당하는 약점이 되기도 한다. 굳이 예쁘게 쓸 필요도 없고 예쁘게 쓰고 싶은 생각도 없었지만, 타인의 칭찬이 섞이면 어느새 목적이 달라진다. 좀 전의 나는 온데간데없고, 목숨 걸고 예쁜 글씨를 만들어내고 있는 아이를 만나게 된다.

자신의 가치를 스스로가 매길 수 없을 만큼 정신력이 약해진 현대인들은 타인의 인정을 먹고 살기 바쁘다. 저걸 두르면, 저걸 입으면, 저걸 타면 다른 사람들의 인정을 받아낼 수 있다는 그 사람들의 말은 달콤한 꾐이 되어 결국 다수가 굴복하게 된다. 실제로 미디어에서 약속한 대로 그것들을 들고, 입고, 차고 다니면 다른 사람들의 부러움을 한 몸에 받을 수 있을 것이다. 이미 사회는 그런 것에 잠식당했으니까. 비싼 브랜드의 가방을 메고 다니고, 비싼 브랜드의 차를 타고 다니면 사회는 무턱대고 좋게 본다. '부자일 것이다, 능력 있을 것이다'라고 추측하여 무언의 칭찬을 건넨다. 그들을 으쓱하게 만드는 것이다. 그것이 부러워서, 혹은 그것에 중독되어서 우리는 홀리듯 그것을 산다. 그것이 필요하든 필요하지 않든. 그러나 우리가 알고 있듯이 그것의 유통기간은 매우 짧다. 잠깐의 만족이 끝나면 우리는 다시 다른 물건을 찾아 나선다. 나의 인정욕구를 채워줄 만한 새로운 물건을 말이다.

우리는 타인의 시선에 의해 움직일 때가 많다. 내가 무엇을 원하는지를 모를 때 특히 더 그렇다. 그럴 때 우리는 나 자신의 욕구보다 다른 사람의 욕구에 더 충실하게 살아간다. 특히 나에게 중요한, 의미 있는 사람들의 욕구에 대해서. 심지어 그 사람들의 욕구가 나의 욕구라고 착각하기도 한다. 자신의 기준이 없이, 그저 타인의 기대를 충족시키기 위해 애쓰는 삶을 살게 되면 갈수록 허무해지고 우울해진다. 언젠가 반드시 내가 이루어 온 것 중에 진짜 '내 것'이 없었음을 깨닫게 되는 날을 만나게 되기 때문이다.

우리에게는 사회에서 요구하는 모습들이 있다. 우리는 그것을 너무 잘 알고 있다. 순종적이면서 창의적인 아이, 일도 똑 부러지게 잘하지만, 집안일도 빈틈없이 잘 꾸려가는 주부, 능력 있지만 동시에 가정이 1순위인 아버지, 주인은 아니지만, 주인의식은 있는 직장인, 야근도 마다하지 않는 열혈직장인이지만 동시에 자기 계발도 놓치지 않는 직장인. 숨이 턱 막힌다. 타인의 기대는 이처럼 허황될 때가 많다. 우리는 사회의 기대가 터무니없음을 인지해야 한다. 그리고 타인의 기대에서 자유로워질 수 있어야 한다. 당신의 터무니없는 욕망에 맞추어 살아주지 않겠다고 외칠 수 있어야 한다. 그렇게 스스로 타인의 욕망으로부터 자유로워질 때 자신 역시 타인에게 걸어왔던 터무니없는 기대들을 내려놓을 수 있다. 그래야만 사회에 만연하고 있는 터무니없는 욕망이 자연사(死)할 수 있게 된다.

"나쁜 예 2, 칭찬은 수치심을 불러일으킨다."

누군가가 나에게 칭찬하는 경우, 나는 이렇게 변한다. 얼굴이 볼부터 빨개지기 시작하며, 시선은 둘 곳을 몰라 허공을 헤매기 시작하고, 민망함에 손가락은 꼬불꼬불해지고, 이빨은 입술을 잘근잘근 씹어댄다. 왜냐고? 칭찬은 나를 자꾸만 부끄럽게 만들기 때문이다. 어릴 적엔 이 정도는 아니었던 것 같건만, 갈수록 심해져 갔다. 이렇게 칭찬을 받는 것이 마냥 기쁘지 않았던 이유, 아니 오히려 괜히 우울해지고 부끄러워 몸 둘 바를 모르겠으며 이유 없는 불편함이 올라왔던 이유에 대해 애덤 스미스는 도덕 감정론에서 이렇게 설명했다.

그 칭찬은 우리에게 어떤 비난보다도 더 큰 굴욕감을 안겨준다.

그리고 그 칭찬으로 인해 우리는 세상에서 가장 초라한 반성을 하게 된다.

그 칭찬처럼 되지 못한 지금 우리 모습에 대하여.

_ 애덤 스미스, 《도덕 감정론》 중

나는 칭찬을 들을 때마다 나도 모르게 깨닫고 있었던 것이다. 그 칭찬 속에 있는 인물은 진짜 내 모습이 아님을. 그 칭찬처럼 되지 못한 내가 감히 '그런 사람인 척' 칭찬을 듣고 있는 것 자체가 죽을 맛이었다. 거기다 저 사람은 나를 이런 사람으로 알 텐데 '내가 저 사람

을 속였구나' 하는 죄책감까지 더해지니 참 그 앞에서 초라하기 짝이
없을 법도 했다.

칭찬이 문제가 아니라, 그것을 내가 받아들일 만한 준비가 되어 있
지 못했던 것이다. 일단, 평상시 나의 모습은 자연스러운 모습보다는
부족한 내 모습을 감추기 위해 꾸며진 모습일 때가 많았다. 그런 꾸며
진 모습의 나를 누군가 칭찬하면, 그것이 기쁜 것이 아니라 거짓말하
다 들킨 아이처럼 얼굴이 빨개져 버리고 마는 것이다.

내가 부끄러운 이유는 지금의 나에게 만족하지 못하기 때문이다.
이상화된 자기 모습이 있고, 지금의 모습은 그에 비해 턱없이 부족하
다. 그러니 자신이 자꾸만 싫어질 수밖에. 그러나 그 이상화된 모습도
잘 생각해보면 자신의 진짜 욕망이 아닐 수 있다. 그저 사회가 요구하
는 이상화된 모습에 자신을 맞추려고 했던 것일 수도 있다. 그리고 어
떤 누구도 나를 심판할 권리 따윈 가지고 태어나지 않았다. 나는 있는
그대로 존재한다. 그것이 생명을 가진 모든 이들이 누릴 수 있는 타고
난 권리이다. 그 권리를 함부로 타인에게 넘기지 마라. 우리는 있는 그
대로 존재할 권리가 있다.

"있는 그대로 받아들이기"

뿌리가 강한 자만이 흔들리지 않는다. 스스로에 대한 신뢰가 있을

아들러 심리학 나쁜 기억 세탁소

때만 칭찬에 좌지우지되지 않을 수 있다. 우리는 스스로에 대해 많은 이해를 거쳤고, 그로 인해 나의 불완전함을 끌어안을 만큼의 여유가 생겼지 않은가. 자신에게 자신 있는 사람은 칭찬을 있는 그대로 받아들일 수 있다. 타인에게 무언가를 숨기지 않는 사람은 그 사람의 선의를 그대로 받아들일 수 있다.

더 이상 다른 사람이 나를 어떻게 바라보는지에 연연하지 않기 때문에, 칭찬에도 흔들리지 않는다. 그래서 더욱 칭찬에 자연스럽게 반응하게 된다. 자신의 가치를 알기 때문에 더 이상 칭찬은 타인의 평가로 들리지 않는다. 그저 상대의 호의를 즐기게 되는 것이다. 그리고 활짝 웃으며 대답할 수 있게 된다.

"고마워!"

복잡하게 생각하지 말자. 그냥 그 말 그대로 믿는 거다. 상대가 한 칭찬이 설사 내 모습이 아닌 것 같다 느껴지더라도, 그냥 활짝 웃으며 '고맙다'라고 해보자. 내가 발견하지 못한 나의 조각을 그 사람이 발견한 것일 테니. '나에게도 이런 모습이 있었구나!'하고 히죽 웃으며 받아보는 거다. 칭찬할 거리가 없다고 하면 한없이 없다. 하지만 반대로, 칭찬할 거리를 찾자면 한없이 있다. 굳이 나의 장점이라는 데 손사래를 쳐가며 반박할 필요는 없지 않은가. 근거가 많을수록 스스로에 대해 더 큰 확신을 하게 된다. 칭찬 역시 잘 활용하면 근거로 사용할 수 있다. 누군가 칭찬해오면 그 주장에 근거를 붙여보는 거다. '아, 맞아. 그러고 보니 저번에도 누가 비슷한 이야기를 했었지. 옛날에 이러

이런 일도 있었고. 정말 나는 —한 사람이구나.' 이렇게 하나의 칭찬에 스스로 근거를 붙여가기 시작하면 장점이 된다. 그것이 자신감의 근거가 되어줄 것이다. 말 그대로 근거 있는 자신감을 만들어주는 것이다.

자신이 세상을 어떻게 보고 있는지를 관찰하게 되면 나의 심리상태를 정확히 확인해볼 수 있다. 칭찬이 불편하다면 스스로 자신을 믿지 않기 때문일 확률이 높다. 자신의 장점보다는 단점에 집중하고 있을 확률이 높다. 자신의 아쉬운 점에만 사로잡혀 있다면 그만큼 보지 못하는 것들이 많아진다. 우리는 자신을 믿도록 노력해야 한다. 스스로에 대한 사랑과 희망을 품을 수 있어야 한다. 자신을 믿는다면 더 이상 칭찬이 불편하지 않을 것이다. 그리고 그때서야 칭찬 속에서 상대의 '진심'과 '선의'를 발견할 수 있을 것이다. 그때 칭찬은 자신을 더욱 사랑하게 만드는 단단한 근거로 작용할 것이며, 동시에 타인을 사랑하게 되는 계기가 될 것이다.

감사란 아무것도 달라지지 않았더라도 나를 더욱 행복하게 만드는 힘이 있다. 감사는 나의 세계를 더욱 아름답게 한다. 감사의 눈으로 바라보는 나의 세계는 아무것도 변하지 않았더라도 한없이 아름다운 풍경이 되어 나를 비춘다. 나는 한때 그토록 끔찍이 여겼던 나의 얼굴을 거울에 비춰보며 하나하나 어루만져본 경험이 있다. 첫째 날엔 눈을 보면서 고맙다고 이야기했다. 아름다운 것을 볼 수 있게 해주어서, 사랑하는 사람과 눈을 마주칠 수 있게 해주어서 고맙다고. 그다음 날은 코, 그다음 날은 입, 그다음 날은 손, 발, 목. 한번 감사를 시작하니 감사할 이유는 수없이 많았다. 그러고 나니 그냥 내 얼굴을 어루만지고만 있어도 행복해졌다. 내가 싫어하는 나의 어떤 것에 대해, 그것을 뒤집어 그것이 주는 감사함을 찾을 수 있을 때 우리는 건강한 방식으로 자신을 사랑할 수 있게 된다고 생각한다. 그리고 아무것도 변하지 않더라도 일상에서 행복을 경험하는 가장 쉬운 방법이 바로 '감사'다. 사소한 일상에도 감사함을 찾을 수 있게 되면, 차를 타고 가다 보이는 푸른 하늘이 참 고맙고, 방에 달린 창문을 닫으면서 보이는 저녁노을을 보면서도 그런 멋진 노을을 감상할 수 있는 지금, 이 순간에 마음 깊이 감사하게 된다. 그렇게 일상의 작은 빈틈 사이로 자잘한 감사함 들이 채워지면 어느덧 일상이 은은하게 빛나게 된다. 반짝반짝.

가벼운 인생

괜찮아,
슬픔이야

"언제나 맑은 날일 수는 없다."

"언제나 맑은 날만 계속된다면 이 세상은 사막이 되었을 것이다."
한때 내 이메일의 서명 문장으로도 사용할 만큼 아끼던 문장이다. 정
말 그렇다. 매일 맑은 날만 계속된다면 어떻게 될까? 일단 비교 대상
이 없으니 '맑은 날'이라는 개념 자체를 이해하지 못할 것이다. 또 물
이 귀해지고, 하늘에서 물이 떨어지는 기적을 꿈꾸며 기도하는 이들
도 있을 것이다. 그런데도 우리는 즐겁고 행복한 감정은 붙들려 하고,
슬프고 괴로운 감정은 멀리하려 한다. 비 오는 날을 싫어하는 사람,
맑은 날을 싫어하는 사람, 안개 낀 날을 싫어하는 사람, 모두 제각각
싫어하는 날씨가 있겠지만 모든 날씨가 다 존재 이유가 있다는 것은
자명한 사실이다. 감정도 마찬가지다. 모든 감정은 다 소중하다. 모두
각자의 기능을 가지고 순환하며 돌아간다.

그러나 우리는 감정을 자주 억압한다. 용납할 수 없는 감정들이 너무 많기 때문이다. 이유는 너무 많다. '나는 착한 아이니까 이런 분노를 느껴서는 안 돼'라든지 '나는 할 일이 많은 사람이야, 이런 죄책감에 휘둘리고 있을 시간이 없다고'라든지. 뭐, '행복해지려면 이런 슬픈 기분을 가져서는 안 돼. 행복한 생각만 하자, 행복한 생각만.' 이럴 수도 있겠다. 모두 내 것이지만, 내 것이 아니었으면 하는 감정들이다. 문제는 감정이라는 것이 억누른다고 사그라지는 것은 아니라는 것이다. 마치 청개구리처럼 억압하면 억압할수록 더 마음속에서 커진다. "지금부터 청개구리를 생각하지 마세요! 절대 생각하시면 안 돼요! 절대로! 청개구리 생각하시면 절대 안 돼요!" 이 말을 듣는 순간, 우리의 머릿속에는 청개구리가 폴짝폴짝 뛰어다닌다. 걷잡을 수 없이. 감정은 억누른다고 해서 없어지는 것이 아니다. 마음 한구석에서 흉흉한 아우라를 풍기고 있다가 어느 날 하품처럼 툭 튀어나와 버린다. 하품을 억압하면 나만 괴롭다, 방귀 뀌는 것을 억압하면 내 배만 보글보글 거릴 뿐이다. 감정을 억압하면 마음만 더 아플 뿐이다.

우리는 감정을 나 자신과 동일시한다. '나 슬퍼.', '나 너무 괴로워.' 내가 곧 슬픔이고, 내가 곧 고통이라고 받아들인다. 또, 부정적 감정과 따라오는 행동을 분리하지 못한다. 분노라는 감정을 느꼈다고 치자. 그때 스스로 떠올리는 행동 이미지가 있다. 예를 들어 잔뜩 찡그린 표정으로 누군가에게 윽박지르고 있는 모습 같은. 우리는 그것을

249
가벼운 인생

감정 그 자체로 이해한다. 그래서 감정을 온몸으로 거부하게 된다. 그런 모습은 누구도 좋아하기 힘드니까. 자신을 그런 모습과 동일시하려니 고통스러울 수밖에. 그래서 나쁜 감정을 절대 받아들이려 하지 않는 것이다. 때로는 비열하거나 매정한 감정을 느끼는 나 자신을 보고 죄책감에 빠진다. 감정이 곧 나 자신이기에 그런 나로부터 빠져나오기 위해 고군분투한다. 분노를 해소하기 위해 술로 달래거나 우울함을 달래기 위해 끊임없이 먹는다. 그러나 감정은 '내'가 아니다. 감정은 내가 느끼는 것이지 '내'가 아니다. 또한 감정은 행동이 아니라 그저 느낌이다. 어떤 감정을 느꼈다고 해서 모두가 그런 행동을 하지는 않는다. 오히려 감정을 제대로 다스리지 못했을 때 우리는 스스로 가장 싫어하는 모습으로 감정을 표출한다. 그러니까 감정을 거부하면 거부할수록 더 비합리적인 방식으로 감정을 처리하게 된다는 뜻이다. 다시 한번 말하지만, 감정은 그저 날씨 정도에 불과하다. 밀물처럼 밀려와 내 발을 간질이다가 또 썰물처럼 스치듯 사라져가는 것이 감정이다. 날씨가 좋으면 오래도록 하늘을 바라보며 그 날씨를 즐기고, 날씨가 마음에 안 들면 그냥 '그렇구나' 하고 다시 내가 할 일을 하듯이 감정도 그렇게 대하면 된다. 그런데 우리는 그런데 우리가 자꾸 그 감정을 붙잡는다. 비가 오는 하늘에 대고 '앗. 비가 오다니, 이런 중요한 날, 비가 오다니 나는 역시 쓰레기가 분명해. 아이고, 내 팔자야'라고 생각하는 꼴이다.

　　비가 온다고 해서 자신을 탓하는 사람은 바보다. 갑자기 차가운 바람이 분다고 해서 바람을 멈추게 하겠다며 길길이 날뛰는 사람도 바보다. 감정도 날씨처럼 맑다가 흐리다가 한다. 여름은 덥고 겨울은 추운 것처럼 납득이 되는 감정도 있고 때론 8월에 내리는 함박눈처럼 자신의 상식으론 이해가 안 되는 감정이 다가오기도 한다. 그럴 땐 굳이 이해할 필요는 없다. 그럴 때도 있으니까. 그냥 비를 맞고 싶을 때 비를 맞고 비를 피하고 싶으면 잠시 몸을 피하면서 즐기면 된다. 감정은 그저 날씨다. 날씨에 따라 하루가 좌지우지될 이유는 없다. 날씨는 그저 오늘 우산을 준비해야 하는지, 두꺼운 외투를 입고 나가야 하는지를 알려주는 것 정도의 역할이다. 감정도 마찬가지다. 그저 나의 마음 상태를 알려주는 정도의 역할을 하고 있을 뿐이다.

"모든 감정은 타당하다."

공포에 휩싸이면 우리는 자신을 잊어버리고 감정 그 자체가 된다. 공포에 대응하느라 '용암 덩어리' 그 자체가 된다. 이 공포에 어떻게 대응해야 할지 몰라 자신의 살점을 태워 가며 분노한다. 그런데 분노라는 감정에만 집중하게 되면 어느 순간 내가 왜 분노하는지조차 잊은 채 분노라는 감정만 남는다. 그리고 그 감정을 어찌할 바를 몰라 끝없이 분노한다. 흡사 그 모습은 괴물과 같다. 감정은 행동을 유발하는 자극제로 사용될 수 있지만, 감정에 집착하면 집착할수록 그 감정에 빠져버리는 경우가 많다. 걱정이라는 감정을 느꼈을 때는 문제를 분석하고 해결점을 찾는 행동을 촉진할 수 있지만, 그 걱정을 너무 크게 받아들이거나 억압하게 되면 그 감정에만 집중하게 되기 때문에 아무것도 하지 못하고 '걱정'만 하게 된다. 그냥 감정의 소용돌이, 그 자리에서 맴맴 돌게 되는 것이다. 해결과는 점점 멀어진 채.

그러나 감정은 사실 그렇게 중요하지 않다. 자신의 온몸을 태워가며 그 감정에 매달릴 만큼의 가치를 가지고 있지 않다. 감정은 내가 현재 처한 상황을 어떻게 해석하고 받아들이고 있느냐를 알려주는 신호에 불과하다. 그러니까 그 감정에 매달릴 것이 아니라, 그 감정이 무엇을 알려주려 하는지, 그 감정의 너머에 무엇이 있는지를 보는 것이 중요하다. 그러니까 요새 많이 불쾌하다고 느낀다면, 내가 지금 위험에 처해 있는 심각한 상황이라는 뜻이 아니다. 지금 내가 경험하고 있는 것들이나 내가 속해 있는 환경에서 불쾌한 정보들을 많이 받아들이고 있고, 그 상황과 경험을 불쾌하게 해석하고 있다는 뜻으로 받아들이면 된다. 내가 처한 상황 자체가 불쾌한 상황이라는 것이 아니라, 내가 그 상황에서 불쾌한 정보만을 받아들이고 불쾌하게 해석하고 있다는 것은 역으로 언제든 내가 원하면 긍정적인 정보 역시 받아들일 수 있는 '선택'의 여지가 있다는 뜻이 된다. 그러니까 언제든 내가 원한다면 불쾌한 감정 역시 긍정적인 감정으로 바꿀 수 있다는 이야기다.

받아들이고 싶지 않은 감정을 만났다면, 그 감정을 신고받고 우리 집에 찾아온 119 구급대원님이라고 생각하고 대화를 시도해보자. 우선 구급대원님은 우리 집을 찾아온 손님이자 나의 위험을 알려주러 온 고마운 존재이다. 그러니까 어느 날 불쑥 문을 열고 들어오면 놀랐더라도 그분이 찾아온 것은 나를 위해서라는 것을 기억하고 차분하게 대하도록 하자. 어떤 신고를 받고 찾아오신 건지 꼼꼼히 물어본 다음, 출동하실 만큼의 큰일이 아니라면 나의 의견을 말하고 '저는 안전하니 그만 돌아가 주셔도 괜찮아요. 감사합니다'라고 말하면 된다. 그 감정에서 빠져나오는 방법은 그 감정을 알아차리고, 있는 그대로 인정하며, 그 너머에 있는 나의 마음을 발견하는 것이다. '아, 지금 이런 감정이 느껴지네, 그렇구나. 지금 나는 이런 내가 이런 상황을 이렇게 받아들였고 그래서 이런 감정이 나에게 다가왔구나.' 그렇게 자연스럽게 있는 그대로의 감정을 받아들이면 된다.

모든 감정은 타당하다. 그 무엇도 잘못된 것은 없다. 슬픔도 고통도 기쁨도 외로움도 모두 삶이다. 잘못된 것으로 만든 것은 오히려 우리 자신이었다. 우리가 그 감정에 저항하고 거부하면서 그것을 잘못된 것으로 만들었을 뿐, 처음부터 어떤 감정도 잘못된 것은 없었다.

"진짜 긍정이란"

슬픔의 순간만을 기억하는 사람은 불행해지고 기쁨과 슬픔은 늘 함께 존재한다는 것을 아는 사람은 선택의 권력을 갖게 된다. 우리는 기계가 아니라 인간이다. 그런데 기계처럼 굴 때가 있다. A가 입력되면 B로 자동 반응하는 것들 같은. 그러나 우리는 '선택할 권리'가 있는 자유로운 영혼을 가진 인간이다. 내가 생각하는 진짜 긍정적인 사람이란 '그럼에도 불구하고' 긍정을 선택할 수 있는 사람을 뜻한다. 그들은 슬픔도, 우울도, 좌절도, 두려움도, 미움도, 절망도 내 안에 있음을 있는 그대로 받아들인다. 또한 사랑도, 즐거움도, 희망도, 기쁨도 역시 내 안에 동시에 존재함을 알고 있다. 그리고 어떤 상황에서도 그것들은 여전히 내 안에 있음을, 그래서 어떤 상황에서도 자신이 원하는 감정을 선택할 힘이 자신에게 있음을 알고 있다. 부정적인 감정을 억압하며 긍정적인 것만을 쫓는 것은 긍정적인 태도가 아니다. 내 안에 어두움 역시 나를 위해 그곳에 존재하고 있음을 알기에 슬프거나 외로운 감정이 올라올 때는 '그랬구나'라며 자신을 안아줄 수 있는 사람. 그러나 외로운 감정 속에서도 나를 위해 다시 '행복'을 선택하겠다며 훌훌 털고 일어날 수 있는 사람. 그것이 진정으로 긍정적인 사람이라고 생각한다. 감정은 정답이 없다. 인류 모두가 같은 상황에서 같은 감정을 느끼지 않는 것처럼, 우리가 경험하는 모든 순간에 경험하는 모든 감정은 내가 선택하는 것이다. 어떤 감정을 선택할 것인지는 이제 자신에게 달려 있다. 하지만 우리는 안다. 어떤 감정도 나쁜 것은 없다는 것을.

○4
다름을 인정하는
여유

"그때는 틀리고, 지금은 맞다."

인상주의는 빛과 색채의 예술이라고 한다. 알고 있는 사물의 색과 형태의 지식을 그리는 것이 아니라 그 순간 자신에게 보이는 인상을 그려내는 미술 사조. 그래서 한 장소에서 그린 수십 장의 그림들은 시간과 계절에 따라 전혀 다른 그림이 된다. 이것이 인상주의가 이야기하고 싶었던 것이 아닐까? 하늘의 색깔이 파란색 하나만 있는 것이 아니듯, 사물도 세계도 정해져 있는 모습은 없다는. 사실이 그렇다. 어떤 사물이든 언제 어디서 그것을 바라보는지에 따라 수십 수백 개의 모습을 드러내니까.

처음 인상주의 화풍을 전시한 모네의 작품은 많은 평론가의 비난을 받아야만 했다. 무릇 그림이라고 하는 것은 지금의 사진처럼 정교하고, 고급스러운 주제를 다뤄야 하는데 지저분한 항구 풍경을 붓질 몇 번으로 쓱쓱 그려놓고 당당하게 작품이랍시고 내놓느냐는 것이다.

그들 스스로 '그림에 대한 옳음'을 결정지어놓고 그것을 벗어나는 것에 대해서는 '틀리다'라고 비난했다. 이것은 비단 과거의 이야기만은 아니다. 여전히 그들처럼 자신의 기준으로 '옳지 않은 행동'을 결정한 뒤 자기 생각과는 다르게 움직이는 타인을 자신이 바른길로 이끌어야 한다고 믿는 사람들이 많다. 부모이기에, 또는 교사이기에, 관리자이기에 자신의 판단에 따를 것을 강요한다. 권유와 강요는 다르다. 그저 자신의 방식을 알려주는 것과 직접적이든 간접적이든 그렇게 되도록 압력을 가하는 것은 다르다. 폭력의 뿌리에는 '당신은 틀렸다, 당신은 나쁘다, 그러므로 처벌받아 마땅하다'라는 생각이 있다. 벌의 형태는 체벌만이 아니다. 언어적 폭력이나 무시, 제제, 보복 등 다양한 형태로 드러날 수 있다. 우리는 알게 모르게 "틀렸어." "~~ 해야만 해." 또는 "안 하면 안 돼"와 같은 말을 자주 사용한다. 그리곤 내가 그들을 올바른 곳으로 이끌고 있다고 착각한다. 그러나 옳고 그름의 판단은 오로지 나의 기준이며 다른 사람은 다른 사람의 기준이 존재한다. 평론가에게 평론가만의 옳은 기준이 있었던 것처럼, 모네에게도 '모네'만의 그림에 대한, 풍경에 대한 옳은 기준이 존재하는 것이다. '나쁘다'라는 판단은 자신의 기준에서 만들어진다. 그렇게 자신의 판단을 맹신하여 타인을 평가하고 심지어 '심판'할 수 있다고 생각하게 되면 폭력이 가능해진다.

누군가 이야기했다.

"왜 사람이 열정이 없어?"

"간절하지 않아 보여."

"그래도 계속 노력해야지."

궁금해진다. 누가 내 열정을 판단한단 말인가. '열정-감정 자격증'이라도 있단 말인가. 어떤 누구도 나를 제대로 평가하고 판단할 수 없다. 나보다 나를 더 잘 아는 사람은 없으니까. 이 문장은 자기변명을 위해 쓰이지 않는 한 늘 기억해야 한다. 어쩐지 사회는 '열정적인 모습이란 바로 이런 것이지'라고 외치는 듯하다. 열정이라는 조각상을 만들어놓고 모두에게 그 모습을 따라 하라고 한다. 역시나 폭력적인 시선이다. 보이지 않는다고 하여, 흔히 알고 있는 열정의 형태가 아니라고해서 그가 열정적이지 않을 리는 없다. 누군가는 완벽하게 그 일을 마무리하기 위해 묵묵히 뒤에서 일을 마무리하기도 하고 누군가는 아무도 보지 않는 곳에서 몰래 자신의 실력을 탓해가며 울며불며 자기 자신과 싸우고 있을지도 모른다. 내가 그 사람의 24시간을 들여다보지않은 이상 나는 그 사람을 알지 못한다. 그런데도 내 눈에 보이는 그사람의 일부분을 가지고선 내 기준에 빗대어 상대방을 판단하는 태도는 과연 옳은가. 어쩌면 우리는 타인을 돕는다는 사명 아래 '자신의 기준으로 상대방을 판단'함으로써 폭력을 행사하고 있는 것은 아닐까? 최선을 다했느냐, 그렇지 못했느냐, 열정을 가지고 있느냐, 그렇지 않으냐는 자기 자신만이 판단할 수 있다. 그 누구도 타인의 '노력의 정도'를 정확하게 판단할 수는 없기 때문이다. 시속 80km로 달리는 것이 안전하다고 생각하는 사람들은 100km로 운전하는 사람들을 '위험한 사람들'이라고 판단할 것이며 시속 100km로 운전하는 것이 옳다고 생각하는 사람들은 80km로 운전하는 사람들은 '답답한 사람들'이라고 판단할 것이다. 다수의 의견은 내가 경험하지 못한 것에 대한 '지혜'를 제공해 줄 수는 있지만 나의 의견 자체가 될 수는 없다. 내가 경험하고 있는 지금 이 상황에 따라서 어린이 보호구역을 지나고 있을 때는 천천히 달리는 것이 옳은 것이며 응급 환자를 병원으로 데리고 가는 중일 경우에는 최대한 빠른 속도로 달리는 것이 옳은 것이기 때문이다. 우리가 다르다는 것은 모두가 다른 생각과 기준을 가지고 있다는 의미이다. 그러니 혹여 누군가 당신에게 '너는 왜 ㅡ하지 못하니'라고 한다면 화내지 말고 오히려 그를 위해 기도하자. 그는 아직 '사람의 다양성'에 대해서 알지 못하는 사람이니까. 그만큼 자기 자신에게도 폭력적인 태도를 보이고 있을 테니까.

처음 인상주의의 그림을 본 사람들은 대충 그린 그림이라며 완벽한 그림이 아니라고 비난하였다. 자신의 실내 작업실에서 수십 또는 수백 번의 수정을 고쳐 만들어지는 기존의 그림들에 비해 밖에서 직접 그 풍경과 대상을 바라보며 자신이 바라본 그 풍경의 빛이 변하기 전에 빠르게 그려야 하는 인상주의의 그림은 붓질도 허술하고 완벽한 마감을 기대하기도 힘들 것이다. 그런데도 '인상주의'가 지금 가장 인기 있는 미술 사조가 된 것은 세상을 자신에게 보이는 '인상' 그대로 그리고자 했던 인상주의의 철학 그 밑바탕에는 '현재, 지금 여기를 사랑하는 마음'이 있었기 때문이라고 나는 생각한다. 완벽하지는 않아도 존재하는 것만으로도 아름다운 것들이 세상에는 참 많다. 그것을 판단하지 않고 있는 그대로 사랑할 수 있다면 그것이야말로 완벽한 것이 아닐까? 지금 여기, 보이는 모습 그대로를 사랑하는 그들의 시선으로 그려진 인상주의의 작품들이 그 자체로 이미 완벽하니까.

"그 사람의 뒷모습까지 바라볼 수 있을 때 우리는 성장한다."

고등학교 2학년 때의 담임선생님은 악명이 높았다. 아마도 별명이 '독사'나 '미친개'쯤 되었던 것 같다. 동글동글 딴딴한 몸을 가진 작은 키의 선생님은 매서운 눈을 가지고 있었다. 꾀병을 부려서 조퇴증이라도 끊어볼까 싶다가도 교무실에 내려가 그 매서운 눈을 마주 볼 용기가 나지 않아 대부분 그냥 포기하고 보충학습을 했을 정도로. 그래서인지 우리 반은 토요일 오후가 되어도 비어 있는 책상을 찾아보기힘들었다. 살얼음판을 걷는 듯한 1년의 세월이 지나고 그렇게 선생님은 나의 기억 속에서 사라졌다. 그 선생님이 20년 만에 나의 대화 주제로 등장한 것은 오랜만에 걸려 온 동창의 전화에서 그 선생님의 이름이 튀어나오면서다.

"야, 그 독사가 애들이랑 파스타 먹으면서 수다를 떤단다. 상상이 되냐? 심지어 자주 만난대."

선생님이 아직도 우리 반 애들과 연락을 주고받으며 모임을 이어 나가고 있다는 소식이었는데 그 독사 선생님이 세상 다정하고 좋을 수 없다는 거다. 그 피 한 방울 안 나올 것만 같던 선생님이 20년 후 아기엄마가 된 제자들과 파스타를 먹으며 사는 이야기를 하고 계실 줄이야. 아니 도대체 어쩌다 그런 모임이 만들어진 걸까? 나는 선생 님보다 선생님께 연락한 친구들이 더 신기하게 느껴졌다. 두껍디두꺼 운 사랑의 매를 든 채 매의 눈으로 "누가 떠들어!"를 외치던 그를 어 쩌자고 찾아간 것일까.

이제야 생각해보면 그 친구들은 나보다 훨씬 어른이었다. 내가 그 를 '독사 선생님'으로 규정해버리는 동안 그 친구들은 그를 '독사 선 생님'이란 모습 뒤에 숨겨진 다른 모습까지 더 깊이 바라볼 준비가 되 어 있었고 실제로 그렇게 했다. 그 덕분에 그 친구들은 함께 파스타를 먹으며 인생 이야기를 할 수 있는 인연을 만날 수 있었다.

이것은 가능성에 관한 이야기다. 결정하는 순간 가능성은 사라진 다. 성격이 타고난 것이라면 변화의 가능성은 사라진다. 그 사람을 싫 은 타입이라고 규정짓는 순간 관계의 가능성은 사라진다. 그러나 삶 에서 가능성을 지니고 사는 것은 정말 중요하다. 미래가 지금보다 나 아지리라는 가능성 없이 어느 누가 희망을 품을 수 있겠는가.

내가 어떤 것도 아니라면 어떤 것도 될 수 있다는 이야기가 된다. '나는 이렇다, 너는 이렇다'로 규정지어지지 않는 세상은 지금보다 훨씬 희망스러울 것이다. 또 서로를 훨씬 더 깊이 이해할 수 있게 될 것이다. 인간은 더불어 살아가는 존재다. 우리는 원시시대부터의 오랜 경험을 통해 본능적으로 안다. 함께 해야 살 수 있다는 것을. 그렇기에 서로서로 더 깊이 이해하는 것은 인류 생존에 있어서 굉장히 중요한 문제다. 소통의 부재, 팽배하는 이기심이 인류애를 망쳐놓고 있음을 우리 모두 통감하고 있지 않은가.

아무리 가까운 사람이라 할지라도 나를 온전히 이해하지 못한다는 것을 우리는 매 순간 경험한다. 그것은 꽤 외로운 일이다. 하지만 우리가 조금만 마음을 터놓을 수 있다면 금세 알게 된다. 그것은 나 혼자만의 일이 아니라는 것을. 가정이 화목하든 그렇지 않든, 친한 사람이 백 명이든 한 명이든, 우리는 마음 한편에 늘 저마다의 외로움을 품고 산다. 어쩌면 우리 안의 근원적 외로움이 서로를 끌어안도록 만들어줄지도 모른다. 나는 삶의 중요한 의미 중 하나로 타인과 나누는 마음의 포옹을 꼽는다. 서로 툭 터놓고 자신의 외로움에 관해 이야기할 수 있는 관계. 많이 터놓으면 터놓을수록 우리는 더 많은 부분을 위로받고 교감할 수 있다. 도저히 드러낼 수 없는 나의 부끄러운 마음을 누군가에게 드러내고 그것이 받아들여졌을 때 우리는 근원적 외로움이 사랑으로 채워지는 것을 느낄 수 있다. 우리가 하나, 하나가 아니라 '우리-라는 하나'로 연결되어 있음을 느낄 수 있다. 내가 그랬듯이 네가 그랬고, 네가 그랬듯이 내가 그랬음을 우리는 하나의 마음으로 들을 수 있게 된다.

우리가 더욱 성장할 수 있게 되는 순간은 그 사람을 냉정하다고 손
가락질을 하기 전에 그 사람이 냉정한 갑옷을 입으며 얼마나 무거웠을
지를 바라보고 연민을 가질 수 있을 때이다. 그러기 위해서는 첫 번째,
규정짓지 말 것. 두 번째, 무엇이 그런 행동을 하게 만들었는지를 관찰
할 것. 이 두 가지가 필요하다. 이것은 나와 타인 모두에게 적용되는 것
이다. 나는 우리가 진정으로 자유로워지기를 꿈꾼다. 그리고 많은 이
가 함께 꿈꾼다면 그것은 머지않은 미래가 될 것이라고 굳게 믿는다.

우리가 서로의 아픔을 느낄 수 있고 떨고 있는 손끝에 마음이 닿
을 수 있다면 이제 더 이상 홀로 외롭지 않아도 된다. 우리 모두 '나'
이기 때문이다.

$^{\circ}$5
존재의 가치를
높이는 가장 현명한
방법

"길을 잃어야 만날 수 있는 사람"

어릴 적 길을 잃은 적이 있다. 아직 학교도 다니지 않는 대여섯 살
때쯤으로 동네 언니 오빠들과 함께 교회를 다녀오는 길이었다. 아파
트 위 아래층에 살던 동네 언니, 오빠 손을 잡고 집으로 돌아가려는데
갑자기 재미있는 장난이라도 떠오른 듯 그들은 내 손을 놓고 앞으로
달려 나갔다. 어쩌면 혼자서는 아무것도 못하는 꼬마가 귀찮았을지도.
놓칠까봐 허둥지둥 짧은 다리로 열심히 달려갔지만, 그들은 너무나 빠
르게 사라져만 갔다. 설상가상 눈앞엔 점점 낯선 건물들이 나타나기
시작하고, 나는 금세 눈물이 뚝뚝 떨어질 것만 같았다. 조금 더 걸어
가면 보이겠지, 조금 더 걸어가면 보이겠지, 애써 희망을 걸어보았지
만 아무리 걸어도 우리 동네는 나오지 않았다. 꾹꾹 참아왔던 눈물이
어쩔 수 없이 터져 나오기 시작했다. "엄마…. 엄마…." 그리고 갈림

길 앞에서 나는 더 이상 걷는 것을 포기해버린 채 슈퍼 앞에 털썩 걸 터앉아버렸다. "엄마!! 엄마아아아아아!!" 본격적으로 울기를 몇 분, 나는 한 할머니를 만났다.

슈퍼에 볼일이 있으셨을 할머니는 그 앞에서 나를 발견하시곤 다 정히 나와 눈을 맞추며 물었다. "아가, 무슨 일이냐" 나는 대답해보려 고 애썼지만, 번번이 울음이 같이 나와서 입에서는 알아듣지 못할 소 리만 나고 있었다. 할머니는 내 옆에 함께 앉아 등을 쓱쓱 쓰다듬으며 천천히 나를 달래기 시작하셨다.

"괜찮애 괜찮애. 울덜말어, 괜찮어. 아가, 집이 어디당가?"

집이라는 소리가 들리자 나는 더 크게 엉엉 울어버렸고 떠듬떠듬 모르겠다고 대답했다. 할머니는 배고프겠다며 자기 집으로 가서 밥부 터 먹자고 권하셨다. 나는 끄덕이며 할머니 손을 잡고 슈퍼 앞 골목에 있는 할머니 집으로 향했다. 그곳은 한 칸쯤 되는 방에 부엌이 딸린 구조였다. 들어가자마자 할머니는 따뜻한 아랫목을 내게 내어주시고 는 곧장 부엌으로 향하셨다. 돌아오신 할머니의 두 손에는 동그란 소 반이 들려 있었고 그 위에는 따뜻한 밥과 소박한 반찬이 가득했다. 우 느라 배고프겠다며 어여 한술 뜨라며 내 손에 수저까지 쥐여주셨지만 나는 어쩐지 한 술도 뜰 수가 없었다. 낯선 집에 앉아 있다는 것이 다 시는 엄마 아빠를 볼 수 없을 거라고 확인해주는 것 같았기 때문이다. 손대면 톡 하고 울음이 터져버릴 것만 같은 표정으로 울음을 꾹 참고 있는 내게 할머니는 알겠다는 듯이 전화기를 가져다 놓으셨다. 까만색

아들러 심리학 나쁜 기억 세탁소

오래된 전화기를 든 채, 할머니는 내게 '집 전화번호'를 아느냐고 물었고 나는 한 자 한 자 또박또박 번호를 불렀다. 동그란 숫자판에 손을 걸어 숫자가 하나씩 도르륵-도르륵 돌려질 때마다 내 심장도 두근두근하기 시작했다. 어린 나이에도 집으로 갈 수 있다는 직감이 들었던 것 같다. 다행히 우리 집으로 연결이 되었고 할머니는 지금까지의 일을 차분히 설명해주신 후 내게 수화기를 넘기셨다. 수화기 너머에서는 평상시보다 훨씬 높고 빠른 목소리의 엄마가 내게 괜찮냐고 물어왔고 엄마 목소리에 나는 참아왔던 울음을 터트렸다.

할머니는 아주 똑똑하다며 내 머리를 쓰다듬어주시고는 엄마·아빠가 오는 동안 밥이라도 한술 뜨라고 하셨지만 나는 도저히 가만히 앉아서 기다릴 수가 없었다. 계속 꼼지락대며 안절부절못하자, 할머니는 다시 또 알겠다는 듯이 내 손을 잡고선 골목길을 나와 아까 그 슈퍼마켓 앞으로 걸어갔다. 그리고 나를 슈퍼마켓 안으로 이끌더니, 처음처럼 내 눈을 다정하게 바라보시며 물으셨다. "아가, 뭐라도 먹어야제, 굶으면 못써야. 여그서 먹고 싶은 거 하나 골라봐라, 할미가 사주께." 나는 또 냉큼 '보름달 빵'을 손으로 가리켰고 할머니는 몸뻬바지 속 쌈짓돈을 꺼내 사주셨다. 보름달 빵은 부드럽고 달콤했다. 곧 저쪽에서 오매불망 기다렸던 아빠의 차가 언덕을 올라 나를 향해 달려오는 것이 보이기 시작했다.

세월은 지났고, 나는 혼자서 집을 척척 잘 찾아가는 어른이 되었다.

그리고 어느 날 나는 동네 골목길에서 손수레를 끌고 오르막길을 올라가는 할머니를 보게 된다. 여든쯤 되셨을까. 손수레를 끌고 올라가는 할머니를 본 순간, 어릴 적 그 할머니가 떠올랐다. 내게 보름달 빵을 건네시던 다정한 얼굴. 나는 망설일 새도 없이 손수레 뒤로 가 말없이 손수레를 밀었다. 한결 가벼워진 무게를 눈치채셨는지 할머니는 뒤돌아보시고는 내게 한사코 괜찮다고 하셨다. 나 역시 괜찮다는 말을 반복하며 오르막길을 올라갔다. 할머니는 내게 연신 고맙다는 말을 건네셨지만 그것은 내가 해드려야 하는 말이었다. 제게 도울 수 있는 기회를 주셔서 정말 감사하다고. 손수레를 밀고 올라가는 내내 나는 그 어린 날의 할머니를 떠올렸다. 그리고 가슴 한 군데서부터 따뜻함이 밀려 온몸으로 퍼져 가는 것을 느낄 수 있었다. 그날 그 할머니를 만났기에 나는 타인을 돕는 기쁨과 의미를 알게 되었다. 물론 여전히 이기적으로 굴 때가 더 많지만 내가 받아온 만큼 도와야 한다는 것을 나는 평생 잊지 않을 것이다. 그리고 타인을 도울 때 내가 더 행복해진다는 사실도 잊지 못할 것이다.

"나는 너고, 너는 나야."

상상해보라. 눈을 뜨고 일어났을 때 아무런 소리도 들리지 않는다면? 이상한 기분에 창문을 열고 내다보았을 때 사람의 흔적 따윈 보이

아들러 심리학 나쁜 기억 세탁소

지 않는다면? 놀라 뛰쳐나가 슈퍼마켓의 문을 열어보고 버스정류장을 둘러봐도 단 한 명의 사람을 찾을 수 없다면? 도로 위를 달리는 차 따윈 보이지 않고 거리가 텅텅 비어있음을 볼 때 당신은 어떤 기분이 들까. 아무리 혼자 있는 것을 좋아하는 사람도 100년을 홀로 이 세상에 남겨져 살아내라고 했을 때 그것은 자유가 아니라 공포일 것이다. 인간은 혼자를 즐기지만 그것은 나의 휴식이 끝나고 나면 다시 무리에 속할 수 있다는 것을 믿고 있기 때문이다. 우리는 인터넷에 접속하면 익명의 다수와 대화하거나 적어도 대화하는 것에 관찰자로서라도 참여할 수 있다. 밖에 나가 혼밥을 하더라도 사람들의 무리 속에 섞여 나만의 시간을 즐길 수 있다. 혼자이더라도 전제는 대중 속에서다. 우주에 홀로 남아있는 것을 누구도 바라지 않는다. 그런데 지금의 우리는 그것을 자주 잊어버리는 것 같다. 서로를 미워하고 싫어하는 이들을 어딘가로 없애버리고 싶어 하는 것 같다. 나 외에 모두를 없애고 나면 자신의 소원은 악몽이 될 텐데도 말이다.

우리는 외로움과 부족감을 몸 안의 장기처럼 가지고 다닌다. 그것은 아마도 평생 없어지지 않을 것이다. 다만 적어질 수는 있다. 우리가 함께함으로써. 우리는 다른 사람들을 도움으로써 가장 진짜다운 자신감을 얻을 수 있다. 우리가 불안하고 외롭고 분노하는 것은 '내 존재에 대한 가치 없음'이다. 그것을 가장 확실하게 없앨 방법은 가치 있는 삶이 되는 것이다. 어떻게? 다른 사람을 도움으로써. 다른 사람에게 도움을 줌으로써 우리는 자신의 진정한 가치를 발견할 수 있게 된다.

거기서 우리는 자신을 사랑할 수 있고, 타인과 다시 연결될 수 있다.

작은 도움이지만 그 사람에게는 이 세계의 따뜻함을 믿게 한다. 낯선 곳에서도 누군가의 도움을 받을 수 있다는, 어려움에 부닥쳤을 때 누군가의 손길을 느낄 수 있다는 믿음 같은 거 말이다. 지금은 낯선 이가 대문을 두드리며 '이리 오너라'라고 외치고 있다면 경비실이나 경찰에 신고하겠지만 100년 전만 해도 그러지 않았다. 나그네를 극진히 대접하는 것이 우리네 문화였다. 일종의 사회적 보호망인 것이다. 낯선 이를 극진히 맞이한 만큼 나중에 내가 나그네 신세가 되었을 때 누군가가 나를 그렇게 맞이해줄 것이라는 서로 간의 약속. 지금은 낯선 이에게 활짝 대문을 열었다가는 무슨 봉변을 당할지 모르는 위험한 세상이 되어버렸지만, 시간이 흘러 도움의 형태는 달라지더라도 사회에 대한 믿음만큼은 단단히 맺어져 있었으면 하는 것이 나의 바람이다.

우리는 혼자서는 살아갈 수 없다. 인류는 함께 함으로써 힘을 키웠고 그럼으로써 생존에 불리한 신체를 가지고도 이 지구에서 오래도록 살아남을 수 있었다. 그런 우리가 다시금 홀로 존재하며 각자의 삶을 살아가는 것은 도태하는 것이라 생각한다. 때로는 혼자의 삶을 살더라도 또 언제든지 사회의 따뜻함을 경험할 수 있는 그런 사회가 만들어져야 한다고 생각한다.

흔히들 인생을 여행으로 비유하곤 한다. 그렇다면 우리는 지구라는 곳을 정처 없이 여행하는 나그네다. 나그네는 홀로 여행할 수 없다. 가는 길에 분명히 타인의 도움이 필요한 순간이 온다. 그때 우리가 도

아들러 심리학 나쁜 기억 세탁소

움을 주저해야 하는 사회적 분위기에서 살아가지 않았으면 좋겠다. 도움을 청하면 반드시 누군가가 도와줄 것이라는 사회적 믿음. 그래서 슬프고 힘든 일이 있더라도 희망을 품을 수 있는 그런 곳을 여행할 수 있었으면 한다. 위험한 지역은 아무도 여행하려 하지 않는다. 반드시 그곳을 지나가야 한다면, 한껏 두려움이 담긴 눈빛과 언제든 방어할 수 있는 무기를 든 채 빨리 이곳을 지나가기만을 바라며 걸을 것이다. 우리네 인생이 그런 삭막하고 위험한 여행길이 되지 않았으면 한다. 인류애를 가지고 서로가 서로에게 기꺼이 도움을 주고받을 수 있는, 그런 세상을 함께 만들어갈 수 있기를 진심으로 기원한다.

우리도 우리의 인생에서 자신만의 사막을 건너가야 할 때가 있다. 목이 마르면 아무것도 보이지 않는 것처럼 자신의 문제에 집중하게 되면 다른 것이 보이지 않는다. 자신이 치유되었을 때 상대도 보이고 자신도 미처 몰랐던 능력도 보이게 된다. 그러나 그 치유라는 것은 문제의 해결과는 다른 이야기이다. 함께 있다고 해서 자신의 문제가 온전히 해결되는 일은 없을 것이다. 그저 서로에게 치유 받음으로써 다시 삶의 활기를 찾게 되는 것뿐. 하지만 때로는 그 위로와 치유가 우리를 살게 하기도 한다. 자신만의 사막을 건널 때 목이 마르다는 문제에 집중한 채 투덜대며 걸을 수도 있고 황량한 풍경이지만 그것마저 즐기며 홀로, 함께 걸어갈 수도 있다. 선택은 자신의 몫이다.

6
내가 오늘도
행복한 이유

"행복은 순간이 겹쳐지는 찰나에 있다."

오랜 시간 잊히지 않는 어린 시절의 기억 중에서 유난히도 평범했던 하루가 있다. 별다를 것 없었던 그날의 기억이 어찌 나의 기억창고에서 살아남았는지는 모르겠지만 그 덕분에 가끔은 그 시간의 그 공간으로 도망칠 수 있으니 고마울 따름이다.

그 기억은 봄에서 여름쯤으로 넘어가던 휴일의 우리 집 풍경이다. 늦은 봄볕이 거실의 깊은 곳까지 침투해 구석구석 반짝이던 오후의 거실에서 나는 발톱을 깎고 있다. 바람에 팔랑이는 신문지를 발끝으로 눌러 잡은 채 손톱깎이의 따각-따각 소리를 들으며 나는 생각한다. 왠지 이 순간이 오래도록 기억될 것 같다고. 거실 소파에 기대어 있는 아버지의 늘어난 러닝셔츠와 거실 바닥에 이불을 깔고 누워 잠을 청하는 엄마의 뱃살이 천천히 올라갔다 내려가는 것을 반복하는 리듬까지 빛나던 순간. 더할 것도 뺄 것도 없이 있는 그대로 아름다운 순간.

생각해보면 이상한 생각이다. 나는 한 번도 늘어난 러닝셔츠와 낮잠 자는 엄마의 모습을 행복으로 정의한 적이 없기 때문이다. 나에게 행복이란 넘치도록 쌓여 있는 돈다발이나 눈부시도록 아름다운 외모를 갖게 되는 일들이었다. 이런 내가 이상하게도 그날 스스로 정의 내려 본 적 없는 이상한 행복을 경험한 것이다.

우리는 일종의 행복에 대한 환상이 있다. 어떠한 조건이 행복을 가져다줄 것이라는. 그것은 각자 스스로가 정의내린 '완벽한 이상향'이다. 우리는 행복이란 자신이 꿈꾸는 '완벽한 이상향'이 되었을 때 비로소 얻어낼 수 있으리라 믿는다. 그리고 정말 열심히 노력한다면 그 '완벽한 이상향'이 될 수 있을 것으로 생각한다. 만약 달성하지 못했다면 그것은 나의 노력이 부족했기 때문일 것으로 생각한다. 처음부터 목표가 불가능한 것이라고는 꿈에도 생각하지 못한 채. '완벽한 이상향'은 언제나 뒷걸음질 치며 가까이 다가간 것 같을 때마다 다시 저 멀리 멀어진다는 것을, 아무리 잡으려 해도 잡을 수 없는 욕망의 신기루라는 것을 모르고.

영화 〈미드나잇 인 파리〉에서 주인공이 파리에서 시간여행을 하게 된다. 애인과 함께 파리에 여행을 가게 된 할리우드 각본가 '길'은 여행을 마음껏 즐기지 못한다. 1920년대 파리의 멋과 낭만을 그리워하느라, 또 지금의 파리가 얼마나 별로인지 투덜대느라 바쁘기 때문이다. 그러던 어느 날, 같이 춤추러 가자는 애인의 제안도 거절한 채 술에 취해 파리 밤거리를 헤매다 마술처럼 1920년대의 파리로 시간 이동을 하게 된다. 그렇게 꿈꾸던 1920년대의 파리에 오게 된 '길'은 마음껏 낭만을 즐기지만, 거기서 만난 사교계의 여왕 '아드리아나'는 다른 이야기를 한다. 1920년, 지금의 파리는 낭만도 없고 멋도 없다고. 파리가 아름다웠던 시기는 1890년대 벨 에포크 시대라고. 주인공 '길'이 그토록 동경했던 1920년대의 파리를 살아가는 실제 인물들은 또 다른 과거를 동경하고 있을 뿐이었다. 길과 아드리아나처럼 우리도 모두 현재를 벗어나면 행복이 있을 것으로 생각한다.

나의 인생 역시, 파랑새를 찾아 헤매던 동화 속 남매처럼 행복을 찾아 끝없이 헤매던 날들의 연속이었다. 지금은 힘들지만 지금 열심히 살면 지금 좀 만 더 버티면 현재의 힘든 것을 미래에는 다 보상받을 수 있을 것이라는 환상. 심지어는 내가 노력을 덜 해서, 내가 부족해서, 행복한 도착지에 가지 못한 것이라며 모든 것을 자기 탓으로 돌려왔다. 아름다운 외모, 대단한 능력, 깊은 지식, 이런 것들에 심하게 매달린다. 행복을 다루는 수십 종류의 책들을 거침없이 독파해나간다. 행복 지수가 높은 사람의 조건은 어린 시절에 충분한 사랑을 받은 사람일 때 가능하다고 한다. 행복하지 않은 나는 나의 어린 시절을 원망한다. 바꿀 수 없는 과거를 바라보며 절망한다. 다시 또 행복을 찾아 나는 헤매고 다닌다. 쉼 없는 헤맴에도 여전히 나는 갈증이 일었다. 여전히 내 손에 행복을 잡을 수는 없었다.

"지금-여기, 이 곳에 행복이 있다."

아들러는 이야기한다. 행복은 지금 여기에 존재한다고. 진정으로 행복한 사람들은 행복이라는 단어에 목매지 않는다고. 그저 컴퓨터 두드리며, 아이와 눈을 마주치며, 커피 한 모금을 머금으며 그 순간을 즐기고 있다고. 그제야 나는 깨닫게 된다. 행복을 찾는다는 것은 지금 여기는 행복하지 않다는 전제를 가지고 있음을. 미래는 영원히 오지 않는다. 만날 수 없는 상상의 시간일 뿐이다. 우리가 경험할 수 있는 것은 현재, 지금, 이 순간일 뿐이다.

현재를 산다는 것. 몰입이나 현존, 이런 말을 들으면 사실 그걸 도대체 어떻게 해야 하는지 혼란스러울 것이다. 《몰입, Flow》라는 책을 쓴 미하이 칙센트미하이는 이렇게 설명했다. "불교에서 말하는 것처럼 우리 마음은 온갖 잡념으로 원숭이처럼 여기저기 뛰어다닙니다. 어떤 것에 반응하는 것이 아니라 내가 살아 있다는 느낌, 내가 스스로 나의 의지에 따라 집중하고 있다는 게 중요합니다. 그것이 사람이든, 어떤 대상이든 푹 빠져 있는 상태가 몰입입니다"라고. 그러니까 몰입이란 이런 순간을 말하는 것이 아닐까. 수능 끝나고 처음 간 나이트에서 주체할 수 없는 흥을 춤으로 폭발시켰던 순간. 누가 나를 어떻게 보던 신경 쓸 겨를도 없을 만큼 신이 나서 춤을 췄던 순간. 아니면 좋아하는 사람과 잠깐 통화했을 뿐인데 3시간이 훌쩍 지나 핸드폰이 터지기 일보 직전이었던 순간이나 정말 좋아하는 일을 맡아 한창 신나게 작업하던 때 같은. 시간 가는 줄 모르고 그 일을 하는 그 순간 말이다.

몰입을 하게 되면 머릿속에 잡념이 사라진다. 이것이 몰입의 특성이다. 시간의 개념도 사라지고 보상도 필요 없이 그 행위 자체, 그것을 하는 경험 자체가 좋아진다. 몰입을 하는 동안에는 시간이 어느 정도 지났는지, 자신의 주변에서 어떤 일이 일어나는지조차 잘 느껴지지 못한다. 이때 우리의 잠재력이 올라오고 만족감과 행복을 느끼게 된다고 한다.

행복해지기 위해 노력하는 자의 손에는 행복이 없다. 지금-여기, 현재에 몰입하여 살아가는 이들은 자신에게 '행복'을 질문하지 않는다. 그저 자신이 해야 할 일을 하며 살아간다. 순간순간 행복을 경험하면서. 행복은 인생의 목표가 되어서는 안 된다. 행복이란 영원히 다가오지 않을 미래의 시간을 위해 현재를 희생하는 것이 아니다. 그저 하루를 살아가며 문득 행복하다는 것을 느끼는 것이다. 그러니까 행복이란 어떤 성취를 통해 얻어내는 보상이나 결과가 아니라, 그저 살아가면서 순간순간 느끼는 감정적 상태다. 그래서 우리가 행복을 경험할 수 있는 유일한 순간은 바로-지금-여기에서다. 진정 행복한 사람은 행복을 쫓지 않는다. 이미 가지고 있기 때문이다.

지금, 여기 이곳에 존재하는 것에 몰입해보자. 그러면 그동안 놓쳤던 것들을 발견하게 될지도 모르니까.

살랑대는 바람의 감촉,

서두르며 걷는 개미의 움직임,

새로운 계절을 알리는 공기의 달라진 질감.

…

이미 내 곁에 존재하는 행복을 말이다.

"행복은 있다. 지금, 여기"

마치는 글

이 글을 쓰면서 많이 울었고 또 웃었다. 어릴 적의 기억을 기록하는 것은 꽤 감정 소모가 있었다. 그러나 과거의 나를 어른이 된 내가 바라보는 일은 어쨌든 흐뭇한 작업이다. 어린 나를 충분히 보듬을 만큼 성장했다는 것이니까. 물론 쓰면서 여전히 고통스러웠던 기억들도 있었다. 그때는 글이 써지지 않았다. 그럴 땐 한 줄도 쓰지 못한 채 제목만 덩그러니 쓰여 있는 백지 앞에서 멍하니 앉아 있곤 했다. 그래도 진정되지 않을 땐 운동화를 신고 나가 동네를 하릴없이 헤매듯 걷다 마음이 진정되면 다시 글을 이어 나가곤 했다. 하지만 그런 경험 속에서 나는 나를 충분히 이해할 수 있었고 그것은 나를 더 사랑할 수 있는 계기가 되었음을 나는 단언할 수 있다. 글을 쓴다는 것은 인간을 성장시키는 행위라는 것을 나는 이번 기회를 통해 체험했다.

멀쩡히 잘 살아가는 사람도 그 안에 아픔을 가지고 살아가는 것을 나는 여러 번 목격했다. 툭 터놓고 말할 계기가 없었던 것뿐 우리는 모두 아프다. 약한 부분은 누구나 가리고 싶어 한다. 마음속 상처는 자신의 가장 약한 부위이기 때문에 그것은 비밀이 될 수밖에 없었을 것이다. 그래서 내가 먼저 용기 내 보기로 결심했다. 나의 이 고백이 누군가에게 자기 내면을 바라볼 수 있는 계기가 되기를, 그래서 그 사람 역시 자신을 이해하고 사랑할 수 있게 되기를, 완벽하지 않아도 이대로 아름다울 수 있다는 말이 어떤 의미인지 뼛속 깊이 이해할 수 있게 되기를 나는 간절히 바라고 있다.

심리를 공부하면 할수록 신기한 것이 하나 있다. 사람들은 다른 사람의 마음은 잘 보면서 신기하게도 자기 내면을 잘 보지 못한다. 그렇기에 자기 내면 깊숙이 들어가기 위해서는 다른 누군가가 필요한 순간이 있다. 나 자신을 성찰할 수 있도록 이끌어줄 사람 말이다. 나는 운이 좋게도 존경하는 '故 허일강 원장님'과의 만남을 통해 그 경험을 할 수 있었다. 만남의 장소에서 늘 먼저 와 계시며, 환한 미소로 맞이해주셨던 원장님. 나의 내면을 성찰하는 내내 곁에서 격려를 아끼지 않으셨기에 늘 주춤대던 내가 용기를 잃지 않고 여기까지 올 수 있었다고 생각한다. 마음의 아픔으로 힘들어하는 사람 이야기를 듣거나, 나라의 혼란으로 고통받는 사람들의 뉴스를 접할 때마다 항상 따뜻하고 깊은 눈빛으로 우리를 바라보며 "우리가 할 일이 참 많죠" 라고 하셨던 분. 그 말을 듣고 어떤 누가 가만히 있을 수 있을까. 미약한 힘일지라도 사회에 기여하는 것이 지금 내가 할 일이라는 생각이 갈수록 진해져갔다. 이 책 역시 그런 마음으로 내내 써 내려갔다. 이 책은 고(故)허일강 원장님의 가르침이 없었더라면 가능하지 않았을 책이다. 혹시 이 책을 읽어 내려가면서 마음에 와닿았던 부분이 있다면, 그것은 순전히 '허일강 원장님의 지혜'다. 그리고 또 다른 나머지는 내가 살아가며 만나온 '수많은 스승의 지혜'다. 만약 이 책을 읽어 내려가면서 부족하고 미흡한 부분이 있었다면, 그것은 순전히 나의 깊이가 '아직' 그분들의 깊은 지혜를 이해하지 못하여 충분히 책속에 녹여내지 못한 탓이다. 그런데도 감히, 감히, 이 책이 누군가에게 도움이 될 수 있기를 희망한다. 완벽한 책만이 사람의 마음에 닿을 수 있는 것은 아니니까.

자기 내면을 이해하는 것은 중요하다. 내면이 어떻게 동작하는지를 이해하지 못한다면 자기 삶을 이끌어갈 수가 없다. 평생 감정과 생각을 객관적 진실이라 믿고 끌려다니기만 할 뿐이다. 그렇게 되면 외부의 자극에 민감해질 수밖에 없고 수시로 괴롭고 힘들고 아프다. 나는 나의 독자들이 그러지 않았으면 좋겠다. 용기를 내어 자기 내면을 똑바로 바라보며 당당하게 자신의 인생길을 걸어 나갈 수 있었으면 좋겠다. 치과의 윙 하는 소리가 떠올라 치과 치료를 받는 것은 누구에게나 공포고 꺼려지는 일이지만 더 이상 치통을 앓고 싶지 않은 사람은 이를 악물고 병원 문을 연다. 잠깐의 치료가 끝나면 통증은 사라진다. 우리는 모두 알고 있다. 오래도록 치통에 시달리느니 잠깐 아프고 마는 것이 낫다는 것을.

당신의 모든 순간을 멀리서 응원하고 격려하겠다. 부디 나의 책이 당신을 깊은 마음속, 반짝반짝 빛나는 거기, '진짜 나'를 만날 수 있는 그곳으로 데려다주기를 간절히 빌면서 이 글을 마친다.

마지막으로 반드시 기억해야 할 것이 있다. 누구도 완벽할 수 없음을 인지하고 있는 그대로의 나를 사랑할 것. 폭풍처럼 휘몰아치는 감정에 연연하지 말고 담대히 대할 것. 내가 내 삶의 주인이며 나는 이대로도 충분히 훌륭하다는 것을 기억할 것. 머릿속의 모든 생각이 항상 진실은 아님을 명심할 것. 하지만 내가 믿는다면 그 어떤 거짓도 내게는 진실이 된다는 것을 명심할 것. 사소한 것에도 늘 감사할 것.

그리고 나는 누릴 만한 사람임을 억지로라도 믿을 것. 그렇지 않을 이유가 없기에!

봄의 시작점에서 고현진 씀.

아들러 심리학 나쁜 기억 세탁소